【文史资料百部经典文库】

全国政协文史和学习委员会 编

半生风雨录

贾亦斌 回忆录

贾毅 贾维 记录整理

中国文史出版社

2005年9月，参加抗日战争胜利60周年纪念活动时留影

1932年10月9日，离鄂
从军时留影

1942年第三次长沙会战
后留影，时任七十七师少将参
谋长

1946年春摄于重庆

1946年9月，庐山青
年军复员检讨会后与蒋介
石合影

1946年9月，
贾亦斌夫妇在南京
上新河留影

1946年冬，陪同蒋经国视察青年军，在"卢沟晓
月"碑前合影，左三为贾亦斌

1946年冬，在东北视察时留影

1947年与预干局主要负责人合影，前排右为贾亦斌，左为徐思贤，后排右为郑果，左为黎天铎

1949年3月，被撤职后与嘉兴预干团同仁合影（中排右五为贾亦斌）

1949年4月嘉兴起义前在上海留影

1955年夏，全家合影

1962年全家合影，中间老人为贾亦斌的母亲

1989年纪念嘉兴起义40周年，与李恺寅同在嘉兴南湖烟雨楼

1989年纪念嘉兴起义40周年，与部分起义骨干在当年预干团驻地旧址合影

1989年纪念嘉兴起义40周年，与部分起义骨干在当年预干团驻地旧址合影，前排左二为贾亦斌

1989年在溪口蒋经国先生之母毛氏殉难处留影

1990年与李先念主席、胡秋原夫妇、程思远等人的合影（前排右一为贾亦斌）

1999年8月，贾亦斌夫妇在北戴河全国政协休养所合影

2005年9月，参加抗日战争胜利60周年纪念活动时，与时任中央统战部部长刘延东合影

2006年10月，全家合影

2007年夏，与家人及亲友合影

2008年春节，全家合影

2010年10月与家人合影

序

　　从士兵到将军，从行伍出身到陆军大学教官，从蒋经国的挚友到国民党政府的叛逆，从旧中国高级军官到新中国政协常委，具有这一特殊经历的贾亦斌同志是我的老同事、老朋友。我与贾公同在政协，共事有年。我们相识在50年代。他是政协全国委员会二届三次会议增补的委员，四届人大代表，五、六、七、八届全国政协常委，民革中央副主席和名誉副主席。如今他已84岁高龄，仍孜孜以求，读书、著述，不倦地工作。

　　贾公1912年出生，湖北省阳新县人，一个出身寒苦的农家子弟。他少年失学，十几岁便当了兵。在抗日烽火中，他持"天下兴亡，匹夫有责"，誓死不当亡国奴的信念，参加过淞沪、徐州、武汉、鄂西、长沙诸大战役，英勇顽强，打击日寇，两次负伤不下火线，屡立战功。曾任国民党军队连、营、团长和师参谋长，后晋升为国防部少将代局长。1943年，考入国民党陆军大学特别班第七期学习，毕业后兼任教官。他勤奋读书，发表论文《新国防论》和专著《预备干部制度的理论与实际》。他的这一构思，日后成为台湾至今仍在实施的预备干部制度的蓝本。

　　贾亦斌与已故蒋经国先生素昧平生，但在1946年到1949年期间，从他介入青年军复员工作开始，到主持预备干部组训工作，直至由蒋的副手到接替蒋的职务,与蒋经国成为亲密的好友。贾公具有典型的劳动人民耿介的性格与强烈的爱国意识。他坚决反对并拒绝参加蒋介石发动的内战。他体谅士兵疾苦,爱护热血青年,安置复员青年军人就学深造,成绩斐然。他惩办杭州青中校长贪污案,雷厉风行。他身为国民党高级将领,却俭朴自律,纤尘不染。蒋经国曾这样评价他:"文官不爱钱,武官不怕死,则天下太平矣。贾亦斌兼而有之。"因而深受蒋氏器重,且私谊亦深。贾亦斌与谭吟瑞(谭嗣同孙女)喜结连理时,蒋主动担当证婚人并主持婚礼。

贾亦斌一贯反对内战,反对美国干涉中国内政,反对四大家族的腐败统治,他曾寄望蒋经国能领导青年军有所作为。1948年,蒋到上海搞所谓的经济管制"打老虎",开始时似决心很大,不久即偃旗息鼓,令贾大感失望。他与蒋激烈争辩,对蒋经国的忠孝观不能苟同,遂痛下决心与之分道扬镳。1949年4月7日,为了策应中国人民解放军渡长江,贾亦斌在中共中央上海局领导下,毅然率部起义。由于贾亦斌是蒋介石父子亲自提拔、破格重用的将领,起义军又是抗日后期,为同日寇作最后决战,以"十万青年十万军,一寸山河一寸血"相号召,而建立起来的"知识青年远征军",又称"太子军",因此他的率部起义就有"从蒋家心窝里反出来"的特殊意义而引起国内外瞩目和蒋介石政府的震惊,乃以几十倍的兵力"围剿"起义军,并重赏缉拿贾亦斌。

《半生风雨录》真实记录了贾亦斌与蒋经国从好友到决裂的彷徨苦闷,情感冲撞与痛切理智的思考,对蒋介石反共内战政策的厌恶与反击——"觉今是而昨非"的心路历程。贾亦斌自述资料翔实,文风朴素,其中不乏惊心动魄的传奇色彩。书中表现了在旧中国,在特殊的历史环境中,一个正直的中国人爱国、忧国、报国的情愫,这可以昭告后人,启迪来者。

贾亦斌在新中国社会主义革命和建设中,长期参加民革地方和中央的领导及祖国统一工作,为两岸沟通,多方交往,数渡重洋,与蒋经国互为传话致意。为反对"台独"竭尽心力，他主编《论台独》一书，在大陆与台湾出版，这在其自述的下半部将有详细记述。

我愿意郑重向读者推荐贾公的《半生风雨录》。是为序。

自　序

　　写自己的回忆录，是我年届八十请辞民革中央副主席时所作的《八十述怀》诗中提出的诺言。我当时在诗中写道："人生八十今非稀，盛世躬逢心旷怡。历尽沧桑奉献少，晚来补过志'三遗'。"所谓"三遗"是："一遗"为统一祖国，人人有责，我虽年老，仍应"不遗余力"；"二遗"为写回忆录，给我子孙留点"精神遗产"；"三遗"为应珍惜余年，多读点书，以弥补幼年失学的"遗憾"。从这时起，我就有时间静下心来回顾自己的生平，认真总结经验教训，用以律己和教育我的子孙。这段时间反思的结果，就是摆在读者面前的这部《半生风雨录》。

　　我出生于20世纪初叶——1912年，今年84岁了。我这一生以1949年嘉兴起义为界线，可以鲜明地划分为前后两个阶段：在旧中国度过的前半生和在新中国生活的后半生。新、旧时代，变化之大，这是每一个过来人都曾经感受到的，因此将两者分别开来，各自独立成篇，看来是合适的。我的前半生充满了苦风凄雨和暴风骤雨，故名之曰：半生风雨录。这就是此书命名及形成之由来。

　　20世纪上半叶，对世界和中国来说，都是非常重要的时代。就世界而言，经历了两次世界大战，给各国人民带来了极大的灾难。第一次大战，中国派出十几万民工参加，付出了不少牺牲；第二次大战的战火可以说最初是从东方燃起的，我国军民率先奋起抗击日本帝国主义侵略我国东北、华北，逐步扩展为全面抗战，长达14年之久，死伤军民3500万人以上，其他损失更是难以计算。就国内而言，50年内先后经历了辛亥革命、护国战争、护法战争、北洋军阀混战、北伐战争、新军阀混战、土地革命战争、抗日战争和解放战争，人员伤亡与财产损失甚为巨大。这是在帝国主义、封建主义、官僚资本主义的侵略和压迫之下，中华民族最不幸而极悲惨的时代，同时也是我国人民觉醒奋起，救亡图存，推翻三座大山，逐步取得胜利的时代。

　　我在灾难深重的旧中国前后生活了38年。我的故乡湖北阳新自古以来为兵家必争之地，天灾人祸，连绵不断。所以我在本书中首先记述了自己苦难的童年。我出身于寒苦的农民家庭，从小受到家庭和私塾的仁义道德的教育。农忙时帮助父母做些农活。为了逃避军阀混战，我父亲常常夜里背着我"逃反"，至今我记忆犹新。北伐战争时期，我开始受到孙中山先生的三民主义思想的影响，热烈欢迎北伐军，当了儿童团长，参加农民运动，打倒土豪劣绅和抵制日货。蒋介石、汪精卫叛变革命后，阳新一带处于白色恐怖之中，父亲被迫带我背井离乡，到黄石港以织布卖鱼谋生，后又送我到武昌上中学。不到一年，父亲因劳累过度，急病身亡。我因学费和生活无着，向亲戚借钱受辱，愤而当兵。18岁那年，我报名参加了当时正在武汉招兵的徐源泉第四十八师教导队。旧军队是用士兵的血泪织成的，我在其中常遭鞭挞辱骂之苦，许多次在被打以后，我含着泪暗自下定决心：将来我当了军官绝不打骂士兵。当时新旧军阀混战，我随着部队也不可避免地被卷入了战争。更不幸的是，我当学兵和任排长时，曾先后两次参加"剿共"战斗。抗战爆发，我自告奋勇，请缨杀敌，参加了淞沪、徐州、武汉、鄂西和长沙等五大战役，两次受伤，不下火线，誓死不当亡国奴，因战功从营长不次提升为师参谋长、军委会少将参议。抗战后期，由彭位仁、韩浚推荐，我考入陆军大学学习。在陆大，我研究"新国防论"和预备干部制度理论，并认识了同学段伯宇

（中共地下党员），受到进步思想的影响，逐步走上革命的道路。

抗日战争胜利后，我同全国军民一起欢呼胜利，切盼休养生息，和平建国，但蒋介石在美国的支持下，又悍然发动内战。我坚决反对内战，拒绝接任军参谋长职务赴山东前线作战，后经彭位仁介绍到军事委员会青年军复员管理处工作，与蒋经国不期而遇，成为他的直接部下。由于我们年龄相若，意气相投，很快成为知交好友。我和谭吟瑞结婚时，蒋经国主动为我们证婚和主持婚礼。他对我信任有加，不次提拔。不到两年，就由组长、办公室主任而升为副局长，最后接替他担任代局长，成为当时被称作"太子军"的青年军领导人之一，负责主持国防部预备干部局的工作。我与蒋经国素昧平生，萍水相逢，而且多次因工作问题与之发生冲突，但他都不以为忤，反而表示欣赏，并力排众议，亲自向蒋介石保荐提升我，使我深感其知遇之恩。我在感激之余，又对他寄以厚望：希望他能有所作为，影响其父亲，肃清国民党内部的腐败势力。

但我越接近国民党政权的核心，就越了解四大家族的黑暗内幕，也就越感到失望和痛恨。而且看到国民党发动内战，不得人心，蒋军在战场上节节败退，蒋管区民众反抗运动风起云涌，国民党政权内外交困，已呈现出土崩瓦解之势。在这一历史关头，个人何去何从，我的思想斗争非常激烈。最初我想尽快脱离蒋政权，解甲归田，退隐山林，但很快发现遍地战火，无处安身，退隐之念纯属幻想。我面前只有两条路，一是继续追随蒋氏父子，最后做蒋家王朝的殉葬品，这是死路一条；二是弃旧图新，反戈一击，投向人民的怀抱。但我与蒋经国关系如此密切，中共能否相信与宽容？后经党的政策的宣传教育，并看到许多国民党将领毅然起义或投诚，受到党和人民的欢迎，这些顾虑就逐渐消除了。但是，蒋经国对我有知遇之恩，旧时代"士为知己者死"的观念对我影响甚深，如我此时弃他而去，内则觉得于心不忍，外则怕人说我"忘恩负义"，骂我"叛逆"。直至1948年秋，我随蒋经国在上海"打老虎"，开始他确实铁面无情，处理了一些违法乱纪的人，但当碰到四大家族中孔祥熙的儿子孔令侃时，他怵于宋美龄和蒋介石的巨大压力，临阵退缩，不敢触动。为此我与他发生了激烈争执，甚至当面向他拍桌子，他则以"尽孝不能尽忠，忠孝不能两全"的托辞来为自己辩护，使我以前对他所抱有的幻想完全破灭了。我也由此进一步认识到，忠于个人是小忠，忠于国家民族才是大忠，两者难以并存之际，只能大义灭亲，而决不可因小弃大，搞无原则的"愚忠"。国民党政权腐朽黑暗，四大家族祸国殃民，已为广大人民所抛弃，对它反戈一击，是顺应历史潮流、为国为民立功的正义之举，而不是什么"叛逆"。因此我断然决定与蒋经国最后决裂，弃暗投明。

我通过段伯宇与上海地下党联系，并在党的领导下，为发动反蒋武装起义积极作准备。我和段仲宇、宋健人、刘农畯、林勉新等陆大同学，曾密谋在南京发动"第二次西安事变"，逮捕蒋介石等国民党要人，将其送往解放区，因条件不成熟被段伯宇劝阻。蒋氏父子对我产生怀疑，特将我召到奉化溪口进行"考察"时，我又曾动念为早日结束内战，欲像荆轲刺秦王那样，用手枪击毙蒋介石，然后自杀，以谢天下，继想到上海地下党领导所说"无产阶级革命不搞暗杀"而中止。1949年4月7日，为策应人民解放军渡江，在中共上海局领导下，我率领预干总队在浙江嘉兴举行武装起义，在沪、宁、杭敌人心脏地区打响了起义的枪声。起义后，迭遭敌军围追堵截，激战多日，我身负重伤，历尽艰险，终于在当地群众和游击队救护下，被送往游击区，继随解放军进入上海。我从此获得了新生。

《半生风雨录》所记述的，都是将近半个世纪以前发生的往事了。由于时间过久，经过战乱，原始资料早已散失。最可惋惜的是我从20岁开始写日记，即使在战场上也从未间断，但在起义之后，已荡然无存。因此，该书只能主要依据自己的记忆，有时同我的妻子谭吟瑞一起回忆，并参考了当年的领导和战友张执一、李正文、段伯宇、李恺寅、胡亚力、杨锦枫等所写的回忆录和材料；当年参加过起义的张健行、杨今、张若虚、张维等同志不辞辛劳，为之四处征集材料；还有民革不少同志为我搜集了海内外出版的有关资料，做了大量的工作。在参阅上述材料的基础上，我边回忆边口述，经我女儿贾毅、幼子贾维录音笔记，写成初稿，再进一步核对材料，加以整理。赫军同志通阅了全稿并提出了若干修改意见。

《半生风雨录》原只想留给我的子孙们存阅。承全国政协文史和学习委员会向我热情约稿，提出列入中国文史出版社编辑的第一批"名人自述丛书"出版，使我深受感动。重温周总理当年关于写文史资料具有重要意义的指示，我作为一名政协委员，有责任、有义务把自己的亲身经历写下来。如该书的出版能为近现代史、民国史的专家、学者提供若干参考，并使广大读者通过该书而对了解旧中国和蒋家王朝的灭亡有所帮助的话，那就是我最大的满足了。由于该书系根据回忆而写成，片面和不准确之处，在所难免，也请大家不吝教正。书稿完成之后，我在政协的老同事、政协文史和学习委员会主任杨拯民同志亲自为之作序，使本书增色不少，盛情可感。借此机会向所有为此书的写作和出版提供过帮助的同志和亲友表示衷心的感谢！

最后谨以此书献给当年嘉兴起义的烈士们和战友们！

贾亦斌

一九九六年三月二十日于北京

CONTENTS 目　录

目 录 CONTENTS

目 录 CONTENTS

半生风雨录·贾亦斌回忆录
BANSHENGFENGYULU JIAYIBIN HUIYILU

故乡和身世

　　阳新县在湖北省东南部，长江南岸，幕阜山脉北麓。在地形上属幕阜丘陵东部盆地。丘陵多在海拔300米左右，西高东低，盆地底部地势低洼，一般在海拔50米以下，最低点为网湖沙城嘴，海拔11.6米，在长江平均水位以下。因此，在阳新盆地即湖泊，平原也是人工排水的湖沼。全县有大小山峰411座，大小河流365条，大小湖泊109个，是全省湖泊最多的县之一。解放前，阳新县防洪排涝能力很低，小雨小灾，大雨大灾，无雨旱灾，是个有名的贫困灾区。

　　阳新县古称"吴头楚尾"之地，历史悠久。东汉末年开始设县，初名下雉，属江夏郡。三国东吴时改为阳新县。此后历代以富川、永兴、兴国等名置郡、府、州。清末时名兴国州，属武昌府，民国三年（1914年）废州为县，复名阳新。它位于鄂（后为武昌）、江夏、浔阳（后为江州）、豫章（后为洪州）之间，滨临长江，隔江与田家镇要塞相望，其间有座半壁山，峙立江的南侧，山势陡峭，水流湍急，素有"长江锁钥"和"铁锁长江"之称。境内山峦起伏，湖泽密布。又东近武穴，北倚大冶，南靠幕阜山与江西九江相邻，扼长江和鄂、湘、赣三省要冲，是武汉三镇的门户，战略地位十分重要，自古以来为兵家必争之地。相传春秋战国时期，伍子胥曾驻兵于此，今遗址尚存。明末著名的农民起义领袖李自成，就曾率部转战于此，最后战死于毗邻的通山县九宫山。近百年来，这里发生了多次战争。太平军曾在此与曾国藩的湘军展开恶战，我村附近就有太平军的

"万人坑"。

阳新县具有光荣的革命传统，是土地革命战争时期湘鄂赣革命根据地的重要组成部分。1925年这里建立了中国共产党小组，1926年成立了中国共产党阳新县委员会，在共产党的领导下，农民运动蓬勃发展，农民协会、妇女协会、农民自卫队、儿童团遍及县内各地。1927年初，阳新的工农革命运动进入了高潮，以蒋介石为首的国民党右派对此非常恐慌，同年2月27日制造了骇人听闻的"二·二七惨案"，成子英等九名革命者惨遭烧杀。1929年8月至1930年5月，李灿、何长工和彭德怀同志率红五军第四、第五纵队开辟了以阳新为中心的鄂东南革命根据地；1938年9月24日日寇侵占阳新后，中国共产党领导的新四军、八路军，在此建立了鄂南敌后抗日根据地，王震、王首道、张体学等同志，都曾率领部队在此战斗过，牺牲很大，成为全国第一个烈士县。

我于1912年11月22日出生于武昌府兴国州（今阳新县）福寿区（今陶港区）青龙乡贾家门前屋的一个农民家庭。我们村子位于网湖边上，水涝、旱灾频繁发生，我们乡下有句民谣："下雨水滔滔，无雨像把刀（形容田地干旱，硬裂如钢刀）"。大水多次把村里种的田地和房屋淹没，血吸虫病猖獗。记得有一年村里受灾，颗粒无收，灾后瘟疫流行，真是贫病交迫。我父亲万般无奈，只得只身到黄石港向友人借贷，买了一小船蚕豆回来，以渡难关。

我小时候听老人讲过不少战争故事。在我记事时第一个最深的印象就是"逃反"。当时军阀混战，北洋军阀孙传芳部在我县拉兵拉夫，奸淫掠夺，无恶不作，闹得人心惶惶！一天夜里，我突然被惊醒，发现自己在父亲的背上，他气喘吁吁地向船上跑，我急问："干什么？"父亲小声说："逃反。"并不让我出声，怕被附近的北洋军队听到。我们就与村里几个人一起坐船划到湖中心的道士山去躲避，以后遇到我不听话时，父亲还常用"北洋兵来了"和"逃反"来吓唬我。

长期的天灾人祸，使我的家乡成为有名的贫困地区。

　　我的家境也随着战乱和天灾而时起时落，曾祖一辈尚能温饱。我的父亲贾义生上过私塾读过四书五经，讲究忠孝仁义，且写得一手好字。但由于祖父早死，家境衰落，靠祖母守寡抚养成人，以后成家靠着祖父留下的三亩多田，自耕自种维持一家生计。母亲袁氏是个目不识丁的小脚农村妇女，为了养活孩子，除了不能下水田外，什么农活都干。她生了四男三女，我排行第三，上有两个姐姐，下有三个弟弟、一个妹妹。大姐叫大顺，二姐名细顺，大弟凤成，二弟东成，最小的弟弟是北伐军到来的时候生的，父亲为他取名叫平等。九口之家靠祖父留下的三亩多田，自然生活日益艰难。父亲为了维持一家大小的生活，想尽了办法，他主要是种田，也做过工（榨油、织布），开过小鱼铺，还教过书，真是士、农、工、商行行做过，但想养活一家还是十分困难。在迫不得已的情况下，只好把我的二姐和小妹送给人家做童养媳。二姐很小就被宋家山姓陈的人家抱去了，小妹生下只几个月，连名字也未取，就被一个姓冯的穷苦人家领走，给她取名"等"，等就是等着生个男孩给她做丈夫的意思，藉以讨个吉利。骨肉分离，最感痛苦的莫过于我的母亲。在二姐和小妹被抱走之后，她常常暗自哭泣，尤其是知道我的妹妹后来生活过不下去靠乞讨为生，更令其痛心至极，每日以泪洗面。无奈自顾不暇也没有办法。当时风气渐趋开化，不少地方开始提倡妇女天足，可是阳新地区比较闭塞落后，我的母亲仍然要给大姐缠足。每当我见到大姐被迫缠足而浑身发抖，痛苦不堪，放声大哭时，总是帮着姐姐向母亲求情，苦苦哀求道："别缠足吧！""你看姐姐多么可怜！"母亲自己也饱尝过缠足的痛苦，有时也发出同情的叹息，但她却总是无可奈何地答道："不行呀！不缠足，将来嫁不出去，怎么办？"我当时天真地回答说："嫁不出去，就留在家里好了，我将来养活她不行吗？"母亲听后只是摇头苦笑了一下，仍继续把姐姐的脚紧紧缠裹起来，这并不是母亲不疼爱女儿，而是她受旧观念的影响太深，一时无法解脱出来。

　　我的父母满以为把两个女孩送给人家之后，只要他们勤俭持家，其他五个孩子都可以养大成人了。其实不然，后来，我的二弟凤成、三弟东成先后患了天花、麻疹，因无钱医治，一个接一个夭折了。最小的弟弟平等也由于从小营养不良，以后得了肺结核病，拖了几年，13岁时，也离开了人世。

我从小跟在父母身边劳动，帮着干点轻便的农活，先是放牛，以后种地、插秧都学着干，冬天还跟着父亲去湖里捕鱼。父亲榨油、织布，也把我带在身边，帮他做些辅助劳动。由于父母的辛勤劳动和家庭负担逐渐减轻，家境日渐改善，除了满足全家五口的吃穿外，还陆续买进了一些田产，此时共有水旱田十来亩。

入私塾、小学和县中读书

　　我出生时，母亲在床上发现一条小蛇，当时有封建意识，认为是个好兆头，尤其见生下的是个男孩，父母心中更是喜不自禁，便给我取乳名"龙成"，表示望子成龙之意。这时家境逐渐好转，我又是长子，7岁那年父母便决定送我上四叔贾万宝任教的私塾读书，并取学名"再恒"，希望我求学有恒。四叔教学严谨，背诵书要求不打嗑巴，在他的严格教育之下，我当然不敢怠惰，学习成绩颇得好评。他在我村修族谱时，曾为我写有"颖悟过人，来日定当为家族争光"的评语。四叔后因家中人口日增，教书难以糊口，乃挂牌行医。父亲便送我至张谷才私塾，受教于我乡有名塾师冯伯竟先生。一年后冯先生停教，父亲深恐我学业荒废，不得已就亲自在我村设馆教了近一年的书，由此足见父亲爱子之心真是无微不至。

　　我在私塾先后读了五年书，在这五年中除农忙时参加一些农业劳动外，其余时间都能安心读书。我读了《三字经》、《幼学》，还读了《四书》、《五经》（五经中易经、礼记未读）和唐诗三百首，并开始学作诗，虽此时多是囫囵吞枣，没有深刻理解其意，但仍得益不小。

　　1924年春天我12岁时，考进了福寿区（现为陶港区）高等小学。这是一所由当地有关人士为适应时代，发展区内的文化教育，筹措经费，遴选师资而创办的一所新学堂。校址最初设于江云的江氏宗祠内，因房屋少，建筑陈旧，不久即迁往张氏宗祠内。此处不仅房屋条件较好，而且四周围绕着树林、田野和池塘，环境幽静，空气清新。福寿区高等小学迁到张氏宗祠后，得到当地人士的支持，他们为了保证学校用房，搬迁、腾让祠内原有的私塾用房，并为师生添置生活和学习用品。当地人士为了方便学生学习，新开设了文具商店。学校开设的课程有国文、算术、英语、历史、地理等。校长罗锦早年致力于科举，后来毕业于省立博物馆专科学校，曾在县内公私学校执教多年，教学经验丰富。建校初期，教师力量较薄弱，老师多为小学毕业。为此，当时有一批在外地读书，文化程度较高的人士表示不满，引起一番激烈争论，要求提高教师水平，以免误人子弟。后来，学校不断充实教师队伍，提高师资质量。先后在校任教的知名人士有著名中医冯惟贡，其文学水平较高，受到各界人士的尊重，还有晚清秀才贾楚卿等。我学习努力，成绩较好，特别是国文受到以上老师的教育，进步也较快。

我高小毕业后，于1926年春考入湖北省立阳新中学校。这所学校创办于宣统二年（1910年），原名为兴国州中学堂，是阳新县创办的第一所中学。

兴国州中学堂最初实行清朝光绪年间的"癸卯学制"。其办学的宗旨主要是忠君、尊孔、尚公、尚武、尚实五大端。实行春季招生，修业期限为五年。开设课程有修身、经学、国文、英文、历史、地理、数学、博物、格致、图画、体操等。各课教学内容均由教员自编教材，自选范文，自定标准。学生在校期间着装统一（夏白冬青）。

1912年中华民国成立，政府明令将所有学堂改称学校，兴国州中学堂随之改名为阳新县中学校，执行民国元年颁布的"壬子学制"，修业期限四年。学校废除前清所提倡的"忠君"、"尊孔"等办学宗旨，取消"经学"、"格致"两课，增设物理、化学、法制、手工和乐歌等课。采用商务印书馆按部颁教学大纲编印的教材。

1922年政府颁布"壬戌学制"。学校实行新学制，规定修业期限为三年。校名改为"湖北省立阳新中学校"。课程设有：社会、算术、言文（包括国、英两门）、自然、艺术、体育等六门。学校当时设在县城孔庙

内，共有两个班，约百余人。我初进一年级，乡里人能进城里读中学，感到很新鲜，也觉得很不容易，更加努力学习，但只读了一个学期。同年秋，北伐军攻克阳新，局势大变，社会开始动荡不安，学生大量退学，教职员工因待遇过低而纷纷离校，学校被迫停办。我也就停学回乡了。

　　无论在私塾、小学和县中，我都对语文特别感兴趣，在课余也常读《古文观止》一类书籍，故在学校作文成绩较好，备受老师赞许。父亲看到我各科成绩都还不错，语文成绩特别好，也很高兴，但又有些怀疑作文不是我自己做的，每次回家（当时我住在学校，每半个月才回家一次），第一件事就要我将作文背诵出来，还要求我多读、多想、多写、坚持不懈。父亲对我这样严格要求，使我从小就养成了爱读书的好习惯，并且有了较好的语文基础和通晓了一些历史知识。真是"黄金未为贵，师严价更高"！我的父亲既是慈父又是严师，言传身教，对我影响最大，终生难忘。

震惊幼小心灵的乡村械斗

阳新乡村当时由于地产和其他家族纠纷，大小械斗时有发生。在我幼年时期，曾遇上过两次震惊心灵的械斗。时至今日，每当我回忆童年往事，仍然心有余悸。

一次是同族相斗，发生在我6岁的时候，事件起因乃由于贾氏聚族而居，是当地的大族，在贾家门前屋村居住的一百多户，分为六、七、八三房。七房人丁兴旺，又出了一个秀才贾肇光领头。这个秀才仗着人多势众，在乡里横行霸道，不可一世，常欺压六房和八房的人，许多人敢怒不敢言。此次，七房秀才一家人为了霸占六房一块宅基地，强行在这块宅基上树起一块界石，六房的人自然不能答应，引起争执。秀才蛮不讲理打了我的二叔公。我的父亲甚为气愤，认为秀才的七房既霸占六房宅基地，又打六房的人，真是欺人太甚。全六房人也都感到咽不下这口气，于是自然而然地聚集到我家中商量，你一言我一语，结果大家一致认为这次要同七房斗争到底，一定要把霸占的宅基地夺回来。当时个个怒气冲天，摩拳擦掌。于是在当天晚上，父亲和四叔带着全房的青壮年手拿棍、棒、刀矛和锄头，一齐冲出去，把七房树立的界石拔掉，又立起了我们六房的界石。七房的人见六房的人这次表现出从来没有过的齐心，又很有准备，也感到自己理亏，七房内部也有人反对秀才恶霸行为，他们闭门不出，未敢抗拒，因而一场残酷的械斗，幸未发生。然而各家的妇女和孩子，由于从过去的械斗中看到打得伤的伤、死的死的悲惨情景，大家都十分担心这次同族间的械斗，特别是我的母亲哭得格外伤心，因为她知道这次我父亲是领头人，很可能招来不测之祸，万一两房人打起来，后果不堪设想，一家大小怎么活下去呢？那天晚上，我在床边见到母亲在床上哭，也抱着母亲哭成一团，直到父亲和六房的人平安归来，才使我们全家放下心来。但是七房秀才对这次失败并不甘心罢休，他自以为秀才会动笔杆子，乃恶人先告状，告我父亲和四叔占他的宅基地，以致对簿公堂。被我父亲、四叔据理力争，把秀才驳得体无完肤，哑口无言，最后他以败诉而告终，从此再也不敢张牙舞爪，随便欺负人了。村里人都说，秀才竟败在了一位年轻人手里。

另一次是异姓械斗。我们家乡的网湖，其边缘地区，每到秋天湖水下落，水草长得很茂盛。湖中水草可以喂牛、喂猪，乡里人常为争夺这些水草地占有权，发生争斗。在我11岁那年（1923年），一天父亲正外出办事，不巧就在这一天，我村的人在割草时，与邻村张家湾的人发生争执，我堂兄肇先竟一怒之下大声一吼，纠集村里一百多人，拿着棍、棒、刀、戟等冲到网湖边同他们打了起来。在这场混战中，张家湾有三人（二男一女）被打死了，我村也有一些人被打伤。张家湾因死了人当然不肯罢休。他们一方面到县衙门告状，同时准备再与我村拼个你死我活。当我父亲闻讯赶回时，无奈祸已铸成，不可挽回。为了避免事态进一步扩大，造成更大的悲剧，他一面严斥堂兄不应带头闯祸，另一面主动提出与对方谈判，表示愿意赔偿损失和安抚死者家属。但张家湾已向县府告状，指控我堂兄肇先为凶手，四叔为主谋，声言非将主谋和凶手捉拿归案抵命不可。我父亲想到堂兄和四叔毕竟是自己亲属，而且四叔对此次械斗事先也不知道，确实冤枉，既然被指控为凶手和主谋，就必判重刑。父亲准备自己主动到县里去顶罪坐牢，这样可能会得到从轻处理。他对我母亲说："我要去顶罪坐牢，进了牢里，可以结渔网维持生活，不用几年就会出来，家里生活可能会苦些，你一定要带好孩子，等我回来。"母亲一听到这些话就抑制不住内心的悲痛大哭起来，她心里明白我父亲的仗义行为，但是亲人无罪，替人受过坐牢，心里有说不出的滋味。我在一旁听到父亲的话和看到母亲痛哭的情景，吓得大哭起来。正在这时，县里来了十多名荷枪实弹的警察（当时称洋枪队），来村捉拿凶手，全村老小几乎都逃走了，只有父亲却拉着我不逃，沉着地应付，以免那些警察找借口放火烧屋和洗劫财物，从而招来更大的灾难。我父亲除了用饭菜热情款待外，还要我向那个警长下跪求情，同时随警察同来的张家湾人，也向警察说明贾义生是好人，此事与他无关，我们并没有告他。因此警察没有逮捕我父亲，因村里其他人都逃走了，捕不到一个人，只好悻悻而归。以后经官民多方调解，最终以巨额赔偿结案。为了这个赔偿，把贾门前村祖宗传下来的公共财产全部卖光了。

乡村械斗均发生在我幼年时代，给我留下深刻难忘的印象，日后在我思想上产生了很大的影响，一、使我把父亲孝顺祖母、为人仗义、乐于助人作为自己效法的榜样；二、使我认识到械斗的残酷性，轻则致伤致残，重则置人于死地，而且还为此倾家荡产。这种同族同乡人自相残杀实在害己害人，应该引为殷鉴！

当儿童团长

第一次国共合作开始后，在共产党和国民党左派联合发动和领导下，全国各地工人、农民、妇女、学生等革命运动蓬勃兴起，特别是湘、鄂、赣等省的农民运动更是汹涌澎湃，工会、农民协会、妇女会、儿童团等，有如雨后春笋，纷纷建立起来，与北伐军共同战斗。

北伐战争开始后，由于得到工人、农民的积极支持，北伐军节节胜利，势如破竹，很快占领了湖南等省，包围了武汉，不久就打败了北洋军阀吴佩孚所属的王占元、陈家祐的部队，1926年秋又来到了我们阳新。北伐军官兵人人佩戴着"爱国家、爱百姓、不怕死、不要钱"的字符，官兵同穿草鞋，部队纪律严明，对老百姓不仅秋毫无犯，而且处处帮助百姓，同北洋军阀孙传芳的部队形成鲜明的对比，所到之处都受到老百姓的热烈欢迎。我们阳新中学学生革命情绪更是无比高涨，上街游行和登台演讲，热烈欢迎北伐军，县城里洋溢着一派革命气氛。后来，县中停课，我回到家乡，看到农村也出现了一派欢腾景象，令我兴奋不已。

由于阳新县农民一直与贫苦抗争、搏斗，他们积极拥护北伐军和农民协会的主张。家乡的农民协会、儿童团等革命组织，也很快建立起来了。我的二伯贾方南任农会会长。我被推举担任儿童团团长。

参加农民协会和儿童团最积极的是受压迫的贫苦农民和他们的子弟。我们唱的是："打倒列强、除军阀"，并到处贴标语，喊的口号是："打倒土豪劣绅！"、"一切权力归农会！"坚决与土豪劣绅的罪恶行为作斗争，并反对旧风俗、旧习惯，如赌博、敬鬼神、妇女缠足等等。贫苦农民兴高采烈，而土豪劣绅则胆颤心惊，不少人都逃往城里去了。

我当时仅有15岁，被推举为儿童团团长后，常常拿着铁棍跟着大人去斗争土豪劣绅，也常常自行带领着儿童团团员去斗那些平日期压老百姓的坏人，不分亲疏，不管是不是本族的，哪怕是至亲、好友，只要他们欺压老百姓就进行斗争。其中有一个我的本家，是我一个要好同学的父亲，就被我们斗得直讨饶，吓得他再也不敢对农民作威作福了。

蒋介石在上海发动"四·一二"反革命政变后，接着又在武汉地区策动夏斗寅部叛变革命，后来夏部被骁勇善战有"铁军"之称的北伐军叶挺的部队打败，其残余部队逃窜到阳新一带，疯狂镇压农民、学生运动。本地一些被农民斗得表面老实、或逃出去又回来的土豪劣绅与夏斗寅等的部队互相勾结，大搞反攻倒算，杀人放火。1927年2月27日，在县城里成子英等九名工会、农协、学生会的成员，被他们捆绑并用棉絮包起来，浇上火油，活活烧死，真是令人惨不忍睹，这就是阳新有名的"二·二七惨案"。

面对这种白色恐怖，革命者并没有被吓倒，他们仍继续组织农民同敌人作拼死的斗争，常常昼伏夜出，也以其人之道，还治其人之身。我的家乡成了革命与反革命激烈搏斗的焦点之一。由于农协武器装备远远不如敌人，只有一些刀矛之类的武器，因此付出的代价更为巨大。此时儿童团活动被迫停止，我在家无事可做，父亲怕我外出惹事，要我教私塾，教几个堂弟和堂侄，将近一年。

由于我当儿童团团长，斗争比较积极，得罪了不少土豪劣绅，在出现一片白色恐怖之后，父母为我的安全担忧，他们认为那些土豪劣绅是肯定不会放过我的。记得有一次父亲对母亲说："龙成这孩子不仅是我们自己的孩子，他也是国家的孩子，还是想法让他脱离虎口吧！"为了使我免遭不幸，1928年父亲便带着我离开了家乡，去黄石港谋生。就这样，年幼的我便与儿童团和农协失去了联系，尽管保住了个人一时的安全，却使我走上了另一条坎坷、艰难的道路。

随父亲背井离乡

　　1928年父亲带着我离开家乡，从武穴搭小轮船溯长江而上，到达黄石港登岸。他让我留在码头上看管好所携带的四五件行李，就去找朋友来帮忙。当时码头上很乱，偷窃的、结伙公开抢劫的都有。我又是第一次出远门，年幼无知，话听不懂，心里直发慌，真盼望父亲早点回来，可是一等再等，总是不见他回来，我简直急得快要哭起来了，但又怕哭出声来，引起坏人的注意，认为我弱小可欺，只得勉强忍着。这时正有人从我身后将一件行李推到他自己的脚下，并且还有一只行李包已被一个歹徒偷偷地拎到手里，我于是鼓起勇气将坏人手里的包夺回来，再把另一件推倒的行李也放在自己面前。

　　正在我难以应付的时候，父亲带着他的朋友来了，真使我喜出望外。旁边坐着的一位老人对我父亲说："要不是这个孩子机灵，你的行李包可就没有了。"我父亲为此感到很高兴。他的朋友知道码头上情况复杂，不能久留，便催促我们带着行李赶快离开。

　　父亲把我带到他朋友安排的一个地方住下，便买来一部木制土织布机，要我跟着他一起学织布，以维持生活。而我们对浆纱技术不熟悉，浆出来的纱很脆，老是一碰就断，这样非但赚不到钱，反而要亏本。于是我向父亲提出，这种活我干不了。父亲也感到我年龄还小，不适宜干这种活，只得停下来另谋生计。他又怕我荒废学业，影响前途，总想还让我读点书，苦于学费无处筹措。我父亲到处奔走，总算得到朋友的帮助，借了点钱与人合伙开了一爿小鱼铺，每天的收入除了糊口之外，还略有剩余，经营了一段时间，他便决定送我去武昌继续升学。

1929年春，父亲将我送到武昌，我考进了私立荆南中学读初中二年级。这所学校坐落在蛇山之麓，历史较久，设备也较完善，教师水准比阳新县中高，是武昌一所小有名气的中学。

我一个初离乡井的农村清寒学生，进了大城市这样一所学校求学，深感来之不易。1929年年末，正当我发奋读书的时候，突然接到父亲朋友发来的急电："父病重速归。"我当时即预感到情况不妙，急得大哭起来。思前想后，越想越多，越想越愁，回忆我父亲为了养活我们一家老小，为了送我读书，几乎年年月月，不分白天黑夜地操劳，耗尽了心血，想到他多次为了逃避战乱，背着我逃难；再想到当别人有困难的时候，他总是不顾个人得失、安危，挺身而出，为之排忧解难；他凡事讲忠恕，忍让为怀，劝人为善，宁肯自己吃亏，绝不占别人一分便宜，所以赢得了许多人的尊敬，要是失掉了这样一位好父亲，我和我的一家怎么办？

当我向学校请准假坐船回到黄石港时，传来了父亲已经去世，遗体用木船运往田家镇的消息。我更是心如刀割、痛不欲生，但心里还抱着一丝幻想，希望这不是事实，想尽快赶到田家镇去了解究竟发生了怎么一回事。当我到达田家镇，母亲也带着小弟从家中赶来了，悲惨的场面，使我如梦初醒，父亲是真的永远离开了人世！我们家的顶梁柱倒了，全家人唯一的依靠没有了，今后一家老小的日子该怎么过呢？在我叔叔和父亲生前朋友的帮助下，就在田家镇草草地将父亲安葬了。

我母亲考虑到家乡的情况和我的前途，要我向亲友借点钱继续回武昌读书，但借钱读书能有几分把握呢？那时对我来说，真像是茫茫大海里的一叶孤舟，随波逐浪，不知何处是归宿，最后只得遵母命返回武昌。

第2章 | 失学当兵

半生风雨录·贾亦斌回忆录
BANSHENGFENGYULU JIAYIBIN HUIYILU

借钱受辱，愤而当兵

1929年11月间，我办完父亲丧事后，回到武汉，仍在荆南中学读书。这时与阳新家乡母亲、弟弟的联系完全中断。我在武汉读书的学费和生活费毫无着落，只有依靠表叔冯康平的资助。康平表叔很早就离开家乡，后来回阳新时来过我家，与我父亲的关系较好。这时他任武昌第七小学校长，生活并不宽裕。康平表叔看在与我父亲的情分上，再加上见我年纪轻，想读书，所以对我还好，愿意给些资助。我的表婶娘情况就不同了，她认为帮助我读书，是她家一个负担，总是有些不愿意。为了读书我就更加省吃俭用，勤奋学习。

住校的宿费也是一笔不小的开支，我为了节省这笔费用就搬到武昌三道街阳新同乡会会馆的一间小屋子里与人合住。当时阳新人来往于武汉时都可住在那儿，不需付房钱。我自己又买了个小洋油炉子，每天自己烧稀饭买点咸菜，或下点面条充饥，至于添衣服和零用钱就更谈不上了，生活极为艰难。这种艰苦的生活对我是一个磨炼，培养我吃苦耐劳的精神，同时因为缺乏营养，我的身体素质越来越差了。国难当头，家庭离散，生活的艰难，社会的不平，人情的冷暖又促使我拼命读书，总想多读些书寻找出路。我常思念在乡间的母亲和幼小的弟弟，因家里缺乏劳动力，我知道他们的生活比我还苦，这就更加激励自己刻苦读书。

学校要缴学费了，米也吃光了，在万般无奈的情况下，我拖着沉重的脚步向表叔家走去，因为我非常不愿意和害怕见到表婶娘，她那冷漠的面孔总是刺痛着我幼小的心灵。表叔家住在武昌汉阳门附近。因为没有米了，我中午饭也没有吃，下午一点多钟走进他家。那天表叔不在家，表婶娘正在和人搓麻将。她见我来了装作没看见，我叫了一声："表婶娘。"她理都不理，照样有说有笑地与人打牌，我只好站在一旁不再吭声了，就这样万分无奈满腹心酸地站了一个多小时，眼泪在眼眶里滚动，但我对自己说，绝对不能哭出来。就在这时，表婶娘骂了一声："倒霉！"原来她今天手气不好，连输了好几盘，于是就把火发到我头上来了。她抓起一张五元的钞票向我扔过来，还狠狠地骂我："穷鬼！"我一听她骂我，这般瞧不起人，就再也忍不住了，把钞票拾起来撕成碎片扔在地上，扭头就走。我一面哭一面走，心想，我宁肯饿死也绝不再向她借钱了。

然而这茫茫大千世界，何处可去呢？别说交不出学费再无法读书了，连买米的钱都没有，又怎么能熬下去呢？我一个才十几岁的小孩子，就被生活逼得无路可走，尝到了人间的辛酸苦辣。我饿着肚子，拖着疲惫不堪的双脚在黄鹤楼与蛇山之间没精打采地踱来踱去。我想到了母亲，就很想回阳新去，可又不敢回去。音讯隔绝我无法了解家乡的情况，再加上回家的路已被封锁又无路费，身上仅剩几角钱了。也不知怎么搞的，我踱来踱去，最后荡到了汉口。我突然看到一张贴在墙上的四十八师教导队招学兵的布告。我眼前似乎出现了生路，心中感到有点希望，连呼吸都急促起来了。我想没有别的出路，只有当兵去。这时我又想起了平日里老师语重心长的话语："日本帝国主义正对我国东北虎视眈眈，亡我之心不死。""国家兴亡，匹夫有责。"既然不能读书，何不效法班超投笔从戎，报效国家呢？我在校时和好几个同学曾议论过这个问题，我当时也有这种想法，只是想等自己读完中学，长大后再去。可是今天情况不同了，生活把我逼上了当兵这条路，我也没多考虑，便跑到招兵站去报了名。招兵站设在汉口的刘家庙，招兵站的人对我说，入教导队和一般的兵有些不同，入伍后就可享受上等兵的待遇，毕业后先作军士用，后作军官培养。就这样，我于1930年下半年入伍当兵了。

四十八师师长徐源泉原属北洋军阀张宗昌、褚玉璞的部下，这时刚刚

反正过来，投靠蒋介石，正在河南参加蒋介石与冯玉祥的战争。徐源泉在旧军队混了很久，他知道尽管自己投靠了老蒋，但老蒋是不会把他当做嫡系部队来对待的。他要想保住自己的地位，必须牢牢地控制着一支部队，这就需要培养自己的干部才行，为此他决心成立教导队。他在汉口大街小巷到处张贴招兵布告，因为他是湖北人，意在自己的家乡招生。

少年从军，备尝艰辛

　　布告说是要招考教导队，实际上只是由教导队的军官随便问上几句就进去了。当时我们在硚口刘家庙受训，一开始只有一百多人，大家都睡在地上，地上铺着厚厚的一层草，上盖一条灰色旧军毯。

　　我们刚刚穿上军装不到两个月，就奉命开赴中原前线。当时四十八师在河南漯河一带作战，打得非常激烈。要我们教导队到信阳四十八师留守处担任保卫。我们也没经过什么训练便匆匆被拉到前线去了。我们乘坐的是一列拉煤、运猪的无篷货车，又脏又臭，大家挤在一起，连个坐的地方都没有。有人在发牢骚，说是把我们当成猪看待了。这一句话激起了大家的不满，吵吵嚷嚷起来，但经带队的军官大声一吼，这些新兵又敢怒而不敢言了。过武胜关时已是深夜，秋夜里的霜把我们的单军衣都打湿了。火车开得飞快，又没有遮盖，大家冷得发抖，互相依偎着苦待天明。

　　到了信阳以后，我们一面保卫留守处，一面开始进行军事训练。当时我们住在信阳小学，教导队的总队长姓陶，他召集全体学兵训话。他说："军人是以服从为天职。你们今天已穿上军装，就是正式的军人了，一切行动都要服从命令，听从指挥，凡不服从命令和指挥的当以军法论处。"他还说："你们现在是学兵，将来干得好可以当班长，还可以当军官。但现在必须进行严格的军训，过艰苦的士兵生活。"

　　许多年过去了，陶总队长那严肃的声音，至今似乎还在我耳边回响。他的讲话是我当兵以来的第一课，在我的军旅生涯中产生很大的影响，在一些艰难危急的情况下，它经常提醒我，我是军人，必须以服从命令为天职。

不久，蒋介石的军队打败了冯玉祥，取得了中原战争的胜利。徐源泉因作战有功，蒋介石把他提升为第十军军长，下辖四十八师和四十一师，同时还兼任讨逆第十六路军总指挥。因徐源泉与当年担任武汉行营主任的何成浚关系密切，蒋介石便调他回湖北。第十军司令部设在沙市。

1931年，第四十八师教导队改名为第十军干部学校，蒋介石虽不承认这所学校，但也不干涉，不取缔。徐源泉也很知趣，不声张招摇，双方采取互相敷衍而又互相提防的姿态。

第十军干部学校驻扎在荆州的一座破烂文庙里，这时已有学生二三百人，全校分为两个中队，中队下设区队。我们除了参加军事训练和学习军事知识以外，还要担任荆州的城防，日常工作就是站岗、巡逻、看守荆州的城门并负责城门的开关。

我们住的那座破庙，既挡不住风，更遮不住雨。冬天到了，荆州气候十分寒冷，庙外大雪纷飞，积雪很深，庙内寒气逼人，每人只发了一床薄薄的军毯，根本不能御寒。我原本身体就较弱，这一年冬天常常因受寒而生病。当时军队里的军阀习气仍很严重，动不动就体罚，非打即骂，非常野蛮。队长和区队长大多是北洋军阀培养的，完全是军阀的教育，我们当学生的真是吃足了苦头。队列操练中的"拔慢步"简直就是刑罚。我因体质差，独脚站立时间一长，便站不稳了，左右摇晃个不停，腿也弯曲了，军官不问青红皂白，上来就是一脚，痛得我两眼冒金花，一跤跌倒在地上，这时还必须马上爬起来重新站好，否则还会遭到军官的拳打脚踢。

有一天，在清早跑步时，我的绑腿松了，区队长马上叫我出队列，用约有一寸厚的戒尺狠打我的手心。我的手原来就冻得又红又肿，几下戒尺打下去手立即变紫了，肿得像个馒头。这一打，不仅痛在手上，而且痛在心上，把我积压在心头的怒气全打起来了。因为我是阳新人，乡音很难懂，队长、区队长和教官大多是北方人，他们听不懂我的话，我也听不懂他们的话，语言的隔阂也使他们对我更加歧视。我的同学中已有不少人因吃不了这个苦，开小差溜走了，因此我也萌发起逃跑的念头。但是我又能逃到哪儿去呢？我是有家难回，无处可逃，再说又哪来的路费呢？要是逃走被抓了回来，就更惨了。那天晚上我躺在地铺上久久不能入睡，手掌痛，心里恨，千头万绪涌上心头，最后只得咬咬牙挺下去，我下决心自言自语说："不能逃，一定要坚持下去。等到将来我当了军官，我绝不打士兵。"就这样，我留了下来。

这时十年内战已经开始了，徐源泉的部队开往洪湖地区，对贺龙将军的部队作战。何成浚任武汉行营主任。第十军的留守处移到武汉，干部学校奉命迁往武昌，我们住在平湖门外的一个营房里。就在这个时候，干部学校的全体学生奉命集体参加了国民党。当时徐源泉为了迎合蒋介石的心意，全军都集体参加国民党，参加国民党的手续简单得使人难以相信，只要在发给每人的表格上照填并按个手印就行了。从此我成了一名国民党党员，但直至我脱离国民党为止，从未过一次组织生活。

干部学校的教育长，开始是徐元崇，在徐调任十一师副师长之后，由余勤仁继任。余是保定军官学校毕业的，当时被第十军同事们称为"守纪模范"，他对我们要求很严，所受的军事教育日趋正规。

1931年6、7月间，武汉发大水，灾情严重。平湖门在长江边上，二层楼都进了水。我们每天站在水里站岗，吃的是夹生饭。水面漂浮着从上游漂下来的人的尸体、动物的残骸、粪便与垃圾。卫生防疫工作根本无人过问。大水之后霍乱流行。我也不幸染上了霍乱病，上吐下泻，没几天就瘦得皮包骨头了。学校认为我没救了，便把我送到武昌昙花林附近的难民营。在难民营里只有等死，根本得不到什么治疗。睡在我周围的人一个接一个死去，刚抬走一个死人，马上就又抬进一个生命垂危的病人，难民营里挤满了病人。我高烧不退，浑身无力，看到这种情况，心想自己也许快去见上帝了。准知死神没有光顾我，病情日渐好起来了。难民营撤销后，我又被送进仁济医院治疗，不久病愈出院回校。后来每每想到这次我能死里逃生，真是不幸中的万幸。

1931年"九·一八"事变后的第二天，在晚上点名的时候，队长郭成铎沉痛地对我们说，日本人发动了"九·一八"事变，占领了我国东北沈阳，说着说着，他大哭起来，我们大家也都哭起来了。学生们的情绪都异常激动，大家纷纷要求到前方去抗日。但在蒋介石"攘外必先安内"的反动政策的控制下，不但不能上前线去打日本强盗，反而要我们参加内战。那时，徐源泉的部队正在洪湖一带和红军贺龙的部队作战。一天，干部学校的全体学生紧急集合，说是红军在攻打徐军长的老家——黄岗县仓子埠，那时武汉城防空虚，无兵可调，只好要干校学生立即赶到仓子埠去解围。仓子埠是长江边上不远的一个市镇，我们二三百名学员坐着小轮船急速向仓子埠驶去。我们尚未赶到，红军就已撤走，没有发生战斗，我们又立即乘原轮船回武昌营地，继续学习。

1931年冬，我从武昌第十军干部学校毕业。毕业后即将分发前方，我特向校方请假回乡探母。当我身着草绿军服重返家乡时，乡亲们多不认识我了。尤其当我寻船渡湖汉时，许多人以为是散兵来了，都急忙驾船躲避。见此状，我大声喊叫："不要怕，别跑，我是龙成，我回来看你们了！"听到我的名字和熟悉的乡音，他们才停住船细看，终于认出我来了。乡亲们纷纷招呼我上他们的船，一直把我送到家门口。母亲见我回来又惊又喜，上下仔细打量我半天，看着我说不出话来。我们母子相抱，泪流不止，思念之情难以言表。我的姐姐、妹妹和弟弟相继赶来看我，亲戚朋友也都来了，大家围在一起问寒问暖，甚为快乐。这次假期很短，回家仅停留几天就束装就道，与母亲和家人挥泪而别。

1932年春，我被分发到四十一师一二三旅二十五团一营四连当实习生，当时是准尉待遇。四连驻扎在湖北钟祥县，因为连里缺少一名文书上士，连长就要我做文书的工作，后来特务长走了，连长又要我做特务长的工作。无论是做文书，还是做特务长，我都很认真。连长认为我干得不错，没几个月就保我升做该连少尉排长。在众多同学中，我是最早提升为少尉排长的。

考入步兵学校

1933年1月间，南京陆军步兵学校招生，规定要中央军校毕业或同等军事院校毕业，任少尉排长以上的人方可报考，每一个师保送一名，因为我是第一个被提升为排长的，所以四十一师就保送我去考。到南京后我就住在第十军驻南京办事处。这时我才知道，步兵学校考试颇严，要求较高，除军事学外，还要考史、地、理、化、数学等，报考的人很多，竞争很激烈。我初中只读一年多，文化知识上还有很大的差距。幸好我有个同乡好友张志远正在南京，我每天到他那里去补习。同时又发现我有沙眼，体格检查这一关就通不过，于是又忙着电疗治眼。我忍着剧痛配合治疗，总算如愿通过了体检和考试两关，进了南京步兵学校，又开始了新的紧张的学校生活。

陆军步兵学校当时也称步兵专门学校，校址在南京市三牌楼（国民党军政部的对面）。校舍成口字形，四边是平房，中间是操场。它是军官深造教育的场所。我要极为努力，才能跟上，首先要提高身体素质，否则就不能完成繁重的学习与训练任务。为此，我每天在同学们起床之前就到操场上去跑步，每天坚持跑一万米，这样下来，身体素质有所提高。这对我在校学习和后来的行军、作战都有很大的好处。

步兵学校的教官大都是日本陆大、步兵学校、士官学校毕业的，他们是按日本方式进行教学的。后来蒋介石为了要学习德国、意大利的武器和战术，又请了德、意的军事顾问来讲课。这些教官中给我印象最深的有

张权烈士和马崇六老师。学校的课程很多，要学新步兵操典，还要学习使用各种新式武器，如轻、重机关枪和战斗防御炮等。那时候自行车刚刚进口，我们也要会骑，用以演习步兵侦察，还要学开一种新型的战车——豆型战车。

记得我在南京步校学习时，日本帝国主义就不断向我国寻衅，对国民政府施加压力。还指使某一领事（当时说为一浪人，姓名我忘记了）在南京失踪，以此作为寻衅的借口。当时日本驻华大使川樾向国民政府外交部长张群提出强烈抗议，声言日本官员在南京失踪，说是被中国抗日分子杀害了，要求中国政府限期寻获和作出满意的答复。同时日本兵舰集中下关，大炮脱下炮衣，炮口指向南京城，全城人心惶惶，处于紧急状态。当时南京城内防卫空虚，乃将在南京各军事学校如步兵、炮兵、工兵学校和中央军官学校等作临时应急的战斗编队，以备应付突然事变，我们也在编队之列。当时各校员生均同仇敌忾，都准备为国捐躯。后来这一日本领事并未死，被我市民发现，由政府交还日方。川樾感到阴谋暴露，脸上无光，把某领事遣返，事态始得平息。通过这一事件，我进一步认清了日本侵略者的狰狞面目。我记得还有一件事，当时行政院长汪精卫，为了执行亲日外交政策，下令要当时的南京市长石瑛（字蘅青，为我阳新同乡，为湖北三老之一）接见日本外宾，石瑛抗不受命，当日本外宾从市政府前门进入，石瑛就从后门走出，拒不接见。石瑛愤而辞职，对汪精卫表示抗议，一时传为美谈。我当时与同学们和在南京的阳新同乡谈及此事，均对石先生抗日爱国的硬骨头精神甚为敬佩，对汪精卫的媚日辱国的行为深为不齿。

1933年11月，国民党第十九路军的将领联合了国民党内的反蒋势力，在福建发动了反蒋抗日事变（简称"闽变"），成立了以李济深为主席的人民革命政府。国民党内部震动很大，蒋介石更是愤怒不已。1933年底，蒋自任"讨逆军总司令"，调集大军向福建进攻，并集中海陆空军进行封锁和轰炸。蒋介石当时有个计划，准备动用步兵学校的学员和新式的步兵武器，如战车防御炮等。因此对我们的训练要求更加严格，并随时准备整装待发。继因在蒋介石的优势兵力进攻之下，1934年1月，福建人民政府失败了，我们也就没有开赴福建，按照原定教育计划，在步校学习整整一年后毕业。

在第四十一师

　　1934年夏，我从步兵学校毕业后，又回到了四十一师，师部当时驻湖北襄阳。我一回到师部报到，就被分配到四十一师干部训练班工作。训练班一期为时三个月，分为军官、军士两队，我任教官，又兼军士队队长。在分配工作的时候，参谋长对我说："师长对你寄托了很大希望，你要把在步校学到的知识更好地教给训练班的学员。"我当即回答："师长保送我去学习深造，我当然应该听从师长的分配，把自己学到的知识教给官兵，以提高部队的战斗力。"这个班办了两期，因进军鄂西而停办了。

　　1935年6月，由徐源泉指挥三个纵队：左翼纵队指挥是四十四旅旅长黄新（后改名黄百韬），右翼纵队指挥为新三旅旅长蒋作均，中央主力纵队指挥为四十一师师长张振汉，由来凤、李家河向红军贺龙、萧克的部队进攻。师长张振汉率领主力纵队向忠堡进发，红军隐蔽在山上，给张振汉带路的向导也大都是红军便衣人员，以致使国民党军队不了解情况，像瞎子一样乱闯。张振汉中路纵队刚到忠堡就被包围了，张振汉发觉被围已经迟了，率领师部死命往外冲，经过激烈的战斗，官兵伤亡惨重，张振汉被俘（张被送延安，抗战开始释放回来）。我们这个旅是一二三旅，由旅长芮勤学指挥走在师部前面。当时我任该旅二四六团三营九连中尉附，负责尖兵任务，走在大队的前面，在山谷中走着走着，突然遭到红军的伏击，打了一个不预期的遭遇战，仓皇应战，我连被冲散了，连长王福清在战斗中失踪，临时要我代理连长，负责收容。随即奉命撤回李家河，这时王连长回来了。而我被升为一二三旅司令部上尉参谋，在来凤、李家河一带整训。

1936年秋，第十军奉命入川，一面是准备阻击红军长征北上抗日，另一面趁机入川，以打破四川军阀割据的局面。徐源泉率领第十军从湖北来凤出发，经四川酉阳在乌江乘木船到涪陵，再乘长江轮船到万县、奉节、巫山、巫溪一带驻防，清剿川陕边区土匪。

1936年12月12日，西安事变发生，我正在奉节旅司令部，听到蒋介石被拘留的消息，感到甚为惊异。但由于消息闭塞，军队封锁更甚，第十军又属杂牌部队，当时对此波动不大。及至西安事变和平解决后，始逐渐知道国民党军队也要准备抗日了。

1937年春，第十军在湖北荆州办了一个军官团，徐源泉自任团长，由陆军大学刚毕业的四十一师副师长丁治磐任副团长，我被调任该团教官兼第二队上尉队长。调训对象为排长以上至团级军官，每期两个月，共办了两期，为准备抗日，训练内容注重野外实践演习。有一次，我指导演习，穿过漆树林，出来时，我的脸上、身上全都红肿，经检查为漆过敏，经过多方治疗始愈。同年7月7日，卢沟桥事变爆发，我升任四十一师第一二三旅二四五团第一营少校营长，到任后即在荆州着手进行思想动员和作战训练，准备随时开赴前线。

第3章 浴血抗战

文史资料
百部经典文库

半生风雨录·贾亦斌回忆录
BANSHENGFENGYULU JIAYIBIN HUIYILU

主动请缨，参加淞沪抗战

　　1937年7月7日，日本侵略军进攻卢沟桥，点燃了全面侵华的战火。8月13日，日本又对上海发起大规模进攻。日军挟其陆海空军优势，先后投入陆军和海军陆战队共14个师团，约28万人，动用军舰和各类船只超过90艘，飞机400余架，战车三四百辆，企图一举攻克上海、南京，"速战速决"，"三个月内灭亡中国"，气焰极其嚣张。我国军队广大官兵为保卫祖国，奋起抵抗，震惊中外的淞沪会战爆发了。

　　这时，全国抗日救亡运动蓬勃兴起，正在湖北荆州整训的第十军爱国官兵的抗日情绪也很高涨。特别是在听说上海战斗非常激烈，我军伤亡惨重的消息后，个个义愤填膺，纷纷请缨赴前方作战。我当时任第十军第四十一师二四五团第一营少校营长，曾几次代表全营官兵向上级提出增援前方、杀敌报国的要求。9月初，第十军奉准派我所在的四十一师二四五团开赴上海补充前线。我团先乘轮船到南京，再由南京坐火车去上海。由于日机的轰炸以及铁路军事运输任务的繁忙，火车开得很慢，只能开开停停，一段一段向上海驶去。

　　九日晚上，我们到达处于火海之中的南翔镇，在火光中，只见一批批伤兵往后方运，一批批军队奔赴前线，南翔火车站嘈杂、忙乱，一派紧张的战争气氛。

　　到上海后，我团被补充到第一军第一师第二旅，编为第四团，军长李铁军、师长李正先、旅长严明。当天晚上，我们在师部附近隐蔽待命，听取战况介绍，了解到敌军乘我们换防之际，已抢先占领了阵地，我们的任务是夺回阵地。

12 日下午，部队进入前沿的一个小村庄——赵家宅，在猛烈的炮火下，这个小村子已是一片瓦砾。我和营附带着几名战士走进村口一个小竹林里，当我刚刚举起望远镜观察敌情时，突然有一个炮弹在我身后爆炸了，我的军帽被气浪掀掉，上身军服被弹片炸破，头部炸伤，鲜血不止，我当时觉得头部一阵剧痛，便昏倒在战壕里，周围不少人以为我被打死了。苏醒过来后，我用手擦了擦头上的血，慢慢在地上爬。"营长！我挂彩了！"只见刘营附满身是血，躺在地上，传令兵已被炸死。我命令两名战士把他送到后面去。这时我才看见，原来是天空中的日军侦察气球发现了我们，立即通知炮兵开炮的。战斗刚打响，营附和不少官兵就负了伤，我头上也是鲜血不停地流着，有人劝我下去。我当即严词拒绝说："'天下兴亡，匹夫有责'，我宁死也不做亡国奴，死也要死在上海，决不下火线！"

我不顾头部的伤痛，怀着满腔的怒火，率领全营向日寇发动了进攻。由于我军士气高昂，在一片喊杀声中，和敌人展开了激烈的肉搏战，终于杀退了敌人，夺回了阵地。战士们顾不上休息，马上开始挖掩体、修战壕。上海是一片平地，可说是无险可守，只有挖好工事才能有效地保护自己，杀伤敌人。由于上海地下水位高，挖不了多深，水就往外冒，我们的官兵实际上就是泡在泥浆里作战。紧接着上海人民也千方百计地送了一些钢板到阵地上来，帮助加固工事，这对我们是很大的帮助和鼓舞。

就这样，在上海市民的支援下，全营官兵用鲜血和生命在几乎无险可守的杨行阵地上，坚守了十多天之久，而我营原有 400 多人只剩下不到 100 人了。旅长严明曾打电话问我需不需要部队增援，我知道各处阵地都急需人，就坚定地回答说："我们还顶得住，增援别的部队吧！"严明对别人说："这个贾营长，受伤不下火线，部队伤亡很大，我们想要给他增援，他也不要，真是怪人。"

9 月 20 日晚上，我营奉命移防刘行。第二天清晨，敌军先由杨行方面以重炮猛击我军阵地，发炮千余发，然后步兵一个联队又以十余辆坦克为前导猛冲我军阵地。当敌人来到战壕附近时，我们就以手榴弹向敌人投去，并以白刃战向敌军刺杀，打退了敌人的疯狂进攻。8时许，有20余架敌机在我阵地上空盘旋，投弹百余枚，炸得阵地上尘土飞扬，硝烟弥漫，我们躲在战壕里连气都喘不过来。到了晚上7点钟光景，刘行正面张家宅的敌人，趁苍茫的暮色分三路向我阵地挺进，使我营陷于三面挨打的局面，我以受伤之躯率领战士英勇抵抗，以待援军。

这时，有广西调来的第七军增援上来了，从我军右侧向日军反攻，士气旺盛，战斗至为激烈，伤亡惨重，七个旅长，伤亡了六个。

当时战场上的情况是：日本的海军兵舰在黄浦江游弋，陆军大炮架在阵地前不远，它的机枪架在屋顶和大树上。白天，日军的飞机又不停地轰炸，还有它的侦察气球在空中，时时刻刻注意着我军的动向，我们等于完全暴露在敌人面前，成了敌人陆海空军联合作战的活靶子。因此，在白天我们根本无法活动，一动就会被敌人发现，就会引起敌人疯狂的射击。尽管我们的活动都在晚上进行，我军的伤亡仍很惨重。我也只能在晚上视察阵地。由于尸体太多，堆满了战壕和交通壕，当时无法打扫战场和掩埋官兵的尸体，我和我的卫士只好边搬尸体边匍匐前进。由此可知我军处境之艰难和战斗的惨烈了。

由于我们坚守阵地，敌人为了接近我们，只得挖战壕逐步前进，这样，就经常和敌人发生肉搏战。有时候，双方战壕太近，我们只得用绑腿系着手榴弹向敌人战壕里投去，就这样打退了敌人一次又一次的进攻。敌人更仰仗着有海、陆、空的优势，轮番地向我们阵地轰炸、炮击。挖好的战壕一天就被炸平了。一到夜里，就要重挖或修筑战壕。我对官兵们说："战壕一定要连夜挖好，抗战打胜了，这里就是我们民族复兴地，如果我们战死了，这里就是我们为自己筑好的坟墓。"大家都抱有必死的决心。

我们的官兵，白天要准备打退敌人的进攻，晚上还要挖战壕，十分劳累，可是白天还吃不上一顿饭，因为一生火，敌人就会发现，飞机就来炸，只有到了晚上才能吃得上一两顿饭。又因白天有日军飞机轰炸以及炮兵和机枪的射击，伤亡太多，而伤兵又无法后送，常常挤在营部里，痛苦不堪。有的喊要止痛药，有的要求送到后方医院去。但是制空权完全控制在日寇手中，伤员难以很快遣送。由于战士们都有视死如归的决心，不管战斗多么激烈和饥饿、疲劳多么难熬，而士气仍很高昂，始终坚守阵地。

但是到了9月30日，日本侵略军发动了总攻击，经过激烈的战斗，大场失守，致使闸北、江湾一带的我军腹背受敌，因此被迫向苏州河以南撤退。

10月，我军撤退到了苏州河南岸，我营奉命防守北新泾大桥。当我们来到大桥时，才知道桥已被日机炸毁了一部分，为了防止日军渡河，我们的工兵，也作了大量的爆破。即便如此，我营所守的地区仍是日军强攻渡河的重点。我记得，我的左翼是三十六师，右翼是教导总队，我的营部设在河边的一个防空洞中，这个防空洞原是上海市警察总队队长蔡孟坚事先修建，躲避空袭用的，筑得相当坚固。

经过两天的战斗，我初步掌握了日军渡河的规律，他们总是先用飞机轰炸，再用大炮集中射击，最后步兵用橡皮艇渡河。为此，我们想了一个对策，在河边挖很深的工事，把机枪阵地安置在苏州河边，枪口低到和水平面一样平，当敌人轰炸、炮击时，我们就伏在阵地上坚持不还击，当敌人乘橡皮艇渡到河心时，我们出其不意集中射击，把敌人打得张皇失措，进退不得，纷纷落水而死，敌人多次强渡都这样失败了。

日本侵略军多次强渡失败后，为了了解我们的火力点布置情况，便抓来了一些老百姓，强迫他们在对岸桥头走动，企图诱发我们开枪。我一看，立即发现有诈，当即命令不许开枪，我对官兵说，那是我们的同胞，是敌人用的奸计，我们决不能上当。战士们听了不由得大骂日本侵略军的狡猾与恶毒。

友邻部队得知我营防御工事情况后，三十六师便派了一个中校团附前来参观，正当我向这位团附介绍情况时，敌人一颗炮弹打了过来，我的腿部负伤跌倒在地上。有人劝我下去治疗，我仍然不肯，只是用绷带包扎了一下，继续守卫在阵地上。

经过近两个月的苦战，我营营长、营附均受伤，连长三个阵亡，一个受伤，排长以下干部伤亡殆尽，全营士兵剩下的只有几十人了。就第一师全师来说，全师两个旅长伤了一个，四个团长阵亡两个，伤了一个。团长王应尊（解放后任民革中央监察委员）受了重伤。除了两个营长受伤生还外，其余营长以下官兵伤亡殆尽。我就是受了两次伤而未死的两个营长之一。由此，足以证明在上海战役中我国军队付出的代价是多么惨重。

11月5日清晨，日本侵略军第十军从杭州湾的金山卫、全公亭一带大规模登陆，很快就占领了松江，插到了上海的后面。由此，我上海守军被迫全线撤退。11月12日，上海失守。

我营是在11月8日晚上10时离开阵地的，当时情况非常混乱。撤退前我只接到一个命令，要我天明时在某地集合（具体是什么地方，我现已记不清了）。那个地方很小，在军事地图上既没标出，当时又找不到一个老百姓来带路，我带着部队转了一夜也没找到那集合地点，真是把我急坏了。直到天快亮的时候，我们才转到了虹桥附近。这时，在通往青浦的公路上挤满了人，有逃难的老百姓，有伤兵，也有许多撤退的部队。几十万人挤在一起，向西撤退，秩序非常混乱。天亮的时候，日本的飞机来疯狂轰炸了。我亲眼看到一个农村妇女，挑着一副担子，前后各装着一个孩子，背上背着和怀里抱着两个孩子，她本人又怀孕在身，挤在人群里逃难。这时敌机飞来了，我急忙喊她：“快卧倒！快卧倒！”她马上扑倒在公路那边，我卧倒在路的这边，炸弹却正好在这个妇女身边爆炸。我看见这个可怜的妇女和四个孩子都活活被炸死，她的肚子被炸开，腹中的胎儿还在蠕动。我参加过无数次残酷的战斗，看到无数的战友壮烈牺牲，我都还能忍受，但那天的悲惨情景，却使我痛彻心扉，永世难忘。

1972年，日本田中首相访华时，我正在上海民革市委工作，通知我去机场迎接，正好是去虹桥机场，又恰恰要途经当年日本飞机炸死那个妇女的地方，想到惨死的妇女和孩子，我似乎又看到了那悲惨的景象，我的感情真是接受不了，心想不去为好；但我又想到，当年日本军国主义者疯狂侵略我们，今天，他们的首相也亲自来我国要求友好亲善“讲和”，这证明了我们的国家现在是真正的站立起来了。我感到无比自豪，因而又乐意去欢迎了。

日本飞机飞走了，我带着部队继续撤退，这时遇见了团长，他命令我营防守方家窑，以掩护部队撤退，守到第二天天明，任务完成后向青浦撤退。我当时即收容了90余名官兵，发现轻重机枪损失了不少。团长还对我说，工兵已在桥上埋下了定时地雷，天亮前就会爆炸的。

进入阵地后，部队立即建筑工事，我在桥头眺望着那边撤退的士兵和逃难的老百姓仓皇奔逃的情景，真是感慨万端，难以言喻。

在半夜时分，有一个加农炮团到达桥的那头，由于工兵事先已埋好了地雷，重炮无法过桥。炮团团长在桥的那一边大声对我说："你无论如何要叫我团过桥啊！"可是我有心无力，工兵早已埋上地雷，我还有啥办法呢？我急着答复他，他急得哭着说："这个团的火炮，是从德国新买来的，是我们国内最新的一个炮团啊！"最后没办法，他不得已只好忍痛命令把全部火炮推到了河里，以免日军获得。快到天明时，他们这个团的人尚未全部过桥，地雷却定时爆炸了，不少人被炸得血肉横飞，真是惨不忍睹。

天亮时，我完成了掩护撤退的任务，带着部队向青浦方向撤退。我们是从青浦东门进城的，不知道日军已从西门进来，守卫青浦的保安团早撤走了。我听到城内有日寇的机枪声，即感到情况不妙，命令部队立即调头走，有战士问我何故不进城，我说路走错了，其实我是怕士兵在惊慌中走散了，便带着他们向苏州、无锡方向撤退。日夜的奔逃和极度疲劳，以及同其他部队的溃散士兵和难民沿途的拥挤，我这营的官兵也越来越少了。

11月9日，我们来到无锡，奉命守卫锡澄线，这里原有国民党军修的永久性工事。我们进入阵地后，发现所有的工事都被大铁锁锁住了，没有钥匙，无法开锁，根本不能使用。敌军到来，我们只能在太湖边抵抗了一天，黑夜奉命从惠山撤退。以后经苏州撤退到镇江，由镇江渡江到江苏六合收容整训。

在镇江渡江时，我听到有人大声喊："贾营长！"我转身一看，原来是我的勤务兵罗明汉，他一见到我就哭了起来。在上海打仗的时候，我曾叫他到南翔军邮所去汇寄二百元给我母亲，他到了南翔后，军邮所已撤走了，他追赶军邮所一直到了南京也没追到。这时他和我也失去了联系，当时有人劝他带着这二百元钱回家去，他坚决不肯。他又从南京折回镇江沿途找我，幸好在长江边遇见了我。我望着这个纯朴的战士，也激动得热泪盈眶，半天讲不出一句话来。我们一同随部队渡江，经扬州向六合前进。第一师奉命在六合收容整训。第二旅旅长严明向胡宗南报告，说我在上海作战两次负伤，不下火线，以及最后掩护部队撤退等事迹，表现突出，力保举我升任中校团附。胡宗南问道："贾亦斌是黄埔几期的？"严明说："贾是行伍出身。"胡宗南听罢便摇头说："不行。"严明接着说："那我保举他任旅部中校参谋主任。"胡宗南才点头同意了。

淞沪会战是从"八·一三"开始，到11月初上海沦陷为止，共三个月。这次会战，日军投入的兵力达20万人之众，国民党军队则有50万人，占全部主力部队的二分之一。从兵力上来看，国民党军队人数超过日军一倍多，但由于我们武器装备落后，以及指挥的失误，伤亡极其惨重。我营开赴上海前线时，是完整的一个营，撤退到六合整训时，只剩余20多人了。

尽管淞沪会战以上海的陷落而告终，但我认为有三大战果，是值得一提的。一是打破了日寇在三个月内灭亡中国的狂妄野心和"用三个师的兵力"灭亡中国的妄想。显示了中国军队不怕牺牲，勇于作战的忘我精神，以及上海人民和全国人民同仇敌忾对前线的大力支援，充分体现了我中华民族反侵略的优秀传统，大大地坚定了全国人民坚持抗日救亡运动的意志和决心。二是争取了时间，使许多重要的工厂和学校得以迁往内地，这对坚持长期抗战具有重大的意义。我们知道，当时内地的工业生产水平和科学文化教育水平都比较低，这些工厂、学校迁到内地以后，加紧生产和广泛宣传教育，对支持长期抗日战争取得最后胜利，发挥了积极作用。三是对国民党军队来讲，也是一大锻炼，并积累了战斗经验，为八年抗战打下了基础。

驻守潼关，驰援徐州

1937年11月12日，第一军从上海撤退，经青浦、苏州、常州、镇江，到江苏六合整训了一段时间。当我得知部队即将开拔，经安徽到河南信阳，再乘火车转赴陕西潼关驻防时，便请了短假返乡探亲。

我营在上海抗战伤亡惨重的消息早就传到了我的家乡湖北阳新，且将我之负伤误传为阵亡。我母亲闻讯后立即昏倒在地，经多方急救方才苏醒，继而失声痛哭，10岁的弟弟也跟着老母啼哭不止。后来接到我从上海寄去的亲笔信后，才稍稍安下心来。但战争无情，时刻充满危险，母亲仍难免为我的命运日夜担心。记得抵家的那天，母亲又惊又喜，拉着我的手痛哭起来。我即对母亲加以劝慰，并将把她老人家和弟弟接到重庆去的意图告诉她。开始母亲舍不得离开家，经过一两天的劝说，她老人家终于同意了，我即请她做好准备，说好回部队后再派人来接她。当时还有两个堂弟贾载黎、贾又斌也想出来参加抗战，要我介绍报考军事学校。我也让他们做好准备，以便下次同我母亲一起出来。我在家仅居数日，陪母亲过了春节就匆匆告别家人返回部队，在河南信阳赶上了第一军，并随部开赴陕西。

1938年2月，第一军到达陕西整训补充，此后又在渭南、西安一带和潼关、华阴、大荔等地驻防。4、5月间，第一师奉命担任潼关、阌乡（今已并入灵宝市）、灵宝（今灵宝市老城）一线黄河河防，并构筑工事。潼关是陕西、山西、河南三省要冲，自古以来，就是兵家必争之地。抗日战争期间，它具有屏障大西北和捍卫新疆到苏联国境线北大门的重大意义。

第一军到达潼关时，黄河对岸的风陵渡口已被日寇占领，日军经常在河对岸炮击潼关一带，还不时派飞机前来侦察和轰炸，这对铁路运输和人民的日常生活安全带来极大的威胁，也使潼关充满了战争的气氛，形势十分紧张。

我们到达潼关时，上级下达了两个任务：一是部队进行整训。二是抓紧构筑工事。当时布防任务是这样的：潼关以东，直到河南省灵宝县一线，由我们第一师防守，第一师的司令部就驻在潼关。第七十八师驻守灵宝以东地区。

在淞沪会战中，我第一师的团、营、连、排长伤亡惨重，为了培训一批刚刚被提拔上来的青年军官，师部决定：在潼关设立干部教导营。我当时是第二旅参谋主任，奉师长命令，兼干部教导营营附。我上课的内容主要是总结淞沪会战的经验和教训。我向学员们谈到了战争的正义性、长期性，还谈到了战争是一门科学，必须在实践中摸索它的规律（以守苏州河为例）。这段不太长的教官生活，对我来说也是一次锻炼和总结提高的机会。在此期间，各部队经常互相观摩，交流经验。一天，第一师和第七十八师高、中级军官40多人到灵宝地区视察，要我介绍淞沪会战中修筑苏州河防御工事的经验。我介绍了日军作战的特点和我们利用苏州河河防工事多次击退敌人进攻的经验。听了我的介绍，大家纷纷点头赞许。此后，在黄河南岸担任河防的我军各部队，修筑工事时都以此作为参考。

我们的第二个任务，那就是构筑工事保卫潼关至韩城一线。根据上级布置，在这个地区要构筑两道防线，一道沿黄河构筑工事，坚守河防。当时采用了我在上海苏州河修筑工事的经验来构筑河防工事。

第二道工事称为关中工事。这是准备日寇强渡黄河成功以后，我军必须固守的防线，所以对修筑这条防线的要求很高。关中是大平原，无险可守，构筑这道又宽又深的防线的确非常必要。而主要是为了防御日军坦克的进攻。

在潼关的几个月时间里，我们一直非常紧张，部队不是训练就是筑工事。尽管如此，官兵的士气还是很高的。就在这时，徐州会战打响了。

徐州会战是南京保卫战之后的一次大规模的会战。徐州战略地位十分重要，它据津浦、陇海两线的交点，有向四面八方转运军队的交通条件，又是我南京失守以后唯一前进的战略根据地。因此，蒋介石命令第五战区司令长官李宗仁坐镇徐州，负责指挥津浦线的战事。

日军为了打通津浦线，连接南北战场，窒息陇海路，威胁平汉路，作进攻武汉的准备，乃以徐州作为这一阶段的重要进攻目标。日本军部任命板垣征四郎为第三军团司令，指挥津浦线的战事。

1938年3月28日，日军发动了对台儿庄的进攻，从而拉开了徐州会战的序幕。由于我国军队的英勇战斗，取得了正面战场上的第一次重大胜利，击溃了日军的进攻。这就是轰动中外的"台儿庄大捷"。但是好景不长，由于指挥的失误，不久日军攻陷徐州，使整个战局发生了不利于我方的严重变化。

1938年5月上旬，徐州告急。我最高统帅部命黄杰第八军、李汉魂第六十四军、俞济时第七十四军开赴商丘、砀山一带，宋希濂第七十一军开赴兰封，意在消灭鲁西地区的日军，并确保陇海铁路徐（州）郑（州）段之畅通，掩护徐州附近我军主力西撤。5月12日，蒋介石自汉口飞抵郑州坐镇指挥。第一战区第一兵团总司令薛岳亦同机到达，遂赴商丘指挥黄、李、俞各军。讵料日军进展甚速，南路第十三师团（师团长荻洲立兵）12日即陷永城；北路第十四师团（师团长土肥原贤二）也于同日自濮县（今已并入范县）以南之武集、旧城等渡口渡过黄河，14日攻占菏泽。15日，日军炸毁了兰封以东的陇海铁路，并攻占了徐州、砀山间的陇海铁路黄口车站。这时，蒋介石急令胡宗南第十七军团（仅辖第一军一个军，军长李铁军仍兼第一师师长）立即开赴郑州，集结待命。16日，蒋介石还命令成立第二十七军，以桂永清任军长，辖蒋伏生第三十六师和李良荣第四十六师，开赴兰封参战。同时，在兰封一带的部队还有商震第二十集团军（辖第三十二军）和配属的王劲哉新编第三十五师、张占魁独立骑兵第十四旅。沈克第一〇六师、梁恺第一九五师和钟松第六十一师等部亦先后到达兰封参战。

胡宗南奉命后，立即命令各部移交防务，限期开拔。20日，第一战区司令长官程潜又令我军团改开开封一带。旅长严明对我说："胡军团长在灵宝召开旅长以上高级军官会议，部署开拔事宜。我先去了，你带领旅司令部随后跟进。"严明说完即乘摩托车赶赴灵宝。当时旅部官兵和勤杂人员约有100人，主要是特务排、通信排和挑夫、伙夫。傍晚，我率旅部人员由潼关出发，沿陇海铁路向函谷关、灵宝方向前进。当时这一段陇海铁路紧靠黄河南岸，盘踞北岸的日军昼夜不停地以望远镜和探照灯侦察南岸情况，出动飞机轰炸并进行炮击，企图封锁我铁路运输。为了防空，部队只能在夜间行军，我方火车也只能在夜间以最快速度闯过这一危险地带，且不能开灯和鸣汽笛。

当我们行至函谷关附近的一座铁路桥时，已是夜深人静，伸手不见五指。这座简易的单轨铁路桥桥墩很高，长约200米，两边既无人行通道，又无栏杆。挑夫们肩挑重担在上面行走，十分吃力。行至桥中间，我突然想到，此时如果有火车开过来，怎么得了？于是就大声呼喊前面的人快跑，并连推带拉帮助挑夫们迅速离开桥面。果然不出所料，背后响起了隆隆的轰鸣声，由远而近，一列火车风驰电掣般地驶上桥来。桥上的人拼命奔逃，但为时已晚，多数虽已脱险，而八名挑夫被轧得粉身碎骨，血肉模糊，掉到桥下干涸的河床上。我和几名士兵刚跑到桥东端，就被列车高速运行所产生的巨大气浪掀到路基下十多米处。当时的惨状令我毛骨悚然，目不忍睹，至今思之，犹有余痛。事后我将旅部遇险的经过向严明作了汇报，他亦为之叹息不已。

在我军开进期间，豫东的战况日趋紧张。5月17日后，日军土肥原师团的主力已进至兰封以东仪封和民权西北内黄集一带。18日，第一战区司令长官程潜令薛岳率第六十四军（欠第一八七师）和第七十四军自商丘西进，与第七十一军、第二十七军共同夹击该敌。21日，程潜率必要人员进驻开封，设立指挥所，就近指挥豫东作战。

第一军最先到达前线的是李文第七十八师之第二三二旅（旅长康庄，

辖徐保第四六三团和古肇英第四六四团）和第二三四旅之严映皋第四六七团，于5月20日在开封以东30公里的罗王车站下车。21日，这三个团奉命由康旅长率领推进至杞县北部的阳堌集、马大府一线，暂归桂永清军长指挥，与自兰封以南西进之敌展开激战。当晚，第二三四旅旅长李用章率李日基第四六八团到达开封以东约15公里的兴隆车站，奉命向东北方向攻击占据板寨的日军。第一师途经郑州时，奉命留下一个团担任守备；22日到开封后，我第二旅奉程潜之命驻扎在东南郊，归第一战区长官司令部直接指挥，以备机动使用，师部率直属部队及剩下的一个团向城东之十里铺推进。

23日凌晨，胡宗南及军团部人员乘坐的列车到达开封。程潜令胡宗南指挥所部及第三十六师，沿陇海铁路两侧东进，扫荡当面之敌，迅速进出阳堌、兰封之线，必要时策应守卫开（封）兰（封）间黄河河防的刘和鼎第三十九军（后该军归胡宗南指挥）；到达兰封一带后，指挥第七十一军和第二十七军（后因战局变化，该两军归薛岳指挥，我军团亦未到兰封）。天亮后，胡宗南率军团部进驻兴隆集。在全军少校以上军官会议上，胡宗南首先讲了台儿庄战役的胜利，说明日军是可以打败的；又谈到川军第一二二师师长王铭章血战滕县，为国捐躯的事迹，激励官兵们以王师长为榜样，奋勇杀敌。他还说："四川军队作战都这样勇敢，仗打得这样好，我们是'天下第一军'，更应该勇敢作战了。"会后，胡宗南特意走到我面前，讲了一些"你打仗还是很勇敢的"、"好好干，前程无量"之类的安慰话。

当时，兰封以东的日军由于遭到我军的沉重打击，往西南转进，突破我阳堌一带的薄弱防线后又转向西北，连陷罗王寨、罗王车站、曲兴集、三义寨等据点。胡宗南指挥各部与敌激战竟日，进展不大，虽一度突入曲兴集，旋又被迫退出。傍晚，黄河南岸的重要渡口陈留口又陷入敌手。程潜令胡宗南部在现阵地实行攻势防御，待薛岳指挥的部队到达后再夹击日军；还令我第二旅派一个营守卫陈留县城（该县今已并入开封县），其余部队立即归还建制。严明奉命后即率领部队随第一师师部东进，24日早晨到达南神岗。与此同时，兰封城因龙慕韩第八十八师于22日晚退出而被日军占领，陈公侠第一五五师也因此而放弃了23日晚攻占的罗王车站。

　　5月24日上午，我旅接到胡宗南的命令：以主力占领埔街、大康寨、马尾墙一带，呈倒"品"字形的犄角之势；一部推进到黄河边的解庙、高场、大郭路等村庄构筑工事，策应公秉藩第三十四师作战。25日，第三十六师继续攻击曲兴集，第七十八师之李日基团协同第一五五师和第五十八师攻击罗王寨和车站，各占领几个小据点，但第三十九军方面却丢了几个村庄。同日蒋介石离郑州飞回汉口，临走前严令各部务必于26日收复兰封、罗王寨、三义寨、曲兴集、陈留口，有功者给予奖赏，攻击不力者严惩不贷。

　　5月26日拂晓，我各路军队遵照蒋介石的命令，同时对当面之敌发起攻击，战斗十分激烈。第十七军团方面的战场在曲兴集至黄河南岸一带，开始时进展尚属顺利。第七十八师的一个营在四架飞机和三辆战车掩护下连克数个村庄，后因战车未遵命行动，擅自冲向敌阵地而全部损失，步兵亦因此遭到很大伤亡，攻击受挫。当时我军的战车为数很少，到达豫东前线的仅有第二〇〇师副师长邱清泉率领的一个搜索营。严明和我闻之，皆殊感惋惜。第三十九军一部在我空军和炮兵掩护下，一举攻占了马庄、贾寨，继续攻击欧坦时遇到了日军的顽强抵抗。胡宗南急令严明抽调一个营前往增援，激战终日，仍无进展。这时又传来了坏消息，虞城县城（今虞城县利民镇）和陇海铁路上的重要据点马牧集（今虞城县城）均告失守，商丘外围阵地亦被日军突破，战局对我军更加不利。

　　27日凌晨，第七十一军经过三昼夜苦战，终于克复了兰封城。上午，第六十四军再度攻占罗王车站，并继续向南攻击罗王寨。第七十四军、第二十七军分多路围攻三义寨，亦有所进展。局部态势虽一时趋于对我军有利，但很快就发生逆转。罗王寨与曲兴集相距不过三四公里，我军团若能乘此有利时机，集中优势兵力攻击曲兴集，使两个据点的日军自顾不暇，还是有希望成功的。但我部却以弹药即将告罄而失此良机。下午，罗王车站亦得而复失。

　　28日凌晨，我部李日基团协同友军克复了罗王车站和罗王寨，打通商丘以西的陇海铁路，使滞留于商丘附近的42列火车得以平安开往郑州。

但曲兴集之敌因27日得到喘息和补充，竟发起反攻，与我攻击部队形成对峙。当天我旅的任务是自西向东攻击曲兴集以北的三个村庄。拂晓前，我随严明到达指挥位置。严明下达攻击命令后，步兵即在炮火掩护下攻击前进，一个小时后攻占了第一个村庄。日军以猛烈炮火将我炮兵压制后，即向该村庄猛轰。我步兵伤亡惨重，被迫退回。协同我第三十九军攻击欧坦的我旅第四团虽打得很勇敢，数度与敌展开白刃战，付出了很大的伤亡代价，但仍未能攻占该据点。

日军以一个师团拼死固守三义寨、曲兴集、陈留口三角地带，一是为了牵制我军主力，使之无法增援商丘方面，以策应进攻商丘之敌；二是为了待东路日军西进后围歼我军于兰封、开封之间；三是为了便于从黄河北岸之贯台渡口得到增援和补充。对此，我军上自最高统帅部，下至军、师、旅的指挥官们都是十分清楚的。但因我军各部未能协调一致，配合不够默契，空军、炮兵及各种武器装备均远逊于敌，特别是指挥上的失误致使兵力分散等原因，徒有12个师的优势兵员亦未能取胜。

5月29日，我军各部发起全线攻击，攻占了一些外围据点，第三十六师还一度突入曲兴集与敌巷战。特别是配属于第七十四军的张测民第二十师攻占了黄河南岸渡口，切断了日军的补给线，使土肥原师团完全陷于我军的重围之中。而盘踞三义寨的日军由于连日遭到我军的围攻，伤亡惨重，此时已做好了突围逃跑的准备。在此关键时刻，豫东重镇商丘失守，日军迅速西进，使我军处于腹背受敌的不利态势。30日，我军调整部署，决定于31日对当面之敌发起最后总攻。但在总攻的前夕，奉到了第一战区主力向平汉线以西转移的命令。眼看着行将就歼的日军得以逃脱，官兵们无不摇头叹息，遗憾万分。

6月2日晚，我军团留下少数部队担任掩护，主力撤出阵地，向西转移。数日后，我部抵达郑州以西的荥阳、汜水（今已并入荥阳市）一带，对东防御。6月9日，郑州以北黄河花园口大堤决口，不久即得知此系我国军队奉蒋介石之命所为。汹涌的黄河水奔腾咆哮直奔东南，所过之处尽成泽国，数十万无辜百姓葬身水底。许多人爬到屋顶或树上躲避，但很快就

被无情的浊浪吞没。黄泛区以西到处是扶老携幼的逃难人群，嚎哭呼喊之声不绝于耳。眼前的惨状使我对蒋介石产生了极为矛盾的心情，此举固然暂时阻止了日军的进攻，但给豫、皖、苏三省的数百万民众带来了无穷无尽的灾难，是非功过应当由历史学家评论。但导致花园口决堤的主要原因是日本帝国主义发动侵华战争所致，其罪责应由他们来承担。

调回原部，参加武汉会战

1938年7月间，四十一师师长丁治磐打电报给我，要我回师部任上校参谋处处长。同时还打电报给第一师师长李正先，商请调我回师。我从当兵开始到升为少校营长，一直都是在丁治磐的领导下，四十一师的军官我大都熟悉，并有深厚感情。只是在淞沪抗战期间，才自告奋勇，增援前线，补充到第一师的。现在第一师的武器装备，虽远优于四十一师，但第一师是蒋介石的嫡系，对我有些歧视，我感到在此没有前途。丁治磐现在要调我回师，我当然很高兴，但原参谋处长郭成铎是我的老师，现正负责干部训练班，我不愿意抢他的位置，所以表示只能暂时代理参谋处长。李正先看到这种情形，同意让我回四十一师。

我一面交代工作，一面派人将我的母亲和等弟、载黎、又斌等四人接到陕西渭南。我决定先送母亲和等弟到重庆居住，免我后顾之忧，同时把两个堂弟载黎和又斌送至湖北新洲四十一师干部训练班受训。8月初，我陪母亲和等弟取道宝鸡，坐木炭汽车至重庆，把他们安置在重庆郊区永兴场住下。家事处理完毕后，我束装首途，奔赴前线。先从重庆乘船至武汉，然后转赴新洲，再用两天时间翻越鄂皖边境大山抵达安徽的岳西，最后抵达当时四十一师师部所在地潜山水吼岭，这时已是9月上旬了。

在我调到第一军参加抗战的这段时间里，第十军的情况也有许多变化，远非我离开时可比。1937年12月，第十军奉命开赴南京，编入卫戍军战斗序列，参加南京保卫战。因为有作战经验的老兵大多被抽调去补充前线，只剩下训练不到两三个月的新兵，部队战斗力很弱。第十军在栖霞山一带与日军作战六七天，伤亡达三分之一。南京保卫战失利后，全军被迫渡江到来安县集合，辗转撤至安徽寿县、六安一带休整。

1938年6月，日军为了迫使中国政府屈服，尽快结束战争，集结了14个师团、3个独立旅团、1个机械化兵团和3个航空兵团，加上海军舰艇140余艘，共约35万兵力，对当时中国的政治、军事中心武汉发起空前规模的进攻。为了保卫武汉，国民政府动员部署了14个集团军和10个军团，共100万大军，在中原地区长达数千里的战线上，采取纵深配备，节节抵抗的方针，利用山地、丘陵与湖泊，对日军进行顽强的持久抵抗，这就是著名的"武汉会战"。当时长江南、北两岸的作战防守任务分别由第九和第五战区负责担任。此时第十军已经扩编成第二十六集团军，属第五战区，徐源泉为总司令，下辖三个师：第四十一师，师长丁治磐；第四十八师，师长徐继武；第一九九师，师长罗树甲。第五战区以第二十六集团军为主力组成右翼兵团，其任务是："集结于潜山、小池驿西北侧及弥陀寺、太湖、宿松附近向东作战，以积极之手段阻止西向突进之敌。"[1]但战役之初，徐源泉指挥不力，导致作战失利，遭到蒋介石的点名斥责，6月11日，蒋介石致电徐源泉说："该军三师之众当两千之敌，使敌如入无人之境，既失合肥，复陷要地，以致安庆告急，将何以自解？着该军迅速侧击向安庆突进之敌，否则安庆失陷，该徐总司令须负全责。"[2]6月5日，军令部也通电指出："四十一师丁治磐部、四十八师徐继武部、一九九师罗树甲部战斗力甚弱，自官亭撤退未放一枪，沿途拉夫扰民则无所不至。"[3]

---

[1] 中国第二历史档案馆编：《抗日战争正面战场》，江苏古籍出版社，上册，652页。

[2] 中国第二历史档案馆编：《抗日战争正面战场》，江苏古籍出版社，上册，670页。

[3] 中国第二历史档案馆编：《抗日战争正面战场》，江苏古籍出版社，上册，672页。

1938年8月，日军集结10万兵力于合肥、舒城一带，图犯六安、霍山，第五战区亦调集兵力防守，武汉会战之大别山战役开始。在此次战役中，第二十六集团军与友邻部队相配合，始终坚守阵地，多次打退日军进攻。特别是第四十一师，在王家牌楼一带苦战一个多月，战况激烈，给日军以很大的打击，连日军战史也不得不承认该部官兵英勇善战。当我赶回前线时，第二十六集团军和四十一师仍在大别山与日军对峙相持中。

我于9月上旬回到四十一师，丁治磐见了我很高兴，要我立即接任参谋处长的工作。当时，师部所在的水吼岭正处于前线，作战任务十分紧急繁忙，而副师长和参谋长均不在师部，人手极为缺乏。所以，丁治磐要我赶快回到四十一师，帮他把师司令部的工作抓起来，以便指挥战斗。

我军利用山河湖港的有利地形，顽强抵抗，沉重地打击了日本侵略者，迟滞了日军的进攻。丧心病狂的敌人竟然在前线灭绝人性地使用毒气，残害我军官兵。8月20日，疯狂的日军曾对我友邻部队八十一师施放毒气，该部有两个营除三人逃脱外，其余无一幸免。日寇这一残忍的滔天罪行，在部队传开后，激起了全军官兵的无比愤慨。上级也要求我们提高警惕，做好预防敌人再次施放毒气的准备，并对士兵进行防化教育。但是当时部队里没有防毒面具和其他防毒设备，只好对士兵们说：如果发现日军放毒气，大家就用湿毛巾捂住鼻子和嘴巴，并尽量往上风跑。就是在这样困难的条件下，四十一师始终坚守大别山阵地，一直坚持到9月末。

1938年9月底，日军绕道从广济沿长江北岸迂回突入我军侧翼，对我师形成极大威胁。我部被迫撤退，由大别山途经豫南、湖北应山一带，日夜兼程向当阳进发。正当部队撤退时，师长丁治磐忽患痢疾，病情较为严重，既无医药，还要行军打仗，只好用滑竿抬着走。原参谋处长郭成铎率干部训练班100多名学生在撤退途中，不意与日军遭遇，发生激烈战斗，伤亡过半，郭本人亦被日军杀害。在这种情况下，丁师长要我代他负责指挥全师的撤退。部队在敌后走了一个多月，为防止日机侦察轰炸，都是夜间行军，有时碰上日军阵地，就打一阵再走。就这样，昼伏夜行，边打边撤，我师终于从敌人的薄弱部，突破日军包围，跨过大洪山，穿过汉宜公路，经京山、钟祥，渡过襄河，到达湖北当阳，随即在当阳河溶进行整编。在战斗中，我始终关心着家乡的情况。这时从家乡不断传来痛心的消息。8月13日，日军出动飞机百余架，三次轰炸阳新城，每次投弹800枚以上，县城被炸后大火延烧达一日之久，民众死伤1300余人。10月17日，日军攻占阳新，家乡陷落。我闻讯后，满怀悲愤，发誓要率领部队狠狠打击日寇，为家乡的父老乡亲报仇雪恨。1938年10月25日，武汉失守。历时四个半月的武汉会战，是抗日战争中规模最大的一次战役。日军付出了沉重的代价，但并没有达到消灭中国军队主力、迫使国民政府屈服的目的，不得不放弃"速战速决"的企图。抗战开始进入了长期相持的阶段。

二十六集团军司令兼第十军军长徐源泉率领四十一师、四十八师进入当阳时，被蒋介石下令撤职，二十六集团军也被撤销。后来听说，原来在武汉撤退时，第五战区命令徐源泉在大别山成立敌后游击基地，但徐为了保存实力，拒不听命，擅自将部队撤至江陵、襄河一带。后来，蒋介石在陕西武功召开军事会议，出席会议的是第五战区师以上的干部。在这次会议上，蒋介石提出要整饬军纪，凡不听从指挥的，不管是什么人，都要按军法处置。蒋的讲话主要就是针对徐源泉不服从廖磊指挥而言的。据说原来决定要枪毙徐源泉，后经第五战区司令长官李宗仁和陈调元的说情，才改为撤职了事。徐源泉从此离开了部队。这一处理，当时在第二十六集团军内部引起了很大的震动。

第二十六集团军被撤销后，第十军两个师合并为第四十一师，仍由丁治磐任师长。我参与了改编工作，整编后的四十一师编制扩大，人员增多，辖有四个团，除三个建制团外，还有一个补充团，师部还有直属部队，一些老弱人员转到后方，部队的战斗力有了很大的提高与加强。

调任团长，两渡襄河作战

（一）调任补充团团长

1939年4月，我被任命为四十一师补充团团长。补充团成立时，在沙洋附近的八家大屋和狗冢进行训练，共有官兵1800多人，多属新兵。我到任后，首先就是抓全团的军事训练，当时，我提出的口号："一个士兵要能打一个日本兵，能打两个伪军士兵。"为了要落实这一目标，我大部分时间都蹲在连队里，轮流深入各连队，和士兵同吃、同住、同操练，这样才能了解全团的训练和生活情况，所以我对官兵情况非常熟悉，全团士兵几乎每个人的名字我都叫得出。当时我和官兵的关系也很融洽；深入下去也有利于制止一些腐败现象的发生，如虐待士兵，吃空缺等。这是我进入教导队当兵时起就曾经发过的誓言，要平等友好地对待士兵和不体罚士兵。

由于当时经费很紧张，卫生条件差，药品稀少，各种传染病经常危及连队。我团成立不久，就有近二三百人腿部溃烂，传染速度相当快。我就把自己的工资和团部节余的办公费拿出来买药，把患病的士兵全部集中到团卫生院来治疗，这样一方面可以避免再传染，另一方面也便于治疗，我每天都要到卫生院去了解病情，并看着医护人员换药。我们花了好大的力气才把这种病控制住了。

我们这个团的政治空气比较民主。团卫生队与文化队中有几个青年相当活跃，工作也很努力，深深获得了我的好感，他们也乐意与我接近。

我感到在他们身上有一股强烈的爱国感情。这一现象惊动了师政训处处长，他对我说："×××等人有共产党嫌疑，应该清除他们。"我一听就火了，我说："这不行，这几个青年人都有一股爱国的热情，工作也很努力，不能清除他们。"他看到我坚决反对，也无可奈何，只好暂时作罢。解放后，我才知道中共在团医务室确有一个党支部，这些青年中，有几个都是地下党员，可惜我当时在团里只有几个月，因忙于训练和打仗，未能多与这些人接触，以获得他们更多的帮助。

到8月间，我整整地抓了四个月的紧张军事训练，部队战斗力也有了一定的提高，为即将到来的战斗打下了基础。

（二）率部深入敌后打游击

9月初，丁治磐命令我率领两个营，带一部无线电台偷渡襄河，到敌后去打游击。本来补充团不是正式建制团队，没有战斗任务，是补充其他部队用的。这次，丁派我团去敌后，可能看到我平素训练抓得比较紧，再加上有一些实战锻炼，他对我本人也是信得过的。但令人奇怪的是丁治磐在布置我任务时，还说了这样几句话："原四十一师的老团长依惠风有丰富的作战经验，这次随团去应城（当时早已沦陷），有事可以多听听他的意见，万万不可少年气盛，凭意气用事。"我听了丁的讲话，半懂半不懂，懂的是我早就听说依惠风打仗有经验，可以协助我；不懂的是依为什么要去敌后，有啥任务？为什么要同我团一起去，更不知道他还随带一个中年妇女。当时我又不便问，只好表示一定照师长的吩咐去办。

我们决定，晚上偷渡襄河。为此，事先作了周密的准备。待渡河时，依惠风来了，并带来一个四十多岁的胖女人。我给他准备了一匹马，胖女人不会骑马，我便为这个胖女人找了一副滑竿抬着她。由于准备工作比较充分，两营官兵很快渡过了襄河。在河对岸，日军有两个重要据点，一个叫多宝湾，一个叫罗汉寺，我们必须乘黑夜从这两个据点穿插到敌人后方去。当时行军部署，我带领第一营走在前面，第二营紧跟在后面，负责行李、辎重、无线电台的押运工作，同时还要护送依惠风和胖女人。走了不久，一营和二营失去了联系，我立即派人到后面去寻找，因无线电台和辎重都在后队，没有电台就无法和师司令部取得联系。我们是夜间急行军，要偷偷地越过日军封锁线，又不敢大声叫唤，怕惊动了村子里的狗，狗一叫就会引起敌人注意。当时我心急如焚，真没想到刚一过河就出现这样的事件。待到天快亮时，第二营才跟了上来。经了解，前后队伍失去联系的原因，是依惠风和胖女人坐的滑竿行动滞缓，致使后卫队伍速度减慢，而走了岔路。

两队联系上以后，我的心情稍好一些，那个胖女人却胡言乱语，说："贾团长，你放心好了，天兵天将，一会儿就会到来帮助你们，你千万别着急。"我这时才知道她是个巫婆。原本我就恨她耽误了行军时间，险些出了大事，到这时候还胡说八道，更增加我的气愤，即呵斥她说："好！我隔五十公尺打你三枪，打不死你，我就听你的，打死了，算你倒霉，怎么样？"这下子她吓得不敢胡言乱语了，依惠风此时也不敢多讲话。从此，他们两人就夹着尾巴自己走了。

这时，天已大亮，多宝湾的敌人就要出来活动，他们有三百多人，武器装备都很好。我即派了两个连占领前方阵地阻击敌人，并对他们说："如敌人来了，就坚决阻击，掩护大部队向北前进，如敌人没有发觉，你们就不要开枪，随后立即跟上部队。"两个连出发后，我当即率领部队冲过敌人封锁线，昼伏夜行，深入到敌后永隆河、渔薪河一带，活动在汉宜公路两侧，破坏交通通信设施，埋设地雷，袭击敌军岗哨，以阻碍汉宜公路交通运输和敌人各据点的补给。

汉宜公路是水泥铺面，路面非常坚硬，十字镐很难挖开，携带炸药又少，我们只能用集束手榴弹来炸敌人的军用车，这既可炸毁汽车，又可破坏公路。敌人见我们活动十分活跃，给他们造成了严重困难，又气又急，四方派兵对我团进行"围剿"。我团经过近两月的紧张战斗，部队急需休整，决定撤到多山地带休整。

这时已是10月份了，气温逐渐变寒，官兵们都还是穿着单衣，就在部队决定撤往山区时，我团又遭到敌人的围击。这天既是狂风，又是暴雨，我披着一件破大衣巡视阵地，见战士们又冷又饿，我鼓励战士们坚持住，准备天黑突围。就在这时，连队前来报告说，有的战士冻死了，在这很短的时间里，先后就有30多名战士被冻死。他们当时死得很惨，先是小便失禁，紧接着就狂笑而死。我看到这情景，内心非常悲痛，即赋诗一首，以表达我的悲愤心情。诗云："国难军情急，重围在鄂中。既经苦雨足，何事更凄风。"

我们掩埋了士兵的尸体后，乘着狂风暴雨向外突围，经过两天，才进入山区。进入山区后，有个老百姓跑来找我们，说是有个士兵带枪潜逃，现在在他家中抢财物。我马上派人把他抓了回来，当即在一块大空地上召开了全体官兵大会，我问大家应该怎样处理这个逃兵，大家一致认为这个士兵犯了三条军法（其中犯有一条就应枪决）：第一，临阵潜逃；第二，携械潜逃；第三，抢劫老百姓财物。大家一致高呼要枪毙。我乃根据官兵一致的意见，将他就地正法。从枪毙了这个逃兵之后，我部军纪进一步有所加强。

10月下旬，我接到丁治磐的电报，要我们立即撤回沙洋，不几天，我们就渡过襄河回到沙洋整训。

（三）参加鄂西冬季攻势

1939年12月初，鄂西冬季攻势展开，这是全战区统一部署的一大战役，直接指挥我四十一师的是十七集团军总司令周嵒。

四十一师奉命渡过襄河作战。全师夜渡襄河，真是神不知，鬼不觉，一切都进行得十分有秩序。渡过襄河以后，第一二三团（团长高志学）负责攻打多宝湾据点，我补充团负责攻打罗汉寺据点；第一二一团（团长董继陶）负责切断汉宜公路；第一二二团（团长张习崇）作为师预备队。

多宝湾据点敌人较多，工事坚固，高团进攻勇猛，最后攻进了多宝湾一个角落，后来日军增派坦克冲锋反攻，又把我占领的据点夺回。高团长在战斗中阵亡。

我负责指挥攻打罗汉寺。那时，襄河两岸庄稼已收割完毕，地形十分开阔，大雾弥漫，我团借助夜幕和江雾的掩护，悄悄地接近了敌人的据点。在拂晓前，我们从三面包围了罗汉寺，向敌人猛烈攻击，敌军依靠着坚固的工事，集中火力顽强抵抗。我部在全天的激烈战斗中，伤亡很严重，仅第七连，就有连长和一、二排排长和六个班长在战斗中牺牲了，100多个士兵只剩下30多人生还。

我命迫击炮、机关枪切断敌人增援后路，针对敌人据点间的炮火射击情况，我采取疏散、前进的办法，向敌据点逼进。我率两个营兵力，组织炮兵配合，再一次向敌人猛烈进击，终于攻克了罗汉寺。当时，我独自向罗汉寺走去，没料到有一个被我们打散的日本兵从草堆上跳了出来，对着我用刺刀猛刺，我当即身体猛力一侧，随即用双手抓住敌兵枪柄，与之搏斗。这时，团特务排的两名战士见状，立即猛冲过来，帮我制服了这个日本鬼子。他不懂中国话，我便和他笔谈，他不理我，一副宁死不屈的武士道派头。后来，我写了"优待"两个大字，他马上立正向我鞠躬，并说他名叫高桥，是帝国大学学生，是最近应征入伍参战的。这个日本俘虏，后来送到重庆后方去了。

我走进罗汉寺以后，看见了日本官兵有100多人集体自杀，都陈尸在几个很大的粪池上，一个个颈项上都套着绳子，看来是相互勒死的。这就是日本武士道的下场。

这次攻克罗汉寺后，我们还缴获了敌人大量战利品，有两门炮，一大批枪支弹药，还有十几个俘虏，一匹日本大马。

打下罗汉寺以后，我到师部去汇报情况，看到董继陶、张习崇两位团长也在那里。这时，第十七集团军司令周喦打电话给丁师长，开头讲些嘉许四十一师攻克罗汉寺的话，接着指出多宝湾被日军坦克冲过来，对整个战局产生严重影响。并严令丁，一定要再次攻下多宝湾，否则，要追查责任，按军法是要杀头的。丁治磐听后，面色突然变白，当时连话也讲不出来了。他把电话机放下，沉重地坐到椅上，愁眉苦脸，连声叹气，连眼泪都流下来了。董、张两团长也惊慌失措，陪着流泪。我看到这种情形，就站起来说："既然如此，着急也无用。现在全师看来，只有我的补充团还有六七百人，士气很旺，我愿意带我团向多宝湾敌坦克车占领的阵地进行反攻，夺回原阵地，为我师将功折罪，使周总司令无话可说。"丁治磐和两位团长听了我的话以后，都喜出望外，破涕为笑，齐声说好，还说："现在只有你团为我们全师解围了。"丁师长还说："我这个头可以保住了。你即刻指挥部队予以反攻。"

我当即赶往前线，集合部队准备反攻。当我找到第一营营长杨毅兴时，他因日夜苦战，疲惫至极，伏在掩体上睡着了。我连忙将他喊醒，告诉他说："今天早上敌坦克车由我师防线突进多宝湾，师长责任重大，周总司令下了命令，如不打掉坦克车，夺回阵地，就要砍师长的脑袋。我们应当去拼，不论从国家利益，还是从上下级关系来讲，我们都有责任。但是要敲掉这辆坦克并不容易。你看，周围的房屋都已烧光了，一点掩护也没有，想靠近它都不容易。"杨毅兴即说："我去打。"我接着说："我也是这个意思，你立即部署一下。团部设在后边的村庄里，我调足预备队，作你的后盾。"

谁知道，我刚回团部不久，就有战士气喘吁吁地跑来报告说："杨营长刚布置完打坦克的任务，就被日军的坦克和树上的机枪猛烈射击打死了，官兵伤亡也多，现在日军已向我们发动冲锋，向我反击。"

我还没听完就拔腿向第一营阵地上跑去，只见一营阵地相当混乱，士兵纷纷退了下来，一营阵地很快就被日军占领了，杨营长尸首也落在敌人手中了，形势骤然紧张起来。我即对二连连长汪学章说："马上带全连攻上去，把营长的尸体夺回来，我在这里等你们，如完不成任务，不要回来见我！"

在天快黑的时候，二连冲上前去夺回了阵地，夺回了杨营长的尸体。在反复的冲锋中，二连牺牲惨重，一个连只剩下几人了，汪连长也负了伤。敌人伤亡也很重，退守多宝湾了。我看着杨营长的尸首被抢回来，看着汪连长被抬下去，才转回团部。没几天，我部奉命回沙洋整训。

与师长丁治磐的冲突

　　回沙洋以后，丁治磐认为我作战有功，把我由补充团调到一二三团当团长。由临时性的团到正式建制的团。

　　在我即将到任的当天，全团官兵为我送行。原来补充团有官兵1800多人，打了两次仗后，全团剩下不足200人了。面对这些"同生死，共患难"战后余生的官兵，我内心感到非常难过，全体官兵也都哭了，他们一个个含着泪给我敬酒。我从不喝酒，今天面对这些即将离别的战友，想到已牺牲的烈士，更是悲从中来，只好与在场的幸存者洒泪一一握手而别。

　　我在去一二三团之前，先到师部请示报告，想问丁师长还有什么话吩咐。晚上8点钟到达师部，那天晚上副师长徐元崇，团长董继陶、张习崇也都在座。我说："补充团的交代工作已经结束，我马上就要去一二三团到差，师长有什么指示？"

　　丁问："那里还有什么事情吗？"

　　我说："别的事情没有，只有一件事，想求师长帮助。"

　　丁说："你讲吧！"

　　我说："我想把杨毅兴营长的灵柩运回他的家乡枣阳去，但是没有钱，我借了两个月的薪水，再加上补充团节余下来的200元办公费，一共凑了400元，只够运灵柩钱，杨营长家里有老父母，还有妻子儿女，要求师部能再给他400元的抚恤金。"

　　丁马上就板着脸，摇摇头表示不同意，他说："你死了一个营长就要运灵柩，发抚恤金，我死了一个团长，该怎么办理呢？"

我当时仍旧坚持要求请他再考虑。没料到他突然大发起火来了，大声呵斥道："你是不是以为自己打仗有功来要挟我？"

我当时也火了，把军大衣一脱，说："不行就不行，我不干这个团长了！"

丁说："你想造反！赶快来人啊！"接着，他的警卫马上奔来。当时，屋内的气氛十分紧张。

我马上掏出手枪，指着他们喝道："谁敢来！"

这时，徐副师长和张团长分别去劝说丁和我，董团长还有意挑拨了几句。

我气愤地说："我犯了法，我到军法处去！"我放下手枪就走了。丁治磐关了我一个星期的禁闭。

补充团官兵闻讯后，非常义愤，因为他们知道我是因为杨营长的事和师长闹翻的，再加上我们原来感情就很融洽。丁治磐害怕补充团的官兵闹事，便下了一道命令，说我"性情桀暴，忤逆长官，着即撤职，驱逐出境"。

就这样，我被迫离开了四十一师。在离开的时候，连路费都没有，都是由补充团的一些官兵，你送一元，他送几角，凑点路费，送我走的。我走时，写了一封信给丁治磐，我还记得几句："公对我至高至厚，我对公至忠至诚，公无负于我，我也无负于公。别矣！别矣！我为杨营长运灵柩所借的200元，已请忱实、道之两兄代为偿还。"还写了告别诗，诗云：

　　　　来为座上客，去作阶下囚；
　　　　世事缘无定，何必苦相求。

我走了以后，听说四十一师还起了不少余波，副师长告了丁的状。参谋长、作战科长、工兵营长、辎重营长等均愤愤不平，先后不辞而去。

我与丁治磐这次不欢而散后，在长沙第三次会战湘北战场上，我当时任七十七师参谋长，捐弃前嫌，主动去看过他一次，双方重新握手言欢。以后在人民解放军渡江前夕，他当时任国民党京沪杭警备总司令部副总司令、第一绥靖区司令长官和江苏省主席。我任国防部预备干部局代局长，参加中共上海局（地下）领导下的策反工作，还特意到镇江去看过他，对他提出忠告，希望他能翻然悔悟，为国立功。无奈丁当时犹豫不决，以致错失良机。对此我感到不胜惋惜。

任职湖北军管区和中央军官学校

（一）任职湖北军管区

1940年1月，我被迫离开沙洋，抵达宜昌后，住在一家小旅馆里。正彷徨苦闷的时候，没想到韩浚亲自到旅馆来看我。他原来和我同在第十军共事，那时他任四十八师一四一旅旅长，我任四十一师上校参谋处长，虽有一面之交，但彼此并不十分熟悉。这时他是湖北军管区编练处中将处长，代理参谋长，兼湖北省干训团教育长等职。

韩浚一进门就对我说："我已经听说了丁治磐对你的处理，深感气愤和不平。"他认为抗日时期正是用人之际，不能如此对待一位在战场上屡建功勋的军官；他还认为抚恤抗战牺牲的军人，也是理所当然的事；他知道我身无长物、生活困难，愿意尽力资助。他的话真挚诚恳，说得我心里热乎乎的。他又热忱地要我到军管区编练处去工作，任上校科长，代理编练处的处长职务。

我正处于走投无路的情况下，韩浚对我的邀请，使我犹如绝路逢生，当然是十分高兴，我激动地说："我很愿意到你那里去工作，至于代理处务，非我力所能及。"

韩浚说："我兼的职务太多了，实在难以照顾到编练处的工作，你来了正好帮我一把！"

我说："那我只有勉为其难，努力工作了。"

韩浚听了很高兴，并且还同意我在到职之前，先去四川看望我母亲和弟弟。

不久，宜昌就失守了。湖北省政府和第九战区司令部都搬到了恩施。因怕日机轰炸，所有机关都分散在郊区乡村里。当时湖北省省主席和战区司令都由陈诚兼任。由于陈诚主要是抓军事工作，省主席就由陈诚的老上级、湖北"三老"之一的严立三（严重）代理。韩浚向严立三力保我任编练处科长，代理处长职务。严立三批准了韩的报告。我一到恩施，就去湖北军管区司令部报到就职了。

军管区刚刚建立不久，编练处的工作，正在草创阶段。编练处的任务是训练各县的国民兵团，以便为前方输送一些受过军事训练的新兵。我接任科长、代理处务的时候，一心想把工作做好。这一方面是因为自己离开了前方，不能直接与日军作战，能训练国民兵团上前线，也可以说是对抗日的一点贡献吧！同时还想到，韩浚是在我最困难的时候帮助我的，又力荐我任这个工作，我自然应当努力工作来报答他的知遇之恩。

几个月的工作干了下来，我碰到了三个无法解决的困难：①自武汉、宜昌失守后，湖北省所剩下的县份已不多，国民兵团自然也就没有几个。②前方伤亡严重，急需大量新兵补充，这些新兵又大都是抓来的，一到就要"上前线"，根本没有时间留在国民兵团编练。③各县国民兵团的团长均由县长兼任，这些县长的日常事务工作都忙不过来，不懂军事，谁还会去过问国民兵团的工作？县里的国民兵团工作，基本处于瘫痪状态，因此，编练工作很难开展，我成天就是处理来往的公文，难务正业。我这个人性情比较急，已经习惯了紧张的戎马生涯。这几个月后方机关生活，可把我憋坏了。国难当头，正是我们青年军人报效祖国之时，现在却终日无所事事，浪费大好时光，这怎么成呢？

我步兵学校的同学吴振纲，原是黄埔军校三期毕业生，这时在成都中央军官学校教务处工作。我给他写了一封信，说："我在编练处实在无兵可练。不知中央军官学校需要教官否？我颇想去你那儿工作，教学生打仗。望你给我介绍。"

吴振纲接我信后把我的想法告诉了教务处处长，说我是他步兵学校的同学，参加过淞沪、武汉和鄂西冬季攻势等多次战役，有比较丰富的实战经验。教务处长听后即对吴说："你马上写信给他，就说我们欢迎他来。"

我接到吴的信以后，当即去找韩浚，一来向他表示感谢，二来向他提出我想去中央军校工作，因为这里实在无事可干。韩浚也知道我讲的是实际情况，他沉默了一会儿说："我很想留你和我一起工作，只是这里的确是没事可干。我同意你去中央军校工作，但是我有个条件。"我说："您就提吧！什么条件？"他说："现在抗战期间，我们军人应赴前方杀敌，我也不甘心老在后方待着！有机会我还是要去前方打仗的，那时候你一定要同我一起赴前线作战。行吗？""一言为定，只要您带兵去前方，我一定同去！"我爽朗坚定地回答。

就这样，我离开了韩浚，离开了恩施，又开始走向了新的生活。

（二）执教中央军校

我从恩施来到成都中央军官学校，被任命为上校战术教官，兼任军官教育总队步兵校、尉官研究班区队长。

军官教育总队的总队长石铎，是我步兵学校时的老师，成立这个总队的目的，是为了培养军官学校的干部。学员都是从学生总队中挑选出来的校、尉级大队长、区队长。总队下设若干班，一个班有三个区队，共一百多人。我主要是在步兵校尉官研究班执教。该班的班主任李铁醒和我是先后期同学。他是步校一期，我是二期，都是石铎的学生。还有几位教官兼区队长也都是步校同学。我们在步兵学校对步兵操典的研究和战术技术的演习都很重视，而且有共同语言。

我在中央军校着重研究的课题是关于"一个兵的训练"，就是由一个新兵从入伍开始，应该对他系统地进行哪些教育和训练，使他能成为合格的兵。我把过去在步校学到的一些理论，以及在作战时总结出来的实战经验结合起来讲授，后来又编成了教材。在此期间，我还对学员进行了沙盘演习，效果较好。记得美国副总统华莱士曾到中央军校参观，他对我们的教育质量和成果有较高的评价。

在成都中央军校，我还认识了南怀瑾先生，他当时是军校政治教官。我们虽然专业不同，但同在军官教育队工作，彼此很谈得来。当我应邀重赴前线作战时，闻他也很快离开军校，去峨嵋山学佛，以后辗转去台湾，成为国内外闻名的国学大师，著作等身，桃李满天下。对他的爱国热情和渊博学识，我始终是敬佩的。

1941年6月，我突然接到了韩浚的电报。他说，他已发表任七十三军七十七师师长，希望我速去担任他的师参谋长。接了他的电报，我特别高兴，因为我又可以上前方去打日本鬼子了。再加上我和他有约在先，答应和他共赴前方的，更应信守诺言。当即写报告给中央军校教务处，校方很快就批准了我的要求，我立即束装启程赴任。

重返前线，参加鄂西攻势和长沙第三次会战

（一）参加鄂西攻势

我在7月中旬到达湖北松滋七十七师司令部，韩浚见我来了十分高兴。我刚刚坐定，他就向我介绍起情况。七十七师属七十三军，军长是彭位仁。七十三军当时辖两个师，除了我七十七师外，还有一个是十五师。以后增加暂五师，共三个师。目前，我军的任务，是担任长江南岸的松滋一带地方的江防。他还说，由于军令部正式批文没有下来，所以眼下我只能是代理参谋长。最后他说："你先休息两天，我陪你到下面去走走，熟悉一下部队情况。"

我还没来得及熟悉部队情况，就接到了命令，要七十三军以七十七师为主力，加上十五师一部分，组成一个加强师，由军长彭位仁亲自率领，立即渡江进取沙洋、荆门、当阳，突击宜昌附近日军的重要据点，在敌后作战，以策应战区襄西攻势。

为了打好这一仗，全军都在作战前的准备。我在师部组织了沙盘演习，要求连以上军官分批前来受训。因为当时部队还很少有人在战前用沙盘作战事演习，所以军官们感到很新鲜，学习热情很高，都十分认真，效果很好，连远在宜都的友邻部队第八军军长郑洞国也带了一批军官前来参观。后来郑洞国将军逝世时，我曾送了一副挽联给他，还提到了这件事。挽联是这样写的：

忆当年　浴血抗倭，协同防守长江有名将；

惜今后　奔走统一，相约偕游宝岛少老成。

　　1941年8月，渡江准备工作正在紧张地进行着，不幸韩浚生了病，据师野战军医院医生讲，必须住院治疗，不能上前方作战。当时副师长也不在，战备工作非常繁忙，离渡江作战的时间已不多了，韩浚焦急万分，找我到他病房去面谈。我没想到，几天没见，他就消瘦了许多。他见我来了，要我坐在病床旁的椅子上，轻声地说："这次渡江作战，任务很重要，也很艰巨。我偏偏在这时候生病了，不能亲自指挥作战，副师长也不在，我只好拜托你了；希望你能代我肩负起这次渡江战斗的指挥任务。我也知道，你到任不久，人事不熟悉，指挥起来，是有困难的。"说着，他拿出了自己的图章交给我，又送给我一支手枪，说："在前线如有人不服从指挥，你就以我的名义，盖我的图章，并用这支手枪就地正法。"

　　我站起来接过了图章和手枪，坚定而又激动地说："请师长放心，我一定遵照你的指示，努力完成任务。"

　　大约是8月底的一个晚上，七十三军的加强师在郝穴、枝江附近日军据点的间隙，以木船渡长江。渡江后，我立即率领两个团夜袭日军在宜昌东面的一个重要军事据点——鸦雀岭。日军在鸦雀岭的工事，修筑得很坚固，火力配备得也很强。我们连续发动了几次进攻，都没能打下来。正在苦战不下之际，天亮了。日军飞机出动，不断向我军阵地俯冲轰炸、扫射，日军也趁机从据点里冲了出来，发起了反攻。我军一个团顶住了，另一个团抵挡不住退了下来，队伍发生混乱，而敌军尾追过来，情况十分危急。在这紧要关头可把我气坏了，当时，我也顾不得个人安危，就跑到了山上的一块大石上，大声叫道："谁要是再退，我就枪毙谁！"我拔出了手枪，在山上指挥战斗。这一下总算把败退的官兵制止住，并立即组织部队还击，形势才扭转过来。

　　这时候，军长彭位仁坐着滑竿从后面来了。他发现我们的部队开始时进攻较快，后来又退却，以后又稳住了阵地，再组织进攻，便问是谁在指挥？这样，我和彭位仁第一次在战场上见面了。我给他留下了极好的印象，从此以后，他一直对我爱护备至，保送我进陆军大学，后来又推荐我与蒋经国共事。直到1985年他在台湾还寄一本他所写的《七三回忆》一书给我留念。

彭位仁见战斗十分激烈，立刻命令特务营参加战斗，又向日军发起攻击。经过激烈的战斗，日军败退了。我军顺利地通过了荆宜公路，深入到敌人后方作战，完成了配合"襄西攻势"作战任务。不久，部队奉命退回江南，继续负责枝江、松滋一带的长江南岸防务。

（二）第三次长沙会战

1941年12月7日，日军偷袭美国海军基地——珍珠港，太平洋战争就此爆发。

太平洋战争爆发后，日本侵略者野心勃勃，先后对菲律宾、马来西亚及太平洋上的一些岛屿发动了进攻。12月8日，日军又开始进攻香港。9日，国民党军事当局下令各战区发起攻击，策应英军在香港的作战，以牵制日军的行动。第四战区攻击广州，直接支援英军，与此同时，第九战区的暂编第二军和第十军，也奉命从长沙附近南下。日军为牵制我国军队的南下行动，决定再次攻击湘北，于是，第三次长沙会战爆发了。

12月24日，占据岳阳、武汉一带的日军七万多人，以优势的海、空军为掩护，南沿粤汉路，北过洞庭湖，向长沙发起大规模攻击。

指挥这次会战的是第九战区司令长官薛岳。我军的计划是利用新墙河至长沙一线的有利地形，进行逐次抵抗，主力向两翼转移，诱敌深入，最后将敌人包围而歼灭之。

12月31日，日军渡过了捞刀河，对长沙采取包围态势，第二天，日军开始攻击长沙，我守军英勇奋战，打得十分艰苦，双方伤亡都非常惨重。

我七十三军的七十七师、十五师和暂五师奉命紧急增援长沙。我七十七师从松滋、枝江出发，日夜兼程奔赴岳麓山。官兵们都非常疲劳，有的军官骑在马背上就睡着了，士兵们就更苦了，走在路上也会打瞌睡。经过几天几夜的急行军，部队来到岳麓山，接替了第十军的阵地，与第十军形成呼应之势。

第九战区为加强长沙城内力量，在1942年1月3日，命令我七十七师渡过湘江，进入长沙，协助第十军作战。我立即带领师部几个参谋和各团几位军官到湘江边去搜集木船，很快搭成了一座浮桥。当天晚上，我们全师渡过湘江。那天晚上，天很黑，江风很大，夜间的气温很低，因渡江军务紧急，所以也不觉得冷。到达长沙后，我们在小吴门与日军打了遭遇战。

日军由于轻视我军，判断失误，连战失利，再加上弹药不足，士气大挫。而我师刚刚投入战斗，士气高昂，人人浴血奋战，击退了日军的进攻。

长沙保卫战，前后共四天，日军遭到惨败，损兵折将，死伤无数。4日晚上，日军企图乘夜色脱离战场，分别向东山、榔梨市撤退。我七十三军与第四军、第二十六军等部集中向敌军猛力追击。8日，日军第六师团在向福临铺方向退却途中，又遭到我七十三军和第二十军、第四军、第二十六军连续不断的围攻，伤亡极为惨重。后因得到第三师团及空军的全力支援，这支伤亡惨重的日军才得以突出重围。

由于我军行动迅速，作战英勇果断，有力地增援了"长沙会战"，因而得到了上级的嘉勉。

说来也巧，我在追击日军的途中，遇到了第二十六军的丁治磐将军。在战场遇到老上级，特别是在胜利的情况下见面，心情万分激动，大家都能互相谅解，捐弃前嫌，和好如初。因为是在战斗情况下，两人谈话不多，最后，互道珍重，就分手了。

太平洋战争爆发后，日军在太平洋上的攻势一直是十分顺利的，美英等国的军队连遭失败，因而长沙会战的胜利，在国内外都引起了强烈的反响，对提高盟军的士气，也起了一定的作用。

长沙大捷后，我师驻守在湘江西岸的岳麓山，与长沙隔江相望。经过一次大规模的战斗，官兵都很疲劳。我们一方面防守岳麓山和湘江西岸的阵地，一方面又开始整训。

为了总结这次战役的经验教训，也为了培养一批新的干部，韩浚师长决定举办干部训练班，并要我兼任班主任。我对学员训练的要求是严格的，每天天不亮就带领学员爬岳麓山，以增强他们的体质，早饭后上课，并进行一系列的演习。虽然训练的时间不长，效果却很好。当时驻在第九战区的苏联军事顾问来看我们的演习，评价很高。彭位仁和韩浚都很高兴。

经过六年的抗战，国家财政十分困难，物资匮乏，补给不足。连队每到吃饭的时候，都要司务长来分饭，否则，就会因为饭不够吃，大家抢饭。连饭都吃不饱，当然菜就更是少得可怜了。士兵多面有菜色，体质普遍下降，列队时间稍久，就会有人晕倒。基层连队不时把这种情况反映上来，要求师部、军部解决。

军长彭位仁当时在全军干部会上提出，体力乃战力之根本，为培养战斗力，我们要发起一个"养兵运动"。一个干部，要学会养兵，才可能带好兵、打好仗。他要求人人动脑筋，在衣食住行上克服困难，把兵养好。

当时，我听了彭军长这番话，很受启发，便在全师推行了学习彭军长指示，掀起"养兵运动"新高潮，鼓励士兵种菜、发豆芽、磨豆腐、学编打草鞋，要求司务长对菜金精打细算，要求每半个月让士兵能吃到一次肉，当时叫做"打牙祭"。

当我初任七十七师参谋长时，因我不是陆军大学毕业生，军令部不批准。后来，经过彭军长、韩师长再三力保，始获批准。因此，促使我有报考陆大的要求和愿望。

抗战感言

　　抗日战争已经过去半个世纪了。在八年抗战中，中国人民遭受了空前的浩劫，许多人献出了自己宝贵的生命，他们的墓上已经长满了青草，但更多的烈士尸骨无存，连姓名都无从知道。我是抗战的参加者和幸存者，如今也满头白发，垂垂老矣。回顾五十年前的艰苦抗战，怀念英勇牺牲的烈士，思考祖国的现在和将来，我深深感到，抗日战争有其伟大意义和深刻的经验教训，值得我们和后代永远记取。

　　抗日战争是中国近代史上最关键的一个篇章，也是我国民族解放战争史上最光辉的一页。从我国近代反侵略战争的历史看，这次战争时间最长，持续了八年一个月。自1840年以来，中国就受列强的侵略，第一次鸦片战争打了两年三个月；第二次鸦片战争（即英法联军战争），一年三个月；中法战争，一年四个月；八国联军战争，十一个月；1904年英国侵略西藏，打了八个月。日本在近代史上，单独发动的侵华战争如下：第一次是甲午战争，日本占领台湾；第二次是日本占领山东；第三次是从"九·一八"、"淞沪抗战"到"长城抗战"，共两年三个月。所有这些战争加起来，一共打了八年八个月。这就是说，在时间上，抗日战争相当于中国近百年来所有反侵略战争的总和。

　　我国一个历史学家说过，中国近代史，开头最大的两个字，是"战争"，尤其是反侵略战争。抗日战争是其中最长的一次，也是规模最大的一次，中国绝大部分领土，都成了战场。损失也最为惨重：伤亡的军民，在三千五百万以上，我们那时是四亿五千万人口，将近十分之一。仅南京大屠杀，日寇就杀害了我国男女老幼三十万人。

抗日战争取得了伟大的胜利成果。第一，粉碎了日本军国主义灭亡中国的罪恶企图。第二，废除了自鸦片战争以来强加于我国的不平等条约，洗雪了中国人民身上的奇耻大辱。第三，收复了东北和台湾。当时还要收回香港、九龙，国民党的新一军已开到了广州湾。但是，在开罗会议上，蒋介石提出要废除关于香港的不平等条约，丘吉尔当即说："No！"蒋介石就不敢再说了。以后，杜鲁门派特使赫尔利去英国，再度转达了中国的要求，丘吉尔回答说："如君欲得香港，则从我的尸首上取得可也。"意思是说，中国绝不会得到香港，除非他死之后，说明了丘吉尔死也不肯归还香港的顽固态度。因此，只有在中国真正强大起来的今天，才能实现香港和澳门的回归。第四，抗日战争表现了中华民族绝不屈服于帝国主义的爱国精神和英雄气概。概括来说：抗日战争，时间最长，规模最大，损失最重，战果最丰。

我们中华民族是勤劳、勇敢、智慧的民族，曾为全世界文明做出过卓越的贡献。直到十五世纪前，中国在政治、经济、文化等方面，都走在世界的前列。明朝以后，中国开始衰弱。鸦片战争以来，在列强的侵略之下，中华民族受尽了欺侮和凌辱。野蛮的日本军国主义，为了统治亚洲和世界，视中国为它的主要侵略对象，力图把中国变成它独占的殖民地。而长期的封建统治以及民国以后的新旧军阀混战，导致了国家的四分五裂和贫穷落后。这是中华民族遭受苦难的根源。中国的落后还突出表现在军事技术装备方面，广大爱国官兵用落后的武器和血肉之躯抵抗武装到牙齿的敌人，付出了惨痛的牺牲和代价，再一次以血的事实证明了"落后就要挨打"的真理，这是抗日战争留给我们的深刻教训。和平和发展是当今世界的主流，但仍然存在着威胁和平的因素，我们必须加强国内的安定团结，加速国家的现代化建设，争取尽快赶上世界科学技术的发展，使中华民族永远立于不败之地。

抗日战争的胜利来之不易。从国内因素来说，第一，是全国人民的觉醒。爱国主义精神是中华民族的优良传统，在日本帝国主义的疯狂侵略面前，中国的工人、农民、知识分子和民族资产阶级都在爱国主义的旗帜下团结起来。保家卫国、"誓死不当亡国奴"，成为全国人民的一致要求，这是抗战取得胜利的基础。第二，是因为有中国共产党的政治领导。中共提出了"抗日民族统一战线"，在八年抗战的过程中，始终坚持抗战，反对投降；坚持团结，反对分裂；坚持进步，反对倒退，并在战略上提出了"持久战"，使抗战沿着正确的道路前进。第三，是国共合作，全民抗战。在中共的倡导和推动下，促成了第二次国共合作的实现，这对于建立抗日民族统一战线，发动全民抗战，具有重大的意义。抗日战争的历史，再一次证明了中华民族的伟大凝聚力和生命力。"团结则兴，分裂则衰"，抗日战争所留下的这一深刻历史教训，我们永远不应当忘记。

在我们今天纪念抗日战争，回顾胜利的喜悦之时，也不要忘记中华民族所付出的沉重代价，希望我们的后代永远不会再遭受抗日战争时的苦难。纪念抗战胜利五十周年时，我写了一副对联，现附录于此，作为结束语：

醒狮怒吼，谁敢鲸吞蚕食；
散沙凝结，哪怕豆剖瓜分。

第4章 | 在陆军大学

半生风雨录·贾亦斌回忆录
BANSHENGFENGYULU JIAYIBIN HUIYILU

长沙与重庆的考试

　　1942年春，我所在的七十七师正在长沙对岸岳麓山附近整训。当时得军部通知，陆军大学特别班第七期招生，军长彭位仁和师长韩浚商量准备保送我去考。我闻讯后又喜又愁，喜的是，一是陆军大学是当时我国最高的军事学府，于清末在北京创办，每期100人，三年毕业，办了八期。国民党北伐进入北京，接收该校，继续办了第九期。继以培养高级军官的需要，开始办特别班的第一期，1931年迁至南京，由有名的军事家杨杰任校长。1933年后，蒋介石兼任所有军事学校校长，杨杰改任教育长。抗战开始后，陆大就由南京先后迁移湖南长沙、贵州遵义，由蒋百里任教育长。后又迁至重庆山洞，校长仍是蒋介石，陈仪任代校长，徐培根任教育长。陆军大学主要培养参谋和高级指挥人才，我原是行伍出身，能进陆大学习，当然是求之不得。二是当时抗日战争已由战略相持的第二阶段正转向战略反攻的第三阶段，准备同美军联合向日寇反攻。我如能考进陆军大学，研究反攻的战略战术更是我的迫切需要。三是几年以前，七十七师保我当参谋长，因我不是陆大毕业而被认为资格不符，长期得不到批准，内心常感遗憾，这次若能考取这个大学，也使我能出一口不平之气，前途当然更好些。这次彭军长、韩师长竭力保我去考，也是为了这个原因。另一方面，我的顾虑也很大。首先我怕资格审查不合格。因当时陆大资格审查与考试都是很严格的，它规定要在中央军官学校或张学良办的东北讲武堂、冯玉祥办的西北干部学校和阎锡山办的山西军事学校等校毕业后任中校以上军官方可去报考。我职位已是少将，不成问题，但我曾就学的第十军干部学校，国民党是不承认的，学历恐怕难以通过。其次又怕考不上，当时陆大考试分初、复两试，考的科目很多，军事课程有基本战术、应用战术、军制、兵器、筑城、交通等，普通课程有国文、外语、历史、地理、数学、物理和化学，真是课目繁多，并且要考高中毕业的程度。对我来说，军事课目问题不大，而普通课尤其是数、理、化及外文是很困难的，又没有多长的准备时间。以后在资格审查中，经过多方申述，最后把我在步兵学校的一年算上才得以勉强通过。而普通课的补习只有通过自己刻苦的努力了。我请了许多同事和过去在军校的学生，他们文化程度较高，我虚心向他们求教。当时有人讲笑话说："罗斯福有个智囊团，贾亦斌有个老师团。"经过约一年的苦读，在长沙第九战区初试时，我有幸考了第一。后来师部让我去重庆再作复试准备，我由长沙步行走到巴东，随即搭上运送伤兵兼搭旅客的轮船去重庆。我因长期苦读备考，又加上步行劳累，途中鼻子大量流血，经过打针始止。我乘的这条船的船舷上挤坐着许多准备运往后方医院的伤兵。半夜里，我在梦中突然被几个伤兵的哀求惨叫声惊醒："你们不要把我抛到江里去呀！我还没有死啊！"哭叫声伴随着"扑通、扑通"的抛物落水声。我一下子从铺位上跳下来，忙问是怎么一回事。原来有一些重伤员在船上死了，就被抛到长江里去，可是有一些贪官昧着良心把有些负伤还没有死的兵在深夜里浑水摸鱼也往长江里抛，为的是吃空缺、喝兵血和多腾出一个空铺位，高价多卖一张船票，以饱私囊。我看到在前线光荣负伤的官兵受到这种毫无人道的待遇，义愤填膺，夜不成眠。

到了重庆以后，又看到后方一些人醉生梦死，真是"前方吃紧，后方紧吃"。特别是听到孔祥熙的二小姐用军用飞机走私，发国难财，马寅初先生揭露四大家族在美国拥有几十亿美元存款的罪行，更使我痛心不已。

陆大复试日期迫近，功课的压力也重，我只有努力准备功课，以期考进陆大，再谋救国之道。最后总算"皇天不负苦心人"，经过复试，我以

较好成绩而被录取。

1943年10月，陆军大学特别班第七期在重庆山洞正式开学，我开始了为期三年的陆大学习生活。

研究"新国防论"和"预备干部制度"

　　陆军大学是一所历史悠久的学校，它的前身是袁世凯于光绪三十二年（1906年）在保定创办的"陆军行营军官学校"。中华民国成立后，迁到北京。1913年10月，正式命名为陆军大学校。1930年，陆大由北平迁往南京，抗战爆发后，又辗转迁至重庆西郊山洞。陆大历来被视为培养高级军事人才的最高学府，如孙岳、李济深、徐永昌和林蔚等，都是陆大的毕业生。我国著名的军事学家杨杰长期主持陆大校务，他提倡爱国精神，强调学员一定要有"救国之鉴识，御外侮之本能"；反对墨守成规，纸上谈兵，重视实战训练，主张熟读战史，他常说"战史是战术之母"，这些都对陆大的学风产生了好的影响。

　　在军事教育方面，陆大先学日本，后学德国，过去聘请过许多日本、德国和白俄罗斯的军事教官。抗战开始以后，主要是中国自己在陆大兵学研究院培养教官，只留有少数外国教官，如教日俄战史的是一个俄国人。学校课程：战术是主课，从团、营战术到师、军，一直到大军统帅战略学。其次是战史，包括古今中外主要战史，如拿破仑战史、第一次世界大战史。当时第二次世界大战已经开始，又讲一些欧洲战场的主要战例，民革中央名誉主席屈武当时就是讲这门课的教官。此外还有参谋业务、军制和装备（建军学和动员学）及后方勤务（补给、通讯等）。还请了一些有名的专家学者来讲政治学、经济学和国际公法。外语也是必修课。

　　我除了学习上述课程外，重点研究国防理论。当时，冯玉祥将军在重庆组织了"国防研究会",我参加了该组织的一些活动。我看到中国一百年来国穷兵弱,深受列强的欺凌,特别是日本军国主义发动侵华战争,给我国人民带来的空前浩劫,结合自己在战场上的亲身体验,痛感到落后就要挨打,没有国防就要付出惨重的牺牲,决心探讨中国所需要的现代化国防,希望能为祖国的"富国强兵"作出自己的努力。我根据中国抗战和欧洲战场的经验,研究了现代战争的若干特点,以及由此而来的对现代国防的要求,提出了"人人能战,物物能战,时时能战,处处能战"的"四战论",并根据中国古代的传统和世界各国的经验,探讨了培养"文武合一"的预备干部的问题,并就上述题目发表了一些论文。从陆大毕业后,我又结合在青年军复员管理处和南京国防部预备干部局工作的经验,逐步写成了《预备干部制度的理论与实际》一书,作为我在陆军大学讲课的教材,1948年秋由南京拔提书店出版,它反映了我六年研究的结果。

我认为,国防是由国家和战争的特点决定的。要明确中国将来所需要的国防,就不能不根据第二次世界大战所提供的经验教训,来预测将来战争的特点。"将来的战争是科学的。""在陆权时代,用野战军巩固着国防线就够了,在海权时代,用海军和陆军守卫着海防要塞也就够了;可是,在空权时代就不同了。这就是说,愈是科学的战争,它的突发性愈速,它的蔓延空间也愈大,它的毁灭性也愈强。"[1]我把未来战争的特点及其他对未来国防的要求概括如下:

"说到未来的战争的要求,我们可以下一个概括的结论,就是综合的'四战论','四战论'是什么呢?就是:

要人人能战——这就是过去所谓全民战。

要物物能战——这就是一般所谓国力战。

要时时能战——这就是应付过去所谓闪电战、雷击战。

---

[1] 拙著:《预备干部制度之理论与实际》,南京拔提书局1948年版,第5页。

要处处能战——这就是所谓全面战。"①

我当时估计，下一次大战，中国可能要动员军队3000万人，需要军官（包括军士）450万人左右。很明显，这样的战争仅仅依靠有限的职业军队是完全不够的。未来战争的新特点，对未来国防军队的构成提出了新的要求。在平时，军队越少越好；在战时，军队越多越好，这就要求能迅速地将平民训练为合格的军队，又能迅速地将军队复员为平民，即实现"兵民合一"，全民皆兵。军队的核心是干部，要实现"兵民合一"式的军队，就必须首先培养"文武合一"、能文能武的干部。因此，关键是要训练"文武合一"的"预备干部"。我给"预备干部"下了如下的定义：

"所谓'预备干部'，简言之，即预备战时动员或必要时召集之非职业的军事干部，故依职级上说，应包含预备军官（佐）及军士；依军种来说，应包括陆、海、空军及联勤等非职业的军事干部。而依本质上说，则是义务的，此与职业军官退伍后之为'预役干部'不同。……'预备干部'大半是在平时学校军训或学生集训中养成的。"②

总之，我的设想是，"预备干部"在平时是"文人"，是知识分子，而一旦战争爆发，他们就会迅速地转变为"武人"，成为未来国防军的骨干。"预备干部"的主要对象是大中学生，其培养的主要途径是通过学校军训和学生集训。在我看来，形成"文武合一"的"预备干部制度"（亦称"征官制"），是建立现代国防的关键，也是最困难的任务之一。我还认为，预备干部制度固然是适应现代国防的需要产生的，但在我国古代优秀军事传统中却可以发现它的萌芽。周代六艺的"寓将于学"，黄黎洲先生"强国六个字，官皆将，民皆兵"的遗教，都是明证。不仅如此，"文武合一"的教育，克服了文人不能武，武人不能文的弊病，可以培养出"文经武纬"，全面发展的人才。

我在该书的最后一章中表达了自己的理想：

---

① 拙著：《预备干部制度之理论与实际》，第5—6页。

② 拙著：《预备于部制度之理论与实际》，第1页。

"我的理想是在最近的将来，最好是在下次大战以前，能培养多量精炼而真正'文武合一'的预备干部。从事建设'人人能战，物物能战，时时能战，处处能战'四战论的新国防。挽回我们这个破碎支离的祖国噩运，而能达到富强康乐的境域，并且能作远东与世界和平的支柱，渐进世界于大同。"①

然而，对照当时国民党军队的现状，距离我的理想相差何止千里！我不由地感到深深的忧虑。军官无能，征兵拉夫，制度腐败，这样的军队怎么能担当起保卫国家、抵抗侵略的重任呢？我经常大声疾呼："在抗战期间我们征兵制没有办好，到处在拉兵，假如今后不将这个制度（指预备干部制度）迅速建立起来，尔后的战争一定会拉官的。拉兵还勉强可为，拉官之后果是不堪想象的。"②企图唤起有关方面的警觉，引起各界的关注和支持。

1944年秋冬发起的"青年从军运动"，引起了我的极大注意。我发现自愿报名从军的，绝大多数都是爱国热血青年，而且大多是大中学生、知识青年，他们的出现似乎给暮气沉沉的国民党军队带来了生机和希望，我在从军知识青年身上，看到了"文武合一"的雏形，也似乎找到了将自己的理想，即建立预备干部制度，变成现实的途径。所以，我对青年军给予了高度的评价，认为它奠定了预备干部制度的基础。

"大量知识分子——其中有大学教授、大学生、中学生、公务员，在民族生死存亡的关头……十万人摒弃一切，加入军营，这不仅在我国五千年的历史是破题儿第一遭，在列强各国视之，也不能不惊为'奇迹'。那根深蒂固的'重文轻武'的恶习，被我们这十万人的热血，冲洗净尽了。

"自三十五年青年军奉命受正式的预备干部教育……才真正奠定了预备干部的基础，树立了预备干部的雏形。"③

---

① 拙著：《预备干部制度之理论与实际》，第132页。

② 拙著：《预备干部制度之理论与实际》，自序第2页。

③ 拙著：《预备干部制度之理论与实际》，第123—124页。

　　我从事"新国防论"和"预备干部制度"的研究，前后共六年时间，其中得到了卢南乔教授和其他许多朋友的帮助与支持，还结识了当时在中央日报担任编辑的殷海光先生。但同时也遭到了许多阻力和非难，我曾不无激愤地表示：

　　"预备干部制度虽然也渐为人所重视，但各方有意或无意的中伤与掣肘，阻力比助力大，几年来的苦头是吃够的。我每慨叹地说：'现实对每一个有理想，有事业心的人的打击是极其冷酷无情的！'这里还要写下面几句话作为我的座右铭：'面对现实的忍耐和超脱现实的理想，是充实自我生活与扩展生命唯一之要道。'盖无面对现实的忍耐，不能达到实现的理想。无超脱现实的理想，即不能堪受面对现实的忍耐。"①

　　在陆大的研究对我当时的思想产生了很大的影响。"富国强兵"的遥远理想，使我激动和振奋，给我的活动提供了一个目标。我在青年军从事复员和教育工作，都是本着这样一种信念来进行的。我曾经充满豪情地表示：

　　"上帝如能让我活七十岁，我愿为这理论——新国防论，这制度——预备干部制度，这事业——富国强兵大业，再奋斗三十五年。"②

　　可是，在当时的历史条件下，我的"富国强兵"理想却成为一种难以实现的梦想。理想与现实的尖锐矛盾，使我痛苦，但也促使我更加注意观察身边的现实，在思想上寻找新的出路。

---

　　①　拙著：《预备干部制度之理论与实际》，第132—133页。

　　②　拙著：《预备干部制度之理论与实际》，第133页。

认识段伯宇同志

陆大特别班第七期，共有学员142人（其中有少数几人是未经考试而由蒋介石特准到班就读的），分四个区队。我和段伯宇编在第一区队，宿舍就在隔壁，上课也在一起。开始接触时，他给我的印象是忠厚老成，和蔼可亲，胸有成竹，不多言语。他比我大几岁，故以伯宇学长称之。以后接触渐多，知道他是河北省蠡县人，早期在河北大学读医科。他出身于军人世家，父亲段云峰追随孙中山，参加了同盟会，辛亥革命后，在"整军经武，救亡图存"的号召下，毕业于陆军大学第四期，后在保定军官学校任教，因此在国民党军队中，有不少人出其门下。二弟段仲宇是陆大十七期毕业，在蒋介石的侍从室工作。在当时来说，一门父子兄弟都是陆大出身，是不可多得的。这也难怪蒋介石召见段伯宇时赞叹说；"原来你们父子三人都是陆大出身。"我亦深为赞佩。以后相处日久，交谈越多，我们对国民党的腐败无能都深恶痛绝，对毛泽东亲临重庆与国民党进行和谈，均表钦佩。他在星期天常进城，有时回来告诉我一些不易听到的消息和道理。在日寇投降后，本班同学对国内和战问题意见纷纷，经常发生争论。对那些主战论点，我常予以辩驳，他则冷静不语。而在背地里他却同我谈得很多，甚至斥责那些主战的人为"好战分子"。我也斥责这些人只顾个人升官发财，不顾国家存亡和人民死活。因此，我们关系日益密切。

1946年3月10日，特七期举行毕业典礼，蒋介石亲临主持。礼成之后，他还走到队列前与毕业生一一握手，再往后台走去。我以为他就走了。令我奇怪的是班主任宣布队伍解散前，传令："请段伯宇同学到后台来。"段伯宇就快步走进去，不多久又匆匆地出来了。当时只感到事不寻常，究竟干什么不知道，事后才知道段仲宇在蒋的侍从室当侍从参谋数年，他要求下部队锻炼得到批准后，向军务局长俞济时举荐了兄长段伯宇。这次是蒋介石当面召见，进行面试，最后决定他去先当侍从参谋（后任少将高参）。

不久，我与段伯宇都到了南京，他在蒋介石侍从室工作，我跟随蒋经国在国防部工作。我们更加接近，以至发展到1948年冬、1949年春，我们在中共上海局领导下共同从事策反工作和嘉兴预干总队的起义准备工作。直至上海解放，我才逐渐知道他是1938年8月，由地下党党员王兴纲介绍，在湖南岳麓山加入共产党的。"长沙大火"后，他按照党的指示转移到重庆，和周恩来的秘书周怡单线联系，通过父亲段云峰的关系，打进李济深领导的军事委员会战地党政委员会当视察，再由此考进陆大的。在此之前，段伯宇1923年在河北大学求学期间，接受了马列主义新思潮，因两次参加闹学潮而被开除。1937年他到过延安，被分配临时编队，参加抗大的各项活动，曾当面聆听毛泽东主席《论持久战》的报告。1939年在重庆见过周恩来同志，接受嘱咐"要珍惜自己的工作岗位，真诚地与国民党合作共事"。

我了解他的情况越多，对他就更加尊重。是他引导我走向革命的道路，我们先是同学好友，以后成为革命同志，这是进入陆大出乎意外的最大收获，也是我终身难忘的一件大事。

生活困难，卖枪养母

　　1938年夏，我将母亲与小弟弟平等由家乡接出来，辗转送到重庆郊区永兴场，租了一间小房子。他们一直过着极其清苦的生活，特别是弟弟长期患肺病，无钱医治，临死前，奄奄一息，痛苦地对母亲说："哥哥既然养不活我们，就不应该接我们出来。"当我得知弟弟的死讯和他的哀鸣后，惶愧不已，无以自容。考进陆大后，我将母亲接到离陆大较近的金刚坡，在山坡半腰找了块很小的平地，临时搭一个草棚住下。这草棚是用篾糊泥巴搭成的人字形窝棚，仅够母子两人睡觉和放一张小桌子吃饭，在棚内就能从篾缝里望见自己在窝棚边上种的菜。母亲日子过得很苦，每月除买点配给米和油盐外，其余都是由她一手做的。她上山拾柴来烧，下地种菜和山芋当粮食，年过六十，还要去较远的地方挑水。我每周六从学校步行回家看望母亲，看到这种苦况，经常暗自落泪。当时，我们母子生活费用，完全是靠我原部队每月汇来薪饷维持。以后由于日寇进攻，前方吃紧，接连两三个月，信息绝断，情况不明，以致两月薪饷没有寄来。当时物价飞涨，生活更加困难，我既从无积蓄，而又借贷无门，只有把韩浚送我的一支伯朗宁手枪，托"蒙藏委员会"的办事员洪天爵去卖，售价为500元法币，以此来维持我们母子的生活。后来"文革"期间，还有造反派向我恶狠狠地来追查这件事。当时我想，这是20多年前的一件辛酸事，现在又要翻箱倒柜旧事重提，挖空心思来加我的"罪"，更感到这又是"祸不单行"。我被迫如实交代，又记我一个私卖枪支的罪行。

欢庆抗战胜利和"双十协定"

1945年7月26日，美、英、中三国发表波茨坦公告，促令日本无条件投降。8月8日，苏联发表对日作战宣言，进军我国东北，向日军进攻。8月14日，日本政府照会美英苏中四国政府表示接受波茨坦公告。15日，日本天皇裕仁向公众宣布无条件投降。16日，日本大本营下达"停止战斗行为"的命令，同时又命令"在不得已的情况下，为了自卫可以采取战斗的行为"。由于日军宣布投降又不放下武器，我国军民当即进行全面反攻，攻下了许多城市。9月2日，日本代表被迫在投降书上签字，在华日军128万人向中国投降。至此，中国的抗日战争胜利结束，人类历史上规模最大的第二次世界大战也胜利结束。当这个喜讯传到重庆时，鞭炮齐鸣，响声震天，全城轰动起来了。我当夜正在山洞一个同学家，回校舍途中，看到重庆山城的热烈情景，使我高兴得跳了起来。我不由回想到八年抗战中亲身经历的军民协同抗战的悲壮事迹，热泪盈眶，难以自已。抗战胜利仅一个月，另一件大喜事又来了，这就是毛泽东偕同周恩来、王若飞于8月28日由延安乘专机赴重庆同国民党当局进行谈判，历时43天。1945年10月10日，双方正式签署《政府与中共代表会谈纪要》，即《双十协定》。我听到这个消息，又禁不住热泪直流。既然国民党当局表示承认"和平建国的基本方针"，同意"长期合作，坚决避免内战，建设独立、自由和富强的新中国"，我认为这是日本无条件投降后又一件大喜事。前一件喜事是我国打败日本侵略者，洗雪了19世纪40年代以来的民族耻辱。后一件喜事是结束了国共两党长期内战，从此可以和平建国了。

与主战同学辩论，坚拒参加内战

正当人们热烈欢呼抗战胜利和《双十协定》签订时，就陆续听到国民党在秘密调兵遣将，紧锣密鼓准备内战。陆大是军令部直属的学校，本班同学来自各方，不少是将军，消息灵通，而且学校行将毕业，大家对个人的出路也都非常关心，因此对国内的和战问题特别敏感，同学们由窃窃私议到半公开以至公开的争论。有一部分同学公开主张打内战，他们认为国共两党多年恩怨，长期内战，虽因日寇入侵不能不共同御侮，而今日寇投降，正可趁胜利的余威，一举而歼灭共产党。在国际上美国又支持国民党打共产党，这也是一个不可多得的机会。还有人说第二次世界大战虽已结束，新的世界大战又在酝酿，美苏再战势在难免。更多的人还结合自己的利害关系，由于自己是职业军人，打仗就是自己的本行，陆大将要毕业，正可大展身手，如果没有战争，军人就要失业。正在此时，看到抗战后的军队整编，许多军官都被编余，全国各地编成好几十个军官总队，以生活待遇等问题为由到处闹事，生怕自己"毕业即失业"，与他们同样的遭遇，因此主张战争。当时主战最力的有陈长捷等人。陈原是中将总司令，被蒋介石特准免试进入特七期学习，毕业后派任天津警备司令，在平津战役中顽强抵抗，最后被俘。

还有一种人恰恰相反，认为我国经过多年战乱，特别是在抗日战争中，人力物力损失太大，应该休养生息，和平建国，不能再打内战了。打起来不仅对国家和人民不利，而对国民党也不一定有利。至于希图得到美国的若干战争剩余物资，即用美国人的枪炮，受美国人的驱使，为美国人的全球战略服务，为虎作伥，来打中国人，更非有爱国良心的人所忍为。至于考虑个人的出路，是失业还是升官发财的问题，他们认为应该从国家利益出发，工作要服从国家的需要，不能因怕失业而要打仗，更不应该为了自己升官发财，不顾国家民族的存亡和人民的生死而打内战。我与段伯宇同志等人就是坚持这种观点的。伯宇同志可能因为工作关系，不便公开出面辩论，多由我们私下商量，由我出面与主战同学去争辩。彼此之间辩论很激烈，有时争得面红耳赤，不欢而散。不少同学保持缄默，有的认为军人以服从为天职，战与和的问题应由国民党最高层决定，我们争论无用；还有人怕不主战会影响自己的工作分配，甚至被戴上什么帽子，还是免开金口，少说为佳。

1946年3月，我将要毕业的时候，当时正在陆大将官班受训的韩浚升任第七十三军军长，并将在近期向山东进军。他即来找我，诚恳地约请我去任该军参谋长，并说他和我是同一个战壕的老战友，公谊私情很深。他还说保我上陆大也是为了更好地做更高级幕僚长之用。其他还说了许多许多，情词恳切，令我万分感动。我回想到在我过去被丁治磐驱逐出境无处安身的患难中，是他给我温暖，援引到湖北军管区委以重任；是他保我当他的师参谋长，当上级以资格不符而不批，他三番五次据理力争；最后又是他与彭位仁千方百计保送我考上陆大，现在又提升我为军参谋长。看到这位忠厚长者和蔼诚挚甚至到了恳求的态度，怎样才能从我口中讲出一个"不"呢？但是我又想到我最近与主战同学的争论，想到我们国家需要和平建设，人民需要休养生息，我决不能去亲自参加内战，中国人不能打中国人。我在激烈的思想斗争后痛苦地对韩说："仲锦兄，实在对不起，你的真情厚谊只能心领，恕我不能从命。我既不是怕死——过去在抗战时，接到你的电报马上启程奔赴前线；又不是为了职位高低——过去师参谋长，我都乐意接受，现在军参谋长更不用说了。至于我们的友谊，时间越久就越深，更不必再讲了。我之所以不愿接受，主要是我国要和平，不要战争；要建设，不要破坏；要独立自主，不能听命外人。不能前门拒虎，后门进狼，希望你能理解和原谅。"最后彼此无话可说，难分难舍，紧紧握手，默默而别。至1946年秋，我在南京国民党国防部参加最高参谋会议，听到前方战况汇报，知道第七十三军在莱芜战役全部被消灭，韩浚被俘。回想当时话别的一幕，真是百感交集，难以言宣。

韩浚是我的老上级，也是我的患难知己，每当我想起他在我最困难的时候所给予的帮助，心中就充满了感激之情。建国后，他曾于1965年被释放后来上海看我，我也到武汉去看过他。1989年，韩浚在武汉黎园病逝，结束了其坎坷曲折的一生。我闻讯后悲痛难抑，赋诗悼念老友：

哭韩仲锦兄

噩耗传来泪涌潮，不眠之夜想从头。

每逢患难感知己，一叶凋零应识秋。

先辈多行荆棘路，后人更克绍箕裘。

黎园探视伤离别，归燕梦迴黄鹤楼。

我从陆大毕业时，抗战已经胜利，母亲怀念家乡，想回阳新。于是，我于1946年4月请假陪母亲从重庆坐船到武汉，再乘汽车回到家乡。由于抗战，我们母子离家多年，县政府和乡亲们对我们表示热烈欢迎，使我感激不已。但在家乡有一事使我感到不安，最后发了脾气。原来我的堂兄在乡村行为不端，欺负他人。正当我回家之时，有人准备上法庭告他，并问他怕不怕坐牢。我的堂兄竟然把我抬出来向对方说："我不怕，就是坐了牢，由我弟弟（指我）一句话，几天就会放人。"我得知后至为愤怒，当即请人转告堂兄："你如犯法，我不仅不会去帮你说情，让你早点出来，而且还要请县政府根据你这种无法无天、知法犯法的罪行，更多判你几年！"我在阳新待了几天，就将母亲暂时安置在家乡，独自先返回重庆。这是我第三次返乡的情形。

怀念陆大与重庆诸师友

陆军大学是我学习、研究新国防论及毕业后任教的地方，也是我认识段伯宇同志，开始寻找革命，在政治上发生转折的地方。在这里我还结识了刘农畯、宋健人、林勉新等同学，后来成为很好的朋友。陆大的老同学现在遍布于海内外，不少还保持着通信往来。他们与我一样，对母校怀有深切的思念。1984年夏，我因公去重庆，曾专程重访山洞陆大旧址和金刚坡原住地。旧地重游，感慨万千，曾写有《重游重庆有感》诗一首以资遣怀。诗云：

> 难得今朝一日休，驱车旧地庆重游。
> 金坡茅舍寻无影，山洞学堂觅有头。
> 回首永兴哀戚戚，每怀北碚乐悠悠。
> 奔流岁月催人老，弹指一挥三八秋。

我还常念及陆大代校长陈仪和教育长徐培根。1949年4月人民解放军渡江前夕，陈仪当时任南京政府浙江省主席。为使江南人民免遭涂炭，他写信劝说他的旧属京沪杭警备总司令汤恩伯罢兵言和，结果为汤出卖，被蒋介石押解去台湾，于1950年夏遇害。我当时正在香港，对此极为愤慨。以后经与其亲属和有关人员联系，分别向政府有关部门汇报陈仪代校长被害前后经过，并要求根据党的政策，追认为烈士，后得到批准，其家属和海内外陆大校友均深受感动。

陆大教育长徐培根去台湾后，仍长期从事军事教育。1991年不幸逝世。我闻讯后不胜哀痛，当即发唁电表示悼念，并附《吊徐培根老师》诗一首，诗云：

当年受教在山洞，桃李满天辉映红。

乍喜凯旋鞭炮响，又闻内战炮声隆。

金陵拜别四三载，鱼雁难飞五内通。

祝佑神州早统一，再奔陵墓浴春风。

我在陆大最好的同学之一董嘉瑞，毕业后任国民党军装甲兵司令，与我过从甚密。他对国民党的腐败无能极为不满，有一次酒醉，竟在上海大街上大骂大喊"打倒蒋介石！"我们怕他泄密出事，连忙劝他速往台湾。到台湾后，他曾任台湾训练副司令和台湾防守副司令，与孙立人将军在一起。后以孙立人案株连去职，辗转赴美侨居，与我两度晤面，后客死异国，我得知后为之唏嘘不已。

我在陆大读书时，曾趁星期日休息的机会去拜访过当时任军法执行总监的何成浚和军事参议院参议徐源泉。《何成浚将军战时日记》出版后，我阅读时，偶尔在其中发现了几条与我有关的记载，转录如下：

1943年11月7日星期日　阴雨　贾亦斌因星期日陆大无课，特入城探询津、澧一带战情。亦斌原任七十七师参谋长，该师现住澧县，故亟以为念。余对此亦不甚悉，时已近午，遂辞往他处，冀有所闻。（三四〇页）

1945年2月17日星期六　晴　四时余，贾亦斌来见，询问韩仲锦（浚）所部近驻何地，答以久未接其函电，亦不知之，坐片时辞去。（五五六页）

1945年11月17日星期六　晴　三时余，贾亦斌、吴仲行、宋子靖等，先后来部，有所询问，均未久坐即去。（七〇七页）

　　记得有一次，我在拜访何成浚或徐源泉时，在其家中遇见了湖北同乡胡秋原，他当时任《中央日报》副总主笔，正在主办《民主政治》杂志。早在1933年福建事变时，胡秋原任"福建人民政府"宣传部长，我就知道他的大名。后来拜读他的文章，知识渊博，分析深刻，充满爱国激情，我对之极为钦佩，没想到在此不期而遇，后来我们成了很好的朋友。1949年胡秋原去了台湾，我们一别就是40多年。1988年，胡秋原当选为台湾"中国统一联盟"名誉主席，毅然冲破台湾当局长期以来阻隔两岸人士接触和讨论统一问题的禁令，前来大陆进行访问，受到党和国家领导人的亲切接见，在海内外引起巨大反响。在此期间，我也得以有机会与老朋友朝夕相处，促膝谈心。秋原主张祖国统一，两岸互补，发扬传统文化精华，以振兴中华，爱国之情溢于言表，使我获益良多。秋原回台湾时，我与之依依惜别，并赋诗一首，以赠老友：

　　　　中华杂志著雄文，最佩高明寻国根。

　　　　抗战笔锋常锐利，振兴壮志老深沉。

　　　　功名粪土书生气，海峡精禽赤子心。

　　　　喜看神州能"超越"，人民十亿更欢欣。

　　秋原回台湾后不久，我即收到他亲笔写的一张条幅，上有一首和我的七律，诗中反映了秋原关怀祖国统一的迫切心情和坦荡无私的精神境界，特此转录于下，以表达我对这位良师益友的感佩之情：

　　　　非有闲情事舞文，求真淑世是灵根。

　　　　不堪骨肉长冰炭，欲仗精诚挽陆沉。

　　　　故国归游逢旧雨，细谈治乱喜同心。

　　　　集思广益长安策，天下为公四海欣！

　　我在重庆时期还有幸拜识了熊十力先生。他是我所崇敬的老师。熊师出入儒佛，学问博大精深，我不学无术，对此不敢赞一辞。我所钦佩者乃是熊师之人格。熊师年轻时曾投笔从戎，参加武昌起义，后献身学术，任北京大学教授，以发扬中国文化为己任。熊师一生刚正不阿，睥睨权势，贫困艰难而不改其志，蒋介石曾多次企图拉拢他，均为之所严拒。抗战胜利后在武汉，蒋介石作出"礼贤下士"的姿态，派人约熊师会见。熊师嗤之以鼻，说："要我看他，他算什么！"坚决不去。徐复观亦为熊师之学生，出于爱师之心，将熊师之《读经示要》呈蒋一部，蒋馈法币200万元。熊师得知后大骂复观，斥之为"鲁莽"，并一定要其将钱如数退还。复观进退两难，不敢去见熊师，后将钱全部转赠给支那内学院才算了事。解放后，我和熊师同在上海市政协，有更多的时间面受教益。全国政协在北京开会时，我曾陪同熊师看望梁漱溟先生，他还向我津津乐道地谈与梁先生交游的经过。十年浩劫中，我被批斗审查，与熊师相距咫尺，竟无法相见。粉碎"四人帮"后，才获知熊已离人世，我深为悲痛，为他善后事宜，到处奔走。1985年纪念熊十力先生诞辰一百周年学术讨论会在其家乡黄冈召开，我也被邀请参加，除写了《回忆十力师的几件事》一文之外，还写了《敬挽熊十力师》一诗以表崇敬、缅怀和哀悼之情：

> 素仰吾师德望隆，山城趋教启朦胧。
> 精忠报国猛投笔，刚正不阿宁固穷。
> 深恶元凶如虎豹，睥睨竖子似雕虫。
> 问天曷愁遗斯老，四害横行与地同。

卢南乔（振华）是我在武昌荆南中学时的同学，他是湖北黄安人。我因生活所逼，被迫从军，未能读完中学；南乔则继续学习，读至大学毕业，从事中国历史的研究，成为陈垣先生的弟子，学业有成。抗战我在恩施时，再次见到南乔，他在非常困难的条件下仍然埋头于历史研究，卧室里到处都是古书，插着标签。后来他到重庆、南京任教育部编译馆编撰，我们的交往很频繁。解放后，南乔赴山东任济南大学历史系教授，我曾去看望过他。"文革"后期，毛主席提出要重新标点二十四史，周总理亲自过问此事，组织专家学者，分工合作，南乔也承担了其中的《梁书》和《南史》。70年代，南乔不慎将腿骨跌折，在病床上仍坚持标点不辍，其精神十分感人。兹将1974年南乔寄我的一首七律与我的和诗附录于下，其中反映了他晚年为学术事业奋斗不息的精神和我对他的尊敬及怀念：

七 律
卢南乔

好将夜雨惜三余，亥豕西河妙得之。
子政杀青资政本，南丰序录铸新辞。
馆臣碌碌留乖隙，昭代贤贤补厥疑。
廿四史还真面目，十年未敢信吾斯。

次老友卢南乔诗原韵
贾亦斌

钟山握别廿年余，音信久疏幸得之。
寸简缠绵话旧雨，心潮澎湃颂新辞。
自惭愚昧多乖谬，全仗高明补厥疑。
深信坚持能勿药，斯人不至疾如斯。

南乔是正直严谨的学者，我从他身上亦得到不少教益。1979年他过世后，听说还留下了大量手稿，衷心希望有关方面能帮助整理出版，使之早日问世，以飨后学！

第5章 | 与蒋经国从好友到决裂

半生风雨录 · 贾亦斌回忆录

BANSHENGFENGYULU JIAYIBIN HUIYILU

初到"青年军复员管理处"

1946年3月，我从陆军大学毕业，来到"青年军复员管理处"工作，从此与青年军及蒋经国发生了密切的关系，这是我前半生中的一个重要变化。谈到"青年军复员管理处"，首先得追溯一下青年军这个部队的来历。

1944年，日寇为了"打通大陆交通线"，大举进犯湘桂，直陷贵州独山，重庆为之震惊。

蒋介石面对这样的危局，一面准备再迁都西昌（据蒋经国以后告诉我，曾在那里建筑不少办公住房），一面号召知识青年从军，以资抵抗。在1944年秋发表文告，以"十万青年十万军，一寸河山一寸血"相号召，发动全国各大、中学校学生报名从军，以同日寇作最后决战。并许诺胜利后复员可享受优待条件，同时颁布优待办法。这样既可示国人他有"抗战到底"的决心，又可以借此把广大知识青年吸引到他自己一边来。一举数得，他自以为得意之作。

广大知识青年出于抵抗日寇侵略的爱国热忱，报名从军十分踊跃，不少国民党军政要人子弟包括蒋经国、蒋纬国兄弟和部分青年公教人员也都报名从军，以示带头，还有一些国民党党员和三青团团员是经由党、团动员参加的。至1945年初，报名从军者总数达十万人左右。

1944年冬，蒋介石在重庆建立知识青年远征军编练总监部，任命罗卓英（军政部次长、陈诚系）为编练总监，彭位仁（七十三军军长）、黄维（军委会督训处副处长）为编练副监。将从军青年先后编为青年军（全称"知识青年远征军")九个师（原定十个师）。即二〇一师（师长戴之奇）驻四川璧山，二〇二师（师长罗泽闿）驻四川綦江，二〇三师（师长钟彬）驻四川泸州，二〇四师（师长覃异之）驻四川万县，二〇五师（师长刘安祺）驻贵州贵阳，二〇六师（师长萧劲）驻陕西汉中，二〇七师（师长罗又伦）驻昆明，二〇八师（师长黄珍吾、后吴啸亚）驻江西黎川，二〇九师（师长温鸣剑）驻福建上杭。团长以上军官皆由蒋介石亲自审定，一般都比国民党一般部队降一级任用，官兵在生活待遇上比一般部队稍高一些。

青年军设有政治部，蒋经国任总政治部中将主任，总揽青年军的政治工作。他抛开蒋军原有的政工干部系统，独树一帜。在重庆复兴关设立青年军政工干部训练班（许多是中央干校报名从军的学生），自兼班主任，训练一批自己的人来充任青年军各级政工干部。在训练班里，他常和学员同吃饭、同游戏，在寒夜里，带领学员搞紧急集合，甚至带头脱去衣服，一同跑步。在青年军的政治工作中树立了自己的形象，形成了他自己的体系，连罗卓英也不好插手。

各师政治部主任和团督导员，均由蒋经国遴选，甚至营、连政工人员他也要亲自过问。在各师各团实施政治思想教育，他公开提出的口号是：

"青年军是青年的革命武装学校！"

"青年军是国民革命的生力军！"

"青年的胸膛就是祖国的国防！"

政治工作是军队工作的灵魂。蒋介石要蒋经国抓这项工作，自然也就控制了青年军。故有人把青年军称之为"太子军"。原拟全部用美式装备准备远征，后来由于美国对蒋经国担任青年军总政治部主任心怀不满，扬言"宁可装备其他国民党部队，独不装备青年军"，以致得不到美式装备。

1945年8月，青年军还未来得及"向日寇作最后决战"，日军便宣告无条件投降。青年军除少数几个教导团开赴印度、缅甸参加远征外，其余均未参加对日作战。抗日战争胜利后，青年军士兵都想复员，人心不定，有少数部队出现闹事现象。蒋介石看到这些情况，知道如不妥善安排复员工作，就很可能引起青年军的强烈不满，会导致更多的知识青年闹事甚至有的投奔延安。于是他下决心让青年军复员，并在复员之前施以三个月的预备军官训练，给予复员的青年军士兵以预备军官的资格。他提出："青年军复员，不是青年军的结束，而是青年军新发展的开端。今后要制定一套办法，使青年军成为国军后备官兵的精英，同时要加强复员青年军的政治训练工作，使他们在社会上成为一股新兴的革命力量。"

按照他的这个打算，成立了青年军复员管理处（原称退伍管理处，陈诚认为"退伍"两字不雅乃改为复员），任命陈诚（军政部长）兼处长，蒋经国、邓文仪、彭位仁为副处长。实际由蒋经国负责。

1946年3月，蒋经国组建青年军复员管理处机构之际，正是我在陆军大学毕业，拒绝去前线打内战而去向未定之时。我原拟留在陆大研究院，继续研究"新国防论"和当教官。正在这时，彭位仁来邀我到"青年军复员管理处"担任第一组少将组长。由于彭和韩浚是我任七十七师参谋长时的老上级，又是保送我考上陆军大学的人，从私人感情来说我不应拒绝他的邀请，而且我已经以"抗日我义不容辞，打内战我坚决不干"为由，谢绝了韩浚要我去七十三军担任参谋长的邀请，如对彭的邀请再予拒绝，实难置辞；二则我在陆大从事研究"新国防论"与"预备干部制度"的建立有关，做青年军的复员工作，正为我提供了将理论与实践相结合的机会；加上我过去曾饱尝失学之苦，青年军士兵在国难当头时，弃学从军，乃是义举，今天我去从事安置这些复员青年军的就学工作，也很有意义。因此，我接受了邀请，但言明时间为三个月，到时我将回陆军大学兵学研究院从事研究工作。

在我到职时，处以下各个机构人事安排已就绪。处以下设立办公厅和四个组。

办公厅：主任戴子奇、副主任林谷邨

第一组：组长贾亦斌、副组长郑果（管就学）

第二组：组长易芳昱（管就业）

第三组：组长徐恒瀛、副组长江海东（管通讯联络）

第四组：组长徐思贤（管总务）

当时青年军复员的出路计分四条：一、就学；二、就业；三、留营（充任班长、排长，作为青年军骨干）；四、自谋出路。

第一组管就学，这个业务最为复杂难做。因为这一期复员时的青年军总数达七万三千人，其中要求就学在三万三千以上，几占一半。复学的有的回原校，比较好办，而原属高中毕业生和高中读过两年以上的学生，按青年军复员优待办法规定，均可免试升大学，就很难办，因为教育部和各大学不肯接收或接收名额越少越好。面对这种情况，我们一方面办了六个大学先修班，给功课较差的补课，力争达到符合入大学的要求，另一方面我往返奔走教育部和有关部门，简直弄得我舌敝唇焦，有时还与这些单位负责人争得面红耳赤，终于使到大学就学的问题解决得比较好。对为数更多的学生，分别在重庆、贵阳、汉中、杭州、嘉兴和抚顺等地办了六所青年中学吸收他们入学。至1946年6月3日，全面实施复员，青年军开始离营时，这项工作也已筹办就绪，让他们复员后入学都有着落。

1946年9月，第一期青年军复员后，军事委员会复员管理处改为"国防部预备干部管训处"（后改为预干局），负责筹备1947年应届高中毕业生共约十万人的征集训练，即第二期青年军十个师的征集训练工作。继以蒋介石发动内战未得实施，乃以青年军的名义招收流亡知识青年，实际上为便于招兵，有的仍沿用青年军番号，有的改称为军如新七军（原二〇七师）、八十军（原二〇六师）、三十一军（原二〇五师）、三十七军（原二〇三师），在编制、装备、人事、训练方面由预干局主管，在战斗序列上分由所在的地区司令官指挥，绝大部分均参加前线作战，有的被消灭（如在洛阳的二〇六师），残存的则逃往台湾，也有少数部队驻在台湾未参加作战。在蒋介石逃往台湾后，青年军的部队番号全部取消了。以上是青年军的结局，这是后话。

首次恳谈

　　蒋经国本来并不认识我，但在几次听取我对第一组的工作汇报之后，他感到满意，认为第一组的工作最难做，却做得有声有色，当众予以表扬。

　　与此同时，我所写的《论预备干部制度》一文也先后在《曙光》和其他一些报刊上发表。在国民党军队中，我是最先提出预备干部制度的人，我还给这个制度取了个别名叫"征官制"。所有这些可能都引起了蒋经国对我的重视。

　　1946年5月初，一次处务会议后，蒋经国走到我面前对我说："请你留下来，我们谈谈吧！"开始我还有些拘束，但见他态度谦和，语气亲切，便留了下来，就此开始了我与他的第一次正式交谈。这时我33岁，他35岁，都在血气方刚之年，似乎都在了解、探寻对方的理想抱负和寻觅知己。

　　蒋经国开门见山地说："你在抗战时的勇敢，彭诚一（位仁）向我介绍很多，胡宗南大哥和第一军的朋友也都向我称赞过你。我有一问题想问你，为什么能做到如此的不怕死？"我答："你既然知道我的情况，我没什么好说的了，看来他们对我有些偏爱，讲得有些过头，其实我只做了我该做的。'天下兴亡、匹夫有责'，我在战场上只有一个决心：宁死不当亡国奴。这个决心也是日本鬼子逼出来的。我亲眼看到日本鬼子对我军民的残杀，这激起我极大的愤慨，我无数军民英勇抗战的光辉事迹对我是极大的激励和感染。"我说到这里似乎引起他的共鸣，他点点头并有动于心地说："这就是中国人的国格。我的母亲被日本的飞机炸死，我悲痛至极，只好在我母亲墓碑上写上'以血洗血'四个大字，以表示我的哀悼和报仇的决心。看来我们抗日爱国是人同此心，心同此理。"接着他又说："我最近看到你写的《论预备干部制度》的文章，感到有新意，请你谈谈对这个制度的认识和设想。"我说："对这个制度虽然在陆大开始研究，但还只是开始。我之所以要研究这个问题，主要是根据抗战的经验教训，在抗战中伤亡多，感到军官少，胜利复员后感到军官多，无处安排，结果到处闹事。要解决这个矛盾，只有培养预备干部来解决。我认为，现代战争要全国动员，真正做到官皆将，民皆兵，平战合一，文武合一，战时征文为武，平时转武为文。古代就有这样的军事思想，现代美国和土耳其培养预备干部也有这方面的经验。"最后他又问我："你对青年军就学问题为何如此热衷和积极工作？"我回答他："首先是因为我担任第一组组长，主管青年军就学，我要履行职责。同时，政府有优待办法，我要积极贯彻，不能失信于民。其次是我过去饱受失学的痛苦。在陆大时，看到许多青年学生在国破家亡的严重关头，自愿放弃学业，甚至准备牺牲性命为国报效，这种爱国精神值得尊敬。现已抗战胜利，应该让他们有读书的机会；再次是在我们这个社会里，资格与资产是成正比例的，小有钱的读小学，较有钱的读中学，很有钱的读大学，甚至出国留学。而资格又与做官成正比例，学历越高，做官也越大。这种官僚哪里懂得穷人的痛苦，哪里会做人民的公仆！所以我要使这些爱国青年服役以后再能就学，真正做到文武合一，战时能报国，平时能为民服务。"他听了我的话连连点头，拍着我的肩说："你这些见解，讲到我的心里去了，今后我们必定会成为长期合作的同志。"这次谈话，我们彼此都留下了愉快的印象。

蒋经国为我主婚

自从我与蒋经国那次恳谈之后，他对我更加关心，不仅反映在工作上，而且体现在个人生活上。他主动为我与谭吟瑞的婚事操劳，为我们当证婚人，并负责主持我们的婚礼。

我到青年军复员管理处不久，经同事徐思贤的介绍，认识了谭吟瑞女士，她是著名的"戊戌六君子"之一谭嗣同烈士的孙女儿。吟瑞受其祖父谭嗣同的思想影响很深，性格刚正、善良，追求平等、自主、自强，勇于接受新思想。她虽出生于浏阳四大家族之一（谭、宋、黎、刘号称浏阳四大家族），曾祖父谭继洵曾任湖北巡抚，祖父又是一代风云人物，可以算得上是名门后裔了，可她的气质却更接近于平民。其家境从祖父遇难不久就开始衰落了，父母又过世得早，她一度不得不依靠长姊生活，初中仅在南华女中读了半年就被迫辍学。因此，她从小就懂得生活的艰难，很想自立，不依赖别人。为此她上了浏阳女中附设的简易职业班，学过刺绣、缝纫。后来经一个住在长沙的亲戚帮助，进入长沙第一女子职业学校蚕丝科学习。1937年毕业，正值抗日战争爆发，社会动荡不安，就业的希望成了泡影，只好回到故乡，次年考入浏阳县卫生院。此时日寇猖狂进攻，祖国半壁河山沦陷，吟瑞和当时的许多青年一样，不得不四处逃难，长期过着颠沛流离的生活。1938年冬，长沙大火之后，她结伴逃离长沙，到贵州镇远、安顺一带，在地方卫生院工作。1942年，又返回湖南，考入衡阳湖南省立高级助产职业学校，读完全部专业课程，并到仁济医院实习。正在此时，日军发动豫湘桂战役，衡阳沦陷，吟瑞只得又随着逃难人群，历经千辛万苦，经贵州辗转逃至重庆，在唐家沱市民医院做助产士。我也是在这里认识了她。抗日战争胜利以后，由于她能写文章，字也写得很好，经人介绍进了青年军复员管理处主办的刊物《曙光》编辑部工作，始和我同在一个单位工作。

蒋经国知道谭吟瑞是他素来敬仰的谭嗣同烈士的孙女儿，很为我俩结为伉俪而高兴。但我和吟瑞本想婚事简办，并没有将我们要举行婚礼的事告诉他。当蒋经国从别处得知我们定于1946年6月4日结婚，并请徐思贤、彭位仁为我们主婚，举行一个简单的婚礼的消息之后，他主动来找我了。蒋经国在办公室里当着众人对我说："你们结婚为什么不告诉我啊！"接着又说："这样吧！我来为你们作证婚人，你们的婚礼事宜，也一应由我们机关来筹办，不用你们自己操心了。"这话一出，简直像是下命令，同事们都很热情地为我们操办婚礼而忙碌起来了。

我们的婚礼定于1946年6月4日在重庆举行。在此前一日即6月3日，青年军的复员工作宣告圆满结束，全体青年军都已离营，或上学、或复员、或回家，后来的"青年军复员节"即起源于此。我们的婚礼选在6月4日，也是对此的一种纪念。记得婚礼在青年军复员管理处的小礼堂举行，在室内将桌椅摆成一个V字型，就算是新颖别致的布置了。上午10时许，蒋经国、徐思贤、郑果、徐恒瀛、易芳昱等和青年军管理处的全体人员百余人全部参加了婚礼仪式，来向我俩表示祝贺。尽管没有盛筵款待，仅由机关准备了一些茶点水果，可是婚礼仍办得隆重热闹，大家都兴高采烈，气氛极为欢快。蒋经国以主婚人的身份发表了讲话，态度亲切而又极为幽默，博得了全场的阵阵掌声和欢笑声。我和吟瑞由于当时情绪比较兴奋紧张，事隔多年，竟然怎么也回想不起他当晚讲话的内容，只是当时欢乐的景象还深深地留在记忆中，像昨天一样鲜明生动。这样的婚礼，可谓别有情趣，在当时的条件下也算不容易了。

婚礼后，蒋经国又派了一辆吉普车将我俩送到北碚温泉度蜜月。翌日，重庆的《大公报》、《和平日报》还报道了我俩结婚启事。同事们都认为，我们的婚礼能得到蒋经国如此重视，是难得的荣耀，因而出现了对我异乎寻常的器重之情。而这也出乎我们意料，认为这是蒋经国对我们的厚爱，也因此增添了对他的感激之情。

到了北碚，我们就找了一家小旅馆住下。北碚的温泉很有名，我们在那里游泳、散步。吟瑞不会游泳，一位热心的广东小姐还来教她。难得有这样清闲、舒适的日子，我们都觉得十分愉快。在北碚时，我们去拜访了熊十力老师，熊老师当时正和马一浮、梁漱溟一起办"复性书院"，主张复兴中国文化。他得知吟瑞是谭嗣同的孙女时，十分高兴，因为他原来就非常敬仰嗣同公。他对吟瑞的印象很好，称赞她是"笃实人也"。后来在重庆春森路，熊老师还来看过我们，在我们简单的新房里睡了一个午觉。我们还去看望了我的好友、当时在教育部编译馆任编撰的卢南乔及其夫人。蜜月原来说好是一个月，可是刚过了一个星期，彭位仁就派司机开汽车来接我们。那个司机不知道我们的住址，在北碚各个旅馆打听，找了一整天才找到。我们只好立即中断蜜月休假，匆匆赶回重庆。

我们在重庆的新房，安置在春森路1号二楼，只有一间房间。当时住在同一个小楼里的还有薛季良（薛岳之弟）、曾光汉、张尊光三位陆大同学及他们的夫人。经过大家一致同意，我们四个小家庭组成了"四合一"的"联合家庭"，由四家轮流管理伙食，费用大家分摊，既节约又省事，相处得非常愉快。但只过了一两个月，因为要复员还都，大家不得不依依不舍地分手，各奔东西。

彭位仁之所以急于要我从北碚返回重庆，是因为当时正准备还都南京，并筹备青年军复员管理处的改组工作，事务非常繁忙。我一回重庆，就投入了紧张的工作中，不到一个月，我又先行飞往南京。

还都南京后的生活

抗日战争胜利后，国民党政府就准备将首都从抗战时的陪都重庆迁回南京，但因大后方的机关太多，从重庆到南京的交通又极不方便，更由于要调兵遣将抢占全国各处战略要地，准备内战，所以，还都一事进行得比较缓慢。直到1946年5月5日，国民党政府才在南京举行"还都大典"，宣布正式迁回南京，实际上当时许多机构、人员都还滞留重庆，未能返回南京，还都的事务仍然十分繁忙。

当时面临的另一个重要任务就是筹建国防部。1946年5月30日，国民党国防最高委员会通过决议，决定裁撤军事委员会及其下属各部，并在行政院下设立国防部。6月1日，国防部在南京正式成立，白崇禧为国防部长，陈诚任参谋总长。青年军复员管理处此时亦奉命撤销，该处的三个副处长各自承担不同任务：彭位仁负责筹建国防部监察局，邓文仪负责筹建国防部新闻局（这是仿照美国的体制，后改为政工局），蒋经国负责筹建国防部预备干部管训处（后改为国防部预备干部局）。蒋经国要我帮助他进行筹备工作，同时要求我们对青年军的复员工作做一次全面检讨，以总结经验。因筹建工作的需要，我于1946年7月，先乘飞机赶往南京。到了南京后，我在黄埔路马棚46标办公，那里是原中央军校旧址，当时国防部在那里盖了不少新房子。

吟瑞比我晚一个月，8月才乘飞机来南京，同机的有青年军复员管理处办公厅主任戴之奇等人。到了南京后，我们在南京中央饭店住了一个多月，就搬到上新河七十三军留守处，住了一两个月。后来，中央银行盖简易宿舍，100块钱可以买两间小平房带一个厨房。我们筹措两百块钱买了两套，一套给老朋友卢南乔夫妇住，另一套自己住（蓝家庄27号），我们搬进去时已是冬天了。后来又搬到铁管巷5号，租了一个湖南人的两间房（他家人口很简单），客厅我们与他共用。第二年（1947年）6月1日，我们的第一个孩子晶晶（后改名叫贾宁）就出生在那里。蒋经国知道后，当即向我恭喜，并特派人送了50元礼券，以示祝贺。

1947年夏，我派人到家乡把母亲接来南京和我们同住。记得母亲乘船到南京的那天，我和吟瑞还坐了吉普车到码头去接她老人家。在南京的那几年，由于通货膨胀和物价飞涨，再加上家里人口增加，生活始终是比较艰苦的。记得在铁管巷时，我的一个堂哥贾肇先曾来我们家住了几个星期，当时我们的生活很艰苦，实在拿不出什么东西招待他。贾肇先后来回阳新后常对人说，在亦斌那里简直饿得发慌，没有东西吃，菜里放几片肉，薄得像纸一样，风都吹得起来。可见那时我们生活之清苦。蒋经国看到我生活拮据，养家不易，每逢过春节，总要派人送来一二百元补助费，钱虽不多，但情意可感。

1947年秋天，我们向朋友宋健人和罗文浩借了200万法币（当时法币贬值，数目很大，实际上不值什么钱），又借了一个同乡张志远的一块地皮，在南京上海路干河沿109号盖了三间简单的平房，外面是砖墙，里面用木板隔起来，涂一层石灰。我对宋、罗说："向你们借的这些钱，我是还不出的；但以后你们来南京，就可以住在这里，不必再住旅馆。"他们都笑着说："我们知道你困难，本来就没有打算要你还。"以后吟瑞又听说这栋房子在五年以后，连房带地皮都要还给地主的，感到借钱盖房只住五年，既不值得，今后又怎么办呢？我说："你放心吧，国民党等不到五年，两三年就要垮台的。不会住得那么久的。"不久在这三间平房后面，又盖了两间草房，原来准备停放汽车用，后来一间让给了我的副官孙效武夫妇住，另一间给了勤务兵杨理鹏夫妇住。

在干河沿时，有一天我的朋友卢渊（干部学校同学，当时与杨虎在一起工作）从上海来看我们。正是中午吃饭的时候，吟瑞急得不得了，因为家里连像样的菜都拿不出。我说炒两个鸡蛋，下一碗面就可以了。卢渊看出我们的生活很窘迫，就劝我说："像你这种情况，只要我们一起做点生意就可以改善了。我不要你出本钱，也不要你出面张罗，只要你点个头表示答应，一切由我去办理，赚了钱我们分。"那天我有点感冒，靠在床上听他说话，卢讲得头头是道，我却听着听着就睡着了。吟瑞就走过来轻轻把我推醒。卢笑着对吟瑞说："我一讲这些事，亦斌就睡觉。"卢走后吟瑞对我说："老朋友很远来看你，和你谈话，你却睡着了，未免太不礼貌了。"我回答说："他讲得那一套我都不感兴趣，我不会也不想做生意，他要我点个头就行，但点了头我就应当承担责任，出了事我就要负责，这种事怎么能干呢？"

1948年夏，法币贬值，物价飞涨，生活非常困难。我每个月的工资只够用半个月，到下半个月，连小菜钱也没有了（当时的米由单位定量供应，所以还能保证）。副官孙效武看到我们的情况，就对吟瑞说："下个月的工资我代你领，由我来处理，我替你换成实物，保证你到月底还有小菜钱。"吟瑞当时也不懂，以为他要买"食物"。到发工资那天，孙副官抱着一大堆东西兴致勃勃地来了，其中有香烟、热水瓶，还有两条毛毯。吟瑞一看就着急起来，说："孙副官，这些工资都是用来买柴米油盐，养家糊口的，你拿这些没用的东西给我，叫我怎么办呢？"孙副官笑着对她说："你交给我办吧，以后你要用钱买东西，提前一天告诉我，我把它们卖掉换成钱。如果你把法币放在手里，半个月不到就一文不值了。"当时的物价早晚不同，朝夕万变，法币不值钱，人们出于无奈，只好用实物来交换。

在南京时，我注意到蒋经国家里的生活缺人照料，而且也不十分宽裕。当时，蒋经国身带机要秘书，住在南京励志社二楼，只有两个房间，既是办公室、会客室又是宿舍，食宿都乏人照顾。他的夫人蒋方良则带着两个孩子长期住在杭州内西湖一号的一座小楼里。他们之间不定期在南京或杭州小聚，生活极为不便。我曾问他为什么不把家眷接来一起住？他回答说："没有房子。"我信以为真，于是主动为他找房子。我找到一位陆大教官住的二层楼住房，设备还不错，本人也愿意让出。房子有了，可蒋经国仍然没有把方良接来，反而又把房子让给了留苏同学刘汉清等人居住。我对此感到迷惑不解，后来才知道让方良住在杭州是宋美龄的主意。因为方良是苏联人，当时南京设有苏联大使馆，宋美龄担心方良与苏联使馆发生联系，而蒋经国又是留苏学生，易于造成美国人的猜忌，会影响到美蒋关系。至此我才恍然大悟。方良在杭州平时无事可干，就由秘书陪着她打麻将，方良没什么钱，打麻将只能赢不能输，秘书没有办法，只好让着她。方良钱用完了，就跑到南京来找宋美龄，开口喊"妈妈"，喊得很亲热。宋美龄很高兴，就给方良一些钱。每次都是如此。所以后来人们一看到方良来南京找宋美龄喊妈妈，就知道方良又缺钱花了。这是在南京时的一个趣闻。

庐山会议风云

1946年夏秋之交，烈日炎炎，南京正热得火炉一般，而庐山却十分凉爽。这里车水马龙，冠盖云集，蒋经国陪同其父蒋介石在此"避暑"，其他南京国民党军政要人及三青团骨干也多汇集于此，马歇尔也在此时八上庐山，一时政治烟云笼罩着这个避暑胜地。

这里正准备同时召开两个重要会议，即三青团第二次全国代表大会和青年军复员检讨会。这两个会议对蒋经国的前途，都将产生重大影响，因而令人瞩目。蒋经国没有要我参加三青团二全大会，因为他知道我对此不感兴趣，又不是三青团员，而要我全力负责筹备同时召开的青年军复员检讨会。为筹备这个会议，我曾数上庐山，风尘仆仆奔波于宁、赣之间。同事们为此而开玩笑说："马歇尔八上庐山，贾亦斌也五上庐山。"

我在庐山期间，虽然忙于青年军复员检讨会的会务工作，但近在咫尺举行的三青团二全大会的情况，也不断通过各种渠道传到耳里，使我亲身感受到国民党内部政潮的波诡云谲。

原来，为了在政治上培植爱子蒋经国，蒋介石费尽了苦心。他根据当时国内形势及蒋经国本身的特点，给蒋经国设计了一条从抓青年工作入手、由培养干部起家、从地方到中央、最后掌握军队的发展道路，并为此作出了一系列具体安排。这样，蒋经国一开始就与三青团结下了不解之缘。1938年7月，三民主义青年团在武汉宣告成立时，书记长是陈诚，掌管组训工作的是康泽，复兴社的势力在团内占据了优势。蒋介石并没有让当时在各方面都没有什么根底的蒋经国直接到中央团部工作，而是将他交给江西的熊式辉，先任江西省保安处副处长，后任赣南专员，并兼任三青团江西支团主任。在江西期间，蒋经国大办青干班和青年夏令营，以培植干部，发展势力，扩大影响。通过四年多的苦心经营，蒋经国抵制了康泽对江西团务的插手，控制了江西支团，建立起自己派系的第一批班底——"赣南系"，为今后的发展打下了基础。蒋经国在江西站稳脚跟后，开始向重庆中央扩张。当时在重庆中央团部任书记长的张治中与康泽的矛盾非常尖锐，按照蒋介石的旨意，同时也是为了限制康泽的势力，张治中主动推荐蒋经国到中央团部工作。1943年春，三青团一全大会在重庆召开，蒋经国当选为三青团中央常务干事。在会上他被视为"地方政治建设之实行家"，代表们"多询以新赣南建设近况"，他"辄娓娓叙述，令人忘倦"。同年12月，三青团中央干部学校成立，又由蒋经国担任教育长（校长由蒋介石自兼），这标志他从地方进入中央的开始。蒋经国利用举办中央干校之机，亲自抓研究部学员的学习和训练，与学员们同吃同住，提出要培养"干部的干部"，"嫡系的嫡系"，形成了一个效忠于他个人的干部系统。1944年10月发起知识青年从军运动，成立了青年军，又由蒋经国担任政治部主任，负责青年军的政治工作。蒋经国势力的扩张终于导致了康泽的垮台，1945年8月，康泽被迫"奉命出国考察"，三青团的组织训练大权落入蒋经国之手。由蒋经国取代康泽成为三青团的组织重心，这是三青团后期不同于其前期的重要特点。

蒋经国具有特殊的背景，由赣南而三青团中央干校，由中央干校而青年军，逐步起家，至此已羽翼渐丰，在政治上崭露头角。但在国民党内部复杂的派系角逐中，其势力之发展仍然阻力重重，绝非如人们所想象的那样顺利。就在庐山会议筹备期间，国民党中常会决定：将中央政治学校和中央干部学校合并，成立国立政治大学，由蒋介石任校长，蒋经国任教育长。这一措施剥夺了CC派控制近20年之久的中央政治学校，并将国民党的干部培训大权完全交给蒋经国掌握，可以看作是蒋介石培养其爱子的又一个重要步骤。但它遭到了陈果夫、陈立夫兄弟的强烈抵制。二陈不敢公开出面，就指使中央政治学校的一些学生闹事，反对蒋经国担任教育长。他们贴出大标语"欢迎蒋经国担任政大总务科长"，意思是蒋经国当教育长不够资格，只配当总务科长，对之加以奚落嘲讽，使蒋经国极为难堪。蒋介石闻讯大发脾气，把陈立夫喊去痛骂一顿。蒋经国事后对我说："今天领袖把他们骂得都哭了！"显然出了一口恶气。但蒋经国经此挫折便不愿再担任该职，最后由段锡朋出任政大教育长。

蒋经国遭到的另一个重要挫折就是在三青团的工作上。他虽然负责中央团部的组织训练工作，但由于三青团机构庞大，内部派系复杂，自己又初来乍到，并不能控制整个三青团。经过七年的发展，到抗战结束，三青团在全国已有团员124万人，用他们自己的话来说："本团于艰苦中逐渐成长为一强大的革命团体。"三青团各级干部骨干大多是原来的复兴社成员，他们与以CC为主的各级国民党党部原来就有矛盾，所以在工作中极力强调三青团组织的特殊性和独立性，鼓吹三青团"是新生的革命集团"，企图后来居上，取而代之。CC集团则予以排斥和压制，极力限制三青团组织的发展。因此，党团矛盾和冲突始终不断，成为令国民党高层十分头痛的问题。虽然多次采取措施，调整党团关系，划分双方的活动范围，并一再严申组织纪律，但都收效甚微。到抗战结束时，许多地方的党团组织形同水火，问题已发展到相当严重的地步。抗日战争胜利以后，在党团矛盾的影响下，在国民党"宪政"气氛的鼓舞和诱导下，三青团内部发展出一个要求与国民党"分掌旗鼓"的组建新党运动。独立组党的思潮席卷了一大批三青团的中上层干部，他们认为长期以来，因"党团关系微妙"，使"团员于此扑朔迷离之环境中忍耐挣扎"，而"无从发展"，他们终于忍无可忍，决心"适兹事变"，"重新抉择其命运与前途"。这些人以起草提案、举办座谈会和互相串联的方式，对此讨论酝酿，制造气氛，在庐山三青团二全大会上演出了一场要求组建新党的活剧。

1946年9月1日至12日，三青团二全大会在庐山举行。会议的主要议题就是确定三青团的地位和前途。会上绝大多数代表都坚决反对将三青团隶属于政府之下；有12个支团和许多代表进一步提出：为加强三青团的"革命性"和政治性，必须使三青团成为一个"独立政党"。"独立组党"的潮流来势凶猛，席卷整个大会，使实际主持大会的蒋经国处于一种十分为难的境地。从心里说，他对CC派把持国民党组织一事早就不满，因此对组党积极分子猛烈攻击党部的言论不无同情之处，但独立组党一事关系重大，他看出团内许多干部热衷于此，大都别有用意，组党运动前途难以预料，在蒋介石没有发表意见之前，他不便表态。因此当许多二全大会代表兴致勃勃、川流不息地到他的住处征求意见时，蒋经国的态度却慎重而又暧昧，他只是简单表示：组党问题可以研究，但要以领袖的意见为准。在对自己亲信的私下谈话中，他还提醒他们要防止受人利用。

三青团要独立组党的消息一传到南京，顿时震惊了CC和国民党的一些元老，陈立夫拉着戴季陶赶上庐山，竭力说服蒋介石加以劝阻。蒋介石也觉察到组党运动背后的真实意图，因而表示他"绝没有改团为党的意思"，"尤其不主张另外成立一个新的政党"，并警告说：如果"以成立政党相号召"，"那不仅是绝对的错误，而且是极端的危险"。独立组党的建议遭到蒋介石的否定，无疑泼了三青团一头冷水，一时轰轰烈烈的组党运动被迫戛然中止。

但是，三青团的许多干部并不善罢甘休。二全大会以后，他们又利用国民党政府为推行所谓"宪政"而举行各种选举的机会，发动各级团组织，集中全力从事竞选，"运用组织力量"支持团部的候选人当选，以此"来直接参与政治"，并与国民党组织相对抗。党部不甘示弱，也集中力量来对付三青团，由此而导致了党团矛盾的总爆发。党团双方到处发生公开冲突，为竞选而互相斗殴，甚至发生了暗杀和武斗，使地方政权陷于瘫痪。党团冲突发展到不可收拾的地步。亲手缔造了三青团的蒋介石，于焦头烂额之中，不得不于1947年9月宣布撤销三青团，实行党团合并，三青团终于黯然收场。蒋经国掌管全团组训工作并未能挽救三青团分崩离析的命运。三青团二全大会的情况已经令我触目惊心，但我没有料到，青年军复员检讨会上还有更加令人震惊的内容。

青年军复员检讨会比三青团二全大会略晚几天开幕。这个会议之所以称为"检讨会",是因为第一期青年军七万三千余人的复员工作已经完成,紧接着又要征集编练第二期青年军,但工作进展并不顺利。所以蒋经国希望总结第一期工作的经验,研究当前存在的问题,为第二期征集工作顺利开展创造条件。这次会议筹备的时间过于短促,但经过我的积极努力,会议终于得以如期召开。

出席这次会议的有青年军三个军的军长刘安琪(第六军)、钟彬(第九军)、黄维(第三十一军)和下属九个师的师长戴之奇、潘华国、罗又伦、吴啸亚、覃异之、萧劲、罗泽闿、黄珍吾、温鸣剑,及军、师政治部主任共30余人。会议的第一天,蒋介石作了两个多小时的"训话",其要点就是作发动内战的思想动员。他针对当时有一些青年军将领认为既然要准备打内战,为什么要让青年军复员的疑问说:"你们要知道,我让第一期青年军复员,是让他们复员回到学校和社会上去,其作用不仅不会减弱,相反只会增强,一个人可以发挥几个人的作用。同时又可以重新征集新的第二期青年军入伍,真是一举几得的事。"他还提高嗓门说:"你们不要看到我下令停战,你们也不要看到马歇尔八上庐山,搞什么调停,你们的任务只有一个——就是——打!只要我们打,美国是会支持我们的,会给我们大量的军火和经济援助。凭国军的陆海空优势,只要六个月,中共就会被我们彻底消灭!""彻底消灭",他竟然说得那么轻松,那么自信!

当时,我担任会议的秘书组长(未设秘书长),并亲自负责会议记录。他的这些话,大大出乎我的意料,使我震惊不已。因为那时在马歇尔调停下国共双方签订了停战协定,蒋介石也亲自下了停战令,还成立了三人军事小组负责监督停火,同时政治协商会议还在为建立联合政府进行谈判,何况毛泽东为求得人民有休养生息的机会,早在去年就亲赴重庆,与蒋介石进行谈判,并达成了《双十协定》。当时,虽然内战的乌云越来越浓厚,但是许多人包括我在内,还是希望看到和平的实现,尤其是希望看到国民党的最高当局多少有和平的诚意,应执行已签订的协议而不应该主动破坏协议。现在却听到蒋介石毫不掩饰地说你们的任务就是"打",要在六个月内彻底消灭共产党，还把希望寄托在美国的援助上。我当时不由猛地一愣，极为惊愕和反感，连作记录的钢笔也"啪"的一声掉了下来。我立刻想起《孙子兵法》中讲过："兵者，国之大事。生死之地，存亡之道，不可不察也。"而身为国民党三军统帅、平日满口"仁义道德信义和平"的蒋介石，竟在下令停战的同时，又在这个会上大谈要打，简直是把国家存亡和人民生死当儿戏；而且言而无信，表面一套背后一套，完全是两面派手法，这样的人不仅不配当领袖，甚至连一般做人的道德都不具备。原来由于国民党的宣传蒋介石在我心目中形成的"抗日领袖"的形象顿时黯然失色。又想到抗日战争时期人民蒙受战争苦难的惨景，今天好不容易刚刚取得胜利，人民正需要休养生息，国家正需要恢复元气，怎么可以再打内战呢？国弱招来外侮，一百多年来列强欺侮中国的教训难道还没有尝够吗？我越想越生气，越想越忧虑，情绪一落千丈，与会前简直判若两人。

会后，与会者都到海会寺前一棵参天大树下同蒋介石合影。先拍集体照，然后分别同蒋拍二人合照。我在拍了集体照之后就不想再拍二人合照，因此退到人群后面，想不引人注意地混过去。当其他与会者一个个兴高采烈地依次侍立在蒋介石身后同他拍完二人合照之后，他喊道："还有谁没有拍吗？快来！"我没有做声。可蒋经国却点我的名了，他一边答应道："还有贾亦斌。"一边赶快走过来催我说："快去啊！"我不得已，只好走过去同蒋介石拍下了这张生平最不愿意拍的合影。事后我也没有保存这张照片，但事隔近半个世纪后，老友徐思贤偶然在箱箧旧物中找到了一张，并远隔重洋给我寄来，我将其附在此书的插页，作为这幕久已过去的小小历史插曲的纪念。

晚上，蒋介石在其别墅"美庐"设宴招待全体与会者。6时许，我随同蒋经国到了宴会厅，此时许多青年军将领已坐在厅里等候了。不一会儿，宋美龄步入宴会厅，十分热情地对大家说："今天光临的各位都是我大哥（指蒋经国）的客人，本来我应当作陪，但马歇尔将军刚上庐山，我要去陪他，实在抱歉，恕不奉陪了！"说完，她同与会者逐个握手道别，言辞礼貌，颇有"第一夫人"的风度。她走后不久，励志社总干事黄仁霖高声喊道："委员长到！"大家"唰"的一声起立，以军人立正之礼向他致敬。蒋介石客气地招呼大家就座，他同前来赴宴的四川将领潘文华、王陵基（当时任第三十集团军总司令兼江西省主席）拉了一会儿家常，然后还点了几个人的名，其中也点到了我。我和大家一样站起来应了一声："有！"不知他是为表示重视我还是有什么别的原因，在点我名时与众不同地问："你好吗？很忙吧！"我回答："还好！"尽管宴席并不怎么丰盛，照例是四菜一汤，但看来大家的心情还是十分高兴的。唯独我愁闷满腹，无以释怀，情绪低沉。

当晚，我思绪万千，翻来覆去，难以入寐。我想到自己婉拒韩浚的邀请和接受彭位仁之邀来此任职的情景，想到与蒋经国的认识，再想到淞沪、武汉、鄂西和长沙等会战中一堆堆牺牲和死难同胞的尸体，又仿佛听到了我在赴重庆报考陆军大学途中的轮船上那些被抛入长江的伤兵的惨叫声……突然，上午会议蒋介石讲话说"打"和"彻底消灭"时声色俱厉的神情和语调又浮现在脑际，一幕幕往事与现实交织在一起，使我痛苦极了。我再也按捺不住了，决心辞去现在的职务，回陆大上兵学研究院，继续从事"新国防论"的研究和教学。

第二天我先去找彭位仁，对他说："我来时答应帮你三个月忙，现在三个月已经过去了，青年军复员安置工作也已完成，我应该回陆军大学了。"彭位仁一听我要辞职回陆大去，大吃一惊，愕然对我说："蒋先生（指蒋经国）不是很器重你吗？当时我可以介绍你来，但现在你要走我可决定不了，你得自己去找蒋先生说。"我随即去找蒋经国，开门见山地向他表明来意。他也极为惊讶，满脸疑惑地问道："你为什么要辞职？辞职以后准备去干什么呢？"我当然不敢明说是听了蒋介石讲话后不满的缘故，只好回答："我想回陆军大学继续研究'新国防论'和教学。"他听了呵呵一笑，恳切地挽留我，劝我打消辞意，他亲切而激动地对我说："亦斌兄，你哪能走啊！你是我这儿的台柱，你走了这里岂不垮台了吗？……"我听了他这番话，心里很不平静。联想到平日同事们向我介绍蒋经国很能识人、用人、容人的许多事例，今天我倒确实亲身领略到了。我与他毫无什么渊源关系，相处日子也只有短短几个月，今天我贸然要求离他而去，他非但不加半点责备，反而能如此真诚恳切地执意挽留。显然他不同于他的父亲和其他许多国民党高级官员，确实要比蒋介石高明。一种"士为知己者用"的观念，使我感到再难坚持辞职了。我又想到，他能知我用我，我留下来，或许更有利于实现我的抱负。这样，即使我与他父亲有诸多相悖之处，也有可能在他劝说下，使他老子受点影响，朝着我所希望的方向发展。

他见我愁容渐展，很是高兴，连声说："好！好！你不要走了。如果我有不是之处，你尽可以直说，我就喜欢敢于提意见的人。"我随即向他表示："既然这里需要我，我可以留下来继续任职。可我是个军人，喜欢直来直去，从脸上可以看到内心，意见我会提的，如提的不妥，万望当面指正，冒昧之处，请予海涵。"他听了连说："这样好！这样好！"我心里的疙瘩虽然尚未完全解开，但心情确实舒畅一些了。

筹备高中毕业生集训的首次碰撞

庐山青年军复员检讨会之后不久，青年军复员管理处就正式改为"国防部预备干部管训处"，由临时机构成为正式建制。当时陈诚已担任国防部参谋总长，所以不再兼任处长，他亲自打报告给蒋介石，保荐蒋经国任该处中将处长。呈文送到蒋介石处，蒋批阅："同意"，但不知出于什么考虑，却在蒋经国的处长职务前加了一个"代"字，这样一来，蒋经国就成了预备干部管训处的代处长。该处的人事如下：

副处长：邓文仪（兼任国防部新闻局局长）、彭位仁（兼任国防部监察局长）

办公室：主任俞季虞、副主任林谷邨（下设人事、文书、总务、会计、机要等科，楚崧秋任机要科长）

第一组：组长贾亦斌、副组长郑果（该组负责预备干部训练和学生集训）

第二组：组长徐恒瀛、副组长江海东（该组负责政治工作和复员青年军的通讯联络）

我仍任第一组组长，负责筹备预备干部的培训工作，重点是翌年全国十万高中毕业生的征集训练即第二期青年军十个师的征集编练工作。当时预定每师一万人，分驻杭州、上海、洛阳、北平、天津、重庆、贵阳、昆明、汉中、南昌及福建、广东、广西等地。没有想到，正当我全力以赴进行工作的时候，却因工作问题而与蒋经国发生了一次冲突。

　　事情是这样的。我根据复员检讨会议的精神，考虑到今后实行预备干部制度、训练预备干部是个长期的工作，带有固定性，且数量很大，不能再和过去战时一样驻扎在老百姓家里，必须有固定的营房，因此拟订了一个比较庞大的建造营房的预算，交给了办公室主任俞季虞。他加盖了处长蒋经国的图章，上报参谋总长陈诚，陈诚未加可否，即转呈蒋介石审核。蒋介石看了这份预算很生气。原来他并不真正想实行什么预备干部制度，而是一心想把财力物力用在打内战上。因此他把蒋经国叫去训斥了一顿，骂道："既要打仗还造什么营房？搞那么大的预算！"蒋经国挨了骂，憋了一肚子气，立刻开着吉普车赶到管训处，一进门便满脸怒色问我："这个预算是谁造的？"我马上回答："是我们第一组造的。""你是怎么搞的？这不是给领袖（指蒋介石）为难吗！"他带着训斥的语气高声责问。我一听顿时火气也上来了，回答道："这怎么能说是给领袖为难呢！既要征集训练预备干部，就必须建造营房，学生不能长年累月地住在老百姓家里呀！如果长期住在老百姓家里，不仅妨碍军事训练，也使老百姓无法安生，难道能这样训练预备干部和对待老百姓吗？况且在那份预算报告上你也盖了图章，怎么能只怪我们拟订预算的人呢？"他听了我的话更紧皱眉头反问："怎么是我盖的章？"原来他的图章交由办公室主任俞季虞掌管，并且以为由俞代他盖章自己可以不负责任。我当然不同意他这种看法，于是接着说："你既然把自己的图章给了他，就表示完全信任他。否则，就不该把图章交给他。他在预算报告上盖了你的图章，你岂可不负责任呢！"蒋经国知道我的话在理，满脸通红，顿时无话可说，但怒气仍然未消，我也很生气，结果两人不欢而散。

　　我回到家里就想不干了，连续三天待在家里没有去上班。第四天一早，我刚起床不久，忽听到吉普车声由远而近，在蓝家庄27号我的住处门前戛然停下。原来是蒋经国竟然亲自登门来找我了。他一进门就对我说："喂！你怎么像小孩子一样！那天我发脾气不对，但也不是冲着你来的。"接着他像兄长对待弟弟那样拍了拍我的肩膀说："上班去！上班去！"他一把拉着我上了他的车回机关。在路上，他对我说："这样吧！办公室主任由你来当，为便于你工作，俞季虞我调他到三青团任主任秘书，办公室副主任林谷邨，我也把他调到监察局去当少将监察官，办公室里的工作你尽可以放手去干。"

从职务上说，由组长到办公室主任是一种提升。我和他这样争吵，怎么可能提升呢？对此，我本来还有点不相信。但事实上他说到做到，很快就叫俞季虞向我办了移交手续，他的图章也交给我掌管了。

这件事使我联想起抗日战争期间，我长期在四十一师丁治磐师长部下任职，拼死拼活，险些丢了性命，那当然主要是为了救国家打日本鬼子，可也为四十一师争得了荣誉，为丁本人解了围。丁师长也多次嘉奖我屡建战功，对我不次提拔，由上尉队长而升营长，后又升为团长。但对他提不得不同意见。我为了运送一位因抗日而阵亡的营长的灵柩回枣阳老家安葬，向师部借支了自己两个月的工资，并拿出团部的全部结余，作为运灵柩和丧葬费用，恳求师部拿出四百元钱来抚恤其家属，丁师长竟不肯拿出分文。我感到他太不近人情，顶了他几句，他当即翻脸不认人，妄加我"企图造反"的罪名，命令他的卫士来恐吓我，以后还将我禁闭起来。最后怕激起兵变，便以"性情桀暴，忤逆长官"的罪名，将我撤职，驱逐出境了事。今天我在蒋经国部下任职，时间不长，就因工作问题而发生了碰撞争吵，但蒋经国却不予计较，反而亲自登门，请我去上班，而且将深得他信任的留苏同学俞季虞调离办公室主任之职，提升我继任。两次争吵，结局迥然不同，怎不令我感慨万分呢！我不由心头发热，鼻子一阵发酸，潸然泪下。

从此，我和蒋经国之间在同事的情感上又前进了一步。我感到他是知我又能用我，更能倾听逆耳之言的不曾多见的领导人。他的领导对推行我所提出的旨在强国强兵的预备干部制度是关键因素。因此，我对筹备全国高中毕业生集训工作，兴趣更浓，劲头更足了。但国民党当局要集训高中毕业生的目的与我当初所要实行预备干部制度的初衷完全背道而驰，而且当时的情况与抗日战争时期也大不相同了。抗日战争后期，号召知识青年从军，为的是挽救国家危亡，将日寇逐出中国，所以蒋介石一声号召，天下景从。而现在集训十万高中毕业生，却为的是打内战，以中国人打中国人，性质绝然不同，因此各方阻力很多。培训十万高中毕业生以推行预备干部制度一事，实际上无从实施，已经变成了泡影，这是我始料未及的。看到自己的理想随着国民党发动的内战而付诸东流，我当然感到失望，但高中毕业生不愿参加内战的愿望又与我的思想相一致。当时我的思想就处于这样深刻的矛盾之中。

然而蒋介石出于打内战的需要，感到集训十万高中学生不易办到，而且缓不济急，于是决定招收战区的流亡学生。其中有的只有小学程度，甚至连文盲也招收进来，但还是凑不足数，只好将师管区送来的新兵拉来充数。第二期青年军比抗战后期的第一期青年军素质大为下降，从中也可见内战的不得人心。

在我当了办公室主任之后，蒋经国曾要我以办公室主任的身份代表他出席高级军事会议。我难以推却，但签名时我总是先签上蒋经国之名，在后面写上贾亦斌代。这类会议计有三种：即由蒋介石亲自主持的"最高作战会议"，由国防部长白崇禧主持的"部务会议"和由参谋总长陈诚主持的"最高参谋会议"。我参加的这些会议中印象最深的有以下几次，值得一说。一次是1947年2月，由当时管作战的参谋次长刘斐代表陈诚主持最高参谋会议，主要是汇报山东莱芜战役情况。因为参加这一战役的七十三军军长韩浚是我的老上级，所以我特别注意听。莱芜战役正是国民党重点进攻山东的开始。汇报中说开战时国民党军自信占有优势，迷信蒋介石只要三个月、至多半年就能全部消灭解放军的宣传，大胆推进，但结果却遭到解放军的包围夹击，不到四天，即全部被消灭，连司令官李仙洲、军长韩浚也都被俘了。会议充满了沮丧的气氛，参加者在哀叹之余，对几万装备精良的部队，在如此之短的时间内即被全歼，均表惊异，认为不可思议。而我私下则深为韩浚的个人安全担心。

另一次是同年4、5月间，由蒋介石主持召开最高作战会议。当会上说到山西运城失守，丢失了很多军用车辆时，蒋介石十分恼火，怒斥联勤总司令郭忏和参谋长赵树森等人无能。当时我坐在赵旁边，郭、赵对蒋介石反复追问车子是新的还是旧的，答复不出。蒋更气得咬牙切齿，痛骂不止，说："你们真是混蛋，连新旧也不知道！"一骂就骂了两个小时。我实在忍不住了，便递了一张写有"不新不旧"四个字的纸条给赵，赵看了连忙转给郭，郭就照着回答："不新不旧。"蒋才停止痛骂，宣布散会。

正是在这些会议中，我亲眼看到了蒋介石和国民党当局在军事指挥上的颠顸无能，了解到国民党军队在前线节节败退的真相，更加明确地认识到：国民党发动的这场内战不得人心，必然失败，因而对国民党更加失去了信心。

陪同视察青年军

1946年冬，蒋经国偕同我和徐恒瀛（原任赣南专署科长，一直是蒋的亲信）等人去北平、东北地区视察青年军。这是我第一次陪同他外出视察工作。先到北平，后到长春。

在此之前一年，即1945年10月12日，蒋经国出任东北行辕外交特派员新职。当时东北行辕主任熊式辉很想像在抗战初期提议蒋经国到江西赣南任职一样，推荐蒋经国到东北行辕任秘书长，以此再度讨取蒋介石的欢心。不料蒋介石在熊式辉送上去的报告上，偏偏将秘书长的"长"字圈掉了，这一招使熊大伤脑筋，他私下里对亲信说："蒋经国这样的人怎么可以当我的秘书呢！"他后来终于想出了一个两全其美之策，就是在长春东北行辕之下特设一个"外交特派员公署"，请蒋经国出任外交特派员。这样总算名正言顺了。

到东北行辕任外交特派员，主要任务是做苏联的外交工作。蒋经国在苏联学习、生活了12年，精通俄语，了解苏联情况。请他这个俄国通来做这个工作，当然是再适当不过的了。

蒋经国也很自信，认为自己了解苏联并见过斯大林，相信斯大林对他当面表示的"东北三省为中国之一部分，中国在东三省享有充分主权"的承诺不会改变。由他担任这项外交工作，可以说是熟门熟路，并可以借此在国人面前显示其外交才能，为其父和他自己建功立业。

但实际情况远非如此简单。苏联对东北有自己的打算。1945年8月8

日，苏联对日宣战，出兵东北，日本宣布无条件投降后，苏军乘势占领了整个东北。从此东北成为美苏争霸角斗的热点。美国海军迅速将国民党军队运送到东北，苏军则处处阻挠，结果国民党军队只占领了沈阳、长春、吉林等几个主要城市。

根据《中苏条约》（1945年8月14日签订），在日本投降以后，苏联军队在三个月内撤完，即1945年12月3日前，苏军应完全撤出中国。可到嘴的肥肉，苏联怎肯轻易吐出来呢！势必要有一番激烈的讨价还价，这就注定了蒋经国的外交使命的艰巨。经过中苏双方九个月22次会议（大部分均由蒋经国和董彦平中将分别参加），苏军始在完成自己的安排之后，于1946年5月23日撤回本国。

蒋经国在东北的外交使命算是完成之后，卸任返回南京，但雄才未展，宏图被撕得粉碎，留下了一大堆问题。

这次，蒋经国以国防部预备干部管理处代处长的身份，偕同我等到北平和东北视察青年军的情况，心情是不平静的。在飞机上，他同我们谈起在东北那段同苏军将军打交道的情景。他说到1946年1月22日蒋介石派宋美龄偕同周至柔、董显光和他一起飞往长春，向苏军表示慰问，苏军以仪仗队隆重迎接，完全是表面一套；也谈到苏军撤出东北拆走了大量工业设备，在电力工业方面，相当于东北总发电量65％的电力供应设备被苏军拆走；此外鞍山、本溪等钢铁工厂设备的80％被搬走，抚顺、本溪、阜新、北票等处煤矿都被劫掠而受害甚大。而且苏联军纪很坏，奸淫掳掠，无所不为。谈到这些，他心情十分愤慨。接着感叹道："和苏联方面说理是没有用的，弱国无外交呀！不知何日能使我们的国家也富强起来啊！"说着，说着，他从行囊中取出了希特勒的《我的奋斗》和《曾国藩家书》两本书，翻了一翻，若有所思。我问他为什么要带这两本书？他回答说："是领袖（指蒋介石）要我经常读的。"并要他从书中领悟出道理来。

飞机抵达北平后，驻西苑的青年军二〇八师师长吴啸亚等冒雪前来迎接。然后在驻地举行了阅兵式。蒋经国身着便装但很精神，频频向受检阅的官兵招手致意，还连声说："我是代表领袖来看望你们的。"接着还亲自深入营房，察看内务，询问士兵生活情况，召开士兵代表座谈会，听取意见，处处显得他把青年军看成是自己的"子弟兵"。这一套确实博得了不少士兵的好感。当时，北平行辕主任是李宗仁，他曾去向李宗仁作了礼节性拜访，我也陪他同去。

在北平待了三天，他再偕同我等一行飞往沈阳。他将我们安排进了旅馆歇息后，自行去探望了正在患病的东北保安司令部总司令杜聿明。因为天下大雪，在沈阳住了两三天。接着飞往长春到东北行辕外交特派员公署看了一下。蒋经国故地重游，徒增"房舍依旧，人事全非"之叹。最后一站是抚顺，青年军二〇七师驻扎于此。师长罗又伦陪同我们检阅了二〇七师的部队，察看了营房内务，并召开了士兵座谈会和军官座谈会，听取意见，还同一些官兵举行会餐。由于这个师是唯一没有按期于6月3日复员的第一期青年军部队，士兵强烈要求让他们复员并享有其他各师复员青年军同样的待遇，蒋经国当即同意，并指定由我负责办理这个师的青年军士兵复员安置工作。决定在长春市办一所长春青年中学，安置复员士兵入学。任命从赣南起就一直跟随蒋经国的胡昌骐为校长。这是为安置复员士兵就学而设立的第六所青年中学，不久因时局紧张而南迁，与嘉兴青年中学合并。

这次外出视察，先后共两个多星期。蒋经国对我们说，这次只是到部队去看看情况，但很明显他是为了了解前线军心士气，收集资料，为他父亲提供作抉择的依据。自苏军撤出东北后，国民党军一度占领四平街、公主岭和长春，当时国民党将领对形势估计都过分乐观。但好景不长，共产党的武装力量迅速发展壮大，国民党军处处被动挨打。美国将军魏德迈曾向蒋介石提出，东北幅员广大，兵力难以集中，守住东北非常困难，建议将国民党军队撤回关内防守。但蒋介石却认为东北与华北唇齿相依，东北不保，华北垂危，坚持要国民党的精锐部队固守东北。但熊式辉、关麟徵、杜聿明等都不是民主联军的对手。因为共产党领导的民主联军虽装备较差，但组织严密，军纪严明，深得民心；而国民党军虽然装备较好，但军纪废弛，到处拉夫，强占民房，致使民怨沸腾，军心不稳，一些接收大员，更是争权夺利，以公肥私。两相对比，谁胜谁负，征兆已明。也许在这次视察中，蒋经国对此已有所了解。这可能就是此次视察之后，他更加经常痛骂治军不严的将领和贪官污吏的原因吧！

力保我升任副局长和代局长

1947年4月，国防部预备干部管训处改为国防部预备干部局（下简称预干局），成为与国防部新闻、监察等局平行但规模更大的一个局。局长由蒋经国担任。他的留苏同学和赣南系亲信及三青团中央干校的得意门生对此都甚为高兴。不少人都很想在局内觅取要职，一展身手。

在酝酿是否要建立预干局的阶段，国防部内部分歧颇大。拥护的、反对的和持保留态度的皆有。由于蒋经国从担任青年军总政治部主任起，政治工作就独树一帜，被认为是要把青年军作为发展自己力量的政治资本，议论颇多。加上青年军享有比其他一般部队较高的待遇，不少军官也感到不平。此时就连蒋经国同陈诚的关系也变得微妙起来。陈诚是蒋介石最信赖之人，而且很有可能成为蒋介石的继承人。蒋介石在培养陈诚的同时，也希望陈诚同样培养和扶植蒋经国。当时蒋经国主要有两个职务：一是三青团中央组训处处长，一是预备干部管训处处长。而陈诚担任三青团中央书记长和总参谋长，恰恰都是蒋经国的顶头上司。蒋介石作这样的安排，无非是希望陈诚对蒋经国高抬贵手，开放绿灯。蒋经国以前对陈诚一直是十分恭敬的。但随着蒋经国势力的发展，两人之间的矛盾便不断增多，并趋于表面化。记得有一次蒋经国突然对我谈起陈诚说："陈辞修他做得对的我们当然服从，但做得不对的，我们又怎么能服从呢？"所谓"不对的"，就是指陈诚对蒋经国或明或暗的钳制。实际上这种矛盾早在争夺青年军的人事安排上就已经表现得相当明显（青年军刚成立时，蒋经国撇开旧的政工系统，独树一帜，尽量用中央干校的学生充当青年军政工干部，陈诚对此相当不满）。后来当蒋经国在青年军中不断扩大影响，用各种方法，使高级将领走"太子路线"，要把青年军更紧密地直接抓在自己手里时，遇到的钳制就更大。自然在蒋经国要将所控制的"处"改为"局"时，有人表示反对是不足为奇的。而我为了实现预备干部制度是极力主张建立预干局的。在一次由陈诚主持的厅局长会议上讨论成立预干局的问题时，我根据自己从陆军大学起就已开始研究的预备干部制度的心得，针对与会者的不同意见，作了长篇发言。从古今中外的军事制度、各党派对军制的共识到现代战争的特点，全面阐述了实行"文武合一，战时征文为武，平时转武为文"的预备干部制度的优越性和重要性，指出要在现代战争条件下，掌握战争的主动权，达到克敌制胜的目的，就必须实行预备干部制度。要实行预备干部制度，成立预备干部局当然就是很有必要的了。由于我的立论有据，论证有力，使一些原来持反对意见者表示赞成，就是一些仍坚持反对的也提不出反对的理由。因而，成立预备干部局最后成了定论。

会后，我回到办公室，同事们问及讨论情况。我说了一句："诸葛亮是舌战群儒，而我这次是舌战群猪。"当时我年轻气盛，这仅是随口说出的一句戏言。其实参加会议者多为国防部各厅、局长和各军种总司令部的主管。只因我讲得在理，他们才予赞同的。但善于用心计的王升却以为抓住了我的什么把柄，向经国先生告了我一状："贾亦斌鄙视国军高级将领，恐有反意，宜加注意。"好在王升的意见，无人支持，蒋经国也未予介意，不了了之。

预干局成立后，副局长一职由谁来担当呢？蒋经国力保我来担任。这是他经过深思熟虑后的一着。按资历说，当副局长我是不够资格的。预干局要负责全部青年军的人事、编制和训练工作，责任很重，规格较高。青年军的军长、师长多是所谓"资深优秀"的黄埔前期生，级别大都是中将，都是随时可以直接晋见蒋介石的。如二〇一师师长戴之奇原来是陈诚的十八军副军长，二〇二师师长罗泽闿原来是胡宗南的第一战区参谋长，二〇三师师长钟彬和二〇五师师长刘安祺原来分别是七十一军和五十七军的军长。但如任命这一类"资深优秀"的黄埔系军官来担任，蒋经国不能不考虑难以驾驭和不易展开工作的问题，可是任命对军事缺少研究、级别太低的人，又怕各军师长对这样的副局长不放在眼里，无法工作。而我既非黄埔出身，不存在他所顾虑的难以驾驭的问题，又有陆军大学毕业的资格，而且还是国内预备干部制度的首倡者，在抗日战争中又被称为作战勇敢、屡建战功的人，不乏作战的实际经验。也许还有其他一些因素使他感到满意。因此，他最终选中了我。

当蒋经国确定以我为预干局副局长人选之后，急于要找我的履历表，以便上报批准。而我却正巧同几位好友外出春游去了。他见我人不在，急不可待，竟将我办公室窗门敲开，翻窗而入，取走了我的履历表，然后立刻写报告上报。为了怕在陈诚那里通不过，就绕过陈诚，直接向蒋介石当面推荐。得到了蒋介石的同意后，他又请蒋介石直接下达手令任命我为预干局的副局长。

我被任命为预干局副局长后，蒋经国与我在工作上做了明确分工。他告诉我有两件事必须经过他的批准：第一是青年军干部的任免，军官少校营长以上，政工人员上尉连指导员以上，都必须得到他的同意，由他向国防部上报；第二是关于各省市及各大学的复员青年军联谊会，我不必过问，由他直接掌握。除此之外，一切都交给我负责。预备干部局成立后的人事如下：

局　　长：蒋经国

副局长：贾亦斌（后升为代局长）

办公室：主　任　徐思贤

　　　　人事科长　萧昌乐

　　　　文书科长　周振武

　　　　总务科长　黄德芳

　　　　机要科长　楚崧秋

　　　　财务科长　王伯璜

　第一处：处　　长　　郑　果

　　　　　副处长　　杨圣泉（该处负责青年军和预备干部的训练）

　第二处：处　　长　　黎天铎

　　　　　副处长　　江国栋（该处负责政治工作和青年军联谊会）

　　预干局的干部比较年轻，大多是二三十岁的青年；学位也比较高，军事干部都是军官学校、步兵学校或陆军大学毕业，文职干部很多是中央干校研究部毕业的，容易产生优越感。所以我对预干局的管理抓得比较紧，对干部的要求也比较严格。规定每天早晨8点钟上班必须准时到达，到了以后先做早操。我每天总是坚持提前赶到，和大家一起做。为了督促干部学习，还规定每星期六上午，请一些著名教授、专家给干部讲课。所请的人中有张汇文先生，他是中央大学部聘教授，有名的国际法专家。我和张汇文就是这样认识的，解放后我们同在上海民革工作，成了很好的同事和朋友。预干局平时工作很忙，有时晚上还要加班。有一天晚上，有紧急事务要处理，我从家里自己开着吉普车去机关。快到国防部时，那条马路很窄，我脑子里想着别的事情，为了给对面的汽车让路，一不小心，吉普车翻到路边的沟里去了。我的胸部被车子压了一下，人受了轻伤，在医院里住了几天。蒋经国闻讯后，还特地赶到医院来看我。

　　1948年春，我任副局长不到一年，蒋经国为了在台湾的一名青年军师长开小差，提出辞去预干局局长职务。一天，他将我叫到励志社，对我说："领袖的意思，我不当局长了。我想由你当代理局长，并请领袖亲自下手令。"我很惊讶地说："连你都干不了，我还能干得了吗？我更不能当了。"他说："你当好了，军务局（即前侍从室）会支持你的。你有什么问题可以去找军务局长俞济时，还有军务局副秘书长周宏涛也会支持你的工作。万一还不能解决问题的话，你还可以直接来找我。当然，青年军联谊会的事仍旧归我管，其他青年军的事务都由你管。"蒋经国决定保我升任代局长的消息一传出，在蒋经国的留苏同学、赣南亲信、中央干校学生中间，顿时引起强烈反响，他们纷纷起来表示反对。原先提我做副局长时他们就不赞成，现在要做代局长他们更不能接受了。在他们看来：贾某何许人也？与蒋经国毫无渊源关系，竟得到如此的信任，短期内连获破格提升！包括王升等都表示想不通。为了打消他们的思想疑虑，蒋经国亲自出面做解释工作，对他们说："贾亦斌为官多年，官居少将，却身无半点积蓄，极为少见。且贾在抗日战争中参加过诸多重大战役，作战勇敢，几度负伤，将生死置之度外，实为难得的文武兼备的将才。"他又说："中国有两句老话：'文官不要钱，武官不怕死，则天下太平矣！'这两者贾亦斌兼而有之。这种人不用，我还用谁？"王升等人听了无话可说。蒋经国又亲自向蒋介石力保，并由蒋介石下手令任命我为代局长。

我看到木已成舟，又感到其盛情难却，只好答应勉为其难，并希望蒋经国继续关心预干局的工作。后来他对预干局和我的确仍很关心，我记得他有好几次询问我的工作有无困难，还想帮我把代局长的"代"字去掉，并按编制级别晋升中将待遇。我当时看到国民党大势已去，垮台在即，对此索然无味。我更不愿意他为我个人升官费那么大的力气，搞得不好，他又会为此去找蒋介石，弄得满城风雨。经我竭力劝阻，他才作罢。

1947年，国民党政府为了伪装民主，建立所谓的"行宪政府"，在各地举行了"国民代表大会代表"选举，由蒋管区每县选举一名国大代表。出乎我的意外，我被我的家乡——湖北省阳新县提名参加竞选。得知消息后，我特地赶到励志社向蒋经国报告，问他如何处理？蒋毫不经意地回答说："你对政治素来不感兴趣，现在却找到你头上来了。可顺水推舟，看情况发展吧！如真能选上，也是一件好事。"很快，我从家乡来人得知：选举国大代表，不仅先要花很多的钱去买票，而且那些为我助选的人都是要我为他们谋一官半职的。我听后大吃一惊，心想这种政治交易实在太肮脏了，不要说我一文莫名，就是有钱，我也不屑一顾；何况还要满足那些助选者的官瘾，更使我感到恼火。我随即写了一封《告阳新父老兄弟书》，公开宣布退出竞选，终于没有被卷入这个政治旋涡。事后我又告知蒋经国，他像早就料到，又有些无可奈何地苦笑着对我说："我早就知道你对于政治勾当是搞不来的，能够早点退出竞选也好。"

在嘉兴、北平青年军夏令营

　　1947年，抗日战争胜利后爆发的内战进入第二年，国民党军在所发动的全面进攻破产之后，又集中兵力重点进攻陕北和山东。但由于国民党发动的内战违背民心，士气低落，加之战线过长，后方兵力空虚，所以不断被动挨打，损兵折将，逐渐从优势转化为劣势。而一些国民党官吏却醉生梦死，贪污腐化，巧取豪夺，造成国统区物价飞涨，民不聊生。在这种情况下，国统区的群众特别是青年学生忍无可忍，掀起了声势浩大的"反饥饿、反内战、反迫害"的群众运动，对国民党政权形成了猛烈的冲击。但国民党当局仍然执迷不悟，不思反省，却一味归咎于共产党的"煽动"，对国统区学生的爱国民主运动采取高压政策，以各种手段进行镇压。

　　5月20日，南京、上海、杭州、苏州等城市16所专科以上学校学生代表数千人齐集南京，举行联合大游行，向国民党政府请愿，要求增加学生公费和全国教育经费，并提高教职员工待遇。他们高呼"反对饥饿、反对内战"的口号，向南京政府所在地进发。国民党政府出动大批军警予以镇压，造成了震惊全国的"五·二〇"惨案。接着，5月30日，国民党政府又在上海逮捕大批进步学生。上海学生不畏镇压，包围了市政府，手持国民党自己的《六法全书》与当局辩论，质问道："反对饥饿、要求吃饭，犯什么罪？反对内战、主张和平，又犯什么罪？"国民党官员无辞以对。当被捕学生向上海淞沪警备司令宣铁吾提出："宣司令，你说我们都是共产党，你就应该把证据拿出来。拿不出证据，就说明我们不是共产党，你就应该立刻释放我们才对！"宣铁吾拿不出任何证据，理屈词穷，只好回答："兄弟是军人，以服从命令为天职，委员长叫我抓人我就抓，叫我放人我就放。"

"五·二○"运动对青年军也产生了强烈冲击，使其内部出现了分化。事件发生后，各大学的复员青年军学生因观点不同出现了两派。有一部分倾向于国民党，赞成当局的做法，并参加了反对学运的活动；另外一部分则对当局的做法表示不满，对学运予以同情。这两部分学生之间的矛盾不断激化。蒋经国对"五·二○"运动，很伤脑筋。一次我到励志社去找蒋经国，他正在与上海宣铁吾通电话，只听他最后说了一声："打！"就把电话挂了。我马上问他："打什么？"他回答我："你是军人，不懂政治，你不要管。"我心情沉重地对他说："别的事我不管，但如果是打学生，你可要重新考虑考虑。"蒋经国显得很不耐烦，以"算了！算了！不要谈了！"回答我，弄得彼此都不愉快。

"五·二○"学潮发生后不久，大约在6月间，一天蒋经国写了一张字条给我，上面说他决定在北平和嘉兴两地举办"青年军夏令营"。两个营的主任，都由他本人担任，指定由我和胡昌骥（嘉兴青年中学校长）任嘉兴营的副主任；吴啸亚（青年军二○八师师长）和范魁书（二○八师政治部主任）任北平营副主任，并要我立即去嘉兴筹备。

蒋经国在当时那种形势下，决定举办夏令营，其目的是明显的：就是要为国民党政府呐喊助威，对付蓬勃发展的学生运动，并借此考察青年军学生的思想，对青年军内部来一次"整肃"，将不可靠的分子清除出去，使原来忠实于他的学生通过集训对他更加拥护，以缓和和平息青年军内部的矛盾。此时，三青团已处于解散的前夕，原定当年举行的夏令营已全部取消，现在由青年军单独出面举办夏令营，更显得与众不同，引人注目。为了达到上述目的，夏令营从组织编制到活动内容都作了精心安排。

嘉兴夏令营除营主任和副主任外，下设两个组，一是训育组，负责训导和考察等工作。训育组长王升（嘉兴青年中学训育主任），组员有潘振球、江国栋、陈志竞等。一是教务组，负责教务工作安排。教务组长彭灿

（嘉兴青年中学教务主任）。夏令营实行军事编制，分为大、中、区队。大、中、区队长由预干局调配，负责对学员实行军事训练管理。学员来自上海、南京、武汉及浙江、福建、四川等地各大学的复员青年军学生，约一千人。夏令营活动内容多种多样：有大课、小课，有大组、小组讨论，有"乡村调查"和文艺体育活动等等。

——大课有三种：一、营正副主任讲课。蒋经国主讲《一次革命，两面作战》，贾亦斌主讲《论预备干部制度》；二、临时请一些所谓国民党名流如陈立夫、邓文仪等人上时事教育课；三、请上海、杭州等地大学校长来介绍学校情况，以争取他们对复员青年军学生的同情与支持，缓和矛盾。

——讨论分小组大组。先小组然后大组，就所听报告联系自己思想和社会现实展开讨论，最后召开大会交流，由蒋经国和王升等作总结。

夏令营的活动看上去安排得新颖充实、丰富多彩，对外宣传上也声称要"使青年学生过一个集体的愉快暑假"。但其背后往往都隐藏着一个政治目的，即通过各种活动"考察"学员的思想，借此机会实行鉴别。对于思想比较进步的学员来说，这种夏令营的生活很难说有什么愉快而言。

蒋经国在我完成筹备工作之后，就来到了嘉兴，同我住在同一个房子里（他住在里面一间，我住在外面一间）。工余饭后，我们常常随便聊天，从个人生活谈到国家大事，从军队情况谈到官吏贪污腐化，几乎无话不谈。他也谈到了当年赴苏联留学的事。他说他那时很年轻，看到国家受到列强蹂躏，很气愤，很想出去寻求救国之道，他父亲也支持他去苏联见见世面。当时他父亲对孙总理提出"以俄为师"很佩服，也高呼过："我们党的前途端赖'以俄为师'。"在到了莫斯科孙中山大学之后，他很狂热。北伐军进入南京、上海时，留苏学生和苏联人都为之狂欢，但上海"清党"一出，形势完全改观，气氛顿时为之一变，对他形成了极大的压力。在苏联学习、生活期间，他也不能不卷入政治的旋涡，政治的陷害、生理的疾病都几乎使他丢掉了生命。那段留苏生涯使他既感慨又留恋。在谈起"建设新赣南"时，他最为兴奋，说那时的赣南虽然很贫困，但他是自己找上去的。说自己在那里搞了一次很有意义的实验。并对他在那里反对恶势力和禁赌、禁烟、禁娼的成功津津乐道。他的结论是："革命的成败，绝对不是决定于演说或议论，而取决于两个对立力量的生死斗争。"在谈到国民党内官僚的贪污腐化，巧取豪夺，恨不得敛聚天下财富于一身，不顾百姓死活的恶劣行为，他几乎到了咬牙切齿的地步，说国家败就败在这些人手里。对"军统"、"中统"的横行不法，也怨恨满怀。他认为今天社会的动乱根源，既有共产党的煽动，但更主要的是国民党派系林立，互相倾轧，对有些事处置失当，大小官僚又贪污腐化，以致丧失民心。说他之所以提出"一次革命，两面作战"的理论，既反对共产党，也反对国民党内的贪官污吏即源出于此。还说如果国民党内的贪污腐败不除，即使没有共产党的煽动，也会有别的什么政党起来反对，也会自我毁灭的。他把"一次革命，两面作战"的希望寄托于青年军。在当时，他这种标榜既非共产党路线，也非国民党路线的"第三条路线"，的确在青年军中颇有市场。对反对国民党内种种腐败现象，我和他是有同感的，一谈起来，几近发牢骚，充满愤慨、不满情绪。

在夏令营期间，多数活动蒋经国均亲自参加，或作大报告，或听取汇报，或参加小组讨论，或带领学员到乡间搞调查，或早操时带领学员一同跑步，可以说事必躬亲。在生活上，他同学员打成一片：同在一个大饭厅和学员吃一样的饭菜；晚上还要搞夜间紧急集合一同操练；如遇天气凉爽，还去学员宿舍为学员盖上被单。特别有一次，他以营主任名义邀请一些60岁以上的老人到营里来开敬老会，博得了许多人的好感。

对蒋经国的这套做法，有人说他"师承共产党"，也有人说他"收买人心"。而我当时对此却有好感，认为不管怎么说他这么做总远比那些养尊处优的国民党官僚强得多，与贪污腐化的官僚更是不可同日而语，倘使国民党中做官的特别是大官僚都能如蒋经国那样，也许不致于会把国家弄到这般境地。至于说他"师承共产党"，我心里想这岂不等于说共产党名师出了高徒，没有什么不好。只是我没有说出口来就是了。

嘉兴夏令营从7月初开始至9月初结束，为时约两个月。在此期间蒋经国主要做了三件事：一是以"一次革命，两面作战"为口号和行动纲领，标榜非共非国的中间路线，以争取青年人；二是成立青年军联谊会，他自任会长。各省市和各大学凡有复员青年军者设分会或小组，以加强对青年军的控制，镇压进步学生运动。三是对复员青年军学生中有倾向于共产党和"民盟"观点的加以"整肃"，甚至开除出去。在夏令营结束那天晚上，举行了一次通宵狂欢大会，称作"不夜天"，上海一些"影星"、"歌后"也应邀出席"献艺"，看来蒋经国对嘉兴夏令营举办结果是满意的。

蒋经国还兼北平夏令营主任，但他没有去，全权交由副主任吴啸亚、范魁书代理。大约在8月中旬的一个深夜，我睡着了，他把我喊醒，小声对我说："北平夏令营青年军和三青团之间矛盾很大，闹得无法上课。不知为什么。请你以讲学名义去走一趟，设法解决他们的矛盾，至于这个营的正副主任职务仍然不变，继续由吴、范两人负责。"我当即答应照办。

第三天，我由上海乘飞机到了北平，向两位副主任传达了蒋经国的指示精神。然后分别了解发生矛盾的双方情况，随即召集双方再开大会辩论，要求他们双方把问题摆到桌面上来说清楚。我坐在台下静听，结果发现他们之间的矛盾，表面上是由于发毛毯给青年军学员而没有给三青团学员引起的，实际上政治倾向不同是发生矛盾的焦点。青年军和三青团中有一部分人倾向进步，他们能独立思考问题，敢于发表不同意见，对国民党政府不满，大发牢骚，活动能力也强，特别是北大、清华来的学生受进步思想影响更大。但另一部分人，虽占多数但很保守，死抱着国民党正统观点不放，人云亦云，盲从性较大。听了双方代表发言后，大家高声嚷叫，要我上台讲话。我上台后，简单讲了几句话："双方代表的意见我和大家都已听清楚了，你们觉得哪方的意见对，就接受，还可以继续保留自己的意见，但要立即复课。你们如果问我赞成哪一方的意见，我是赞成张道德等（即进步一方）的意见的。"我这句话音刚落，竟获得全场热烈的鼓掌。因为我赞成进步同学的意见，进步同学当然满意，而保守的同学也不敢反对蒋经国派来的代表。至于发毛毯之事，我说："发完为止，如果不够的话，则应先人后己，都以谦让为好。"他们对我这个意见也表示赞同。事后我还分别找了一些人个别谈话，并与他们一起游玉泉山，问题就此解决了。

夏令营即将顺利结束，我准备回南京。在我临行前，北平夏令营训育组长李中（蒋经国的亲信学生）托我带封亲启信给蒋经国。我知道国民党有些人就爱打小报告，而我又讲了不少不满意国民党的话，说不定信中就有告我状的内容。于是我问他："你信内写了些什么？"开始他支支吾吾不肯直说。我说："你托我带信，又不肯告诉我内容，那是不信任我，我也不带了。"说着要把信还给他。他只得向我直说了："其中有几个青年军有思想问题，有亲共倾向。"我问有谁，他结结巴巴说出张道德等数人的名字。我说："张道德和你点名的几个人同我都有过接触，分别谈过话，我觉得他们还不错，只是心直口快，发点牢骚而已。"于是我特意提醒张道德等人注意，并准备回京向蒋经国说明实情。

我回到南京以后，看到有三个复员青年军学生被扣押在国防部。经过我了解，他们是上海暨南大学的学生黄开、戴新民、郑华山，都是与"五·二〇"事件有关，在嘉兴夏令营受训时被捕的。因为他们不满现实，发了牢骚，被认为是共产党。实际上根本拿不出任何证据，显系随意捕来的。再根据我在北平夏令营所了解的情况，我向蒋经国汇报时，就说："北平夏令营的矛盾解决了，其实不是什么青年军和三青团学员之间的矛盾，而是进步学生与保守学生之间的矛盾，依我看如果这样搞下去，国民党非亡不可。"蒋经国听我这么一说，猛然一怔，问我："为什么？"我说："国民党用人是'喂猪驱虎'政策，用钱是'肥强瘦良'的政策。凡能干的人，只要对国民党不满，发点牢骚，就认为是共产党，或者是民盟，把他们看成老虎，驱赶出去。只要口头上反对共产党，不管是庸人，都看作忠贞之士，升官发财，喂的都是猪。这不是'喂猪驱虎'是什么？"他眼睛紧盯着我，我继续说："用钱的政策，凡是奉公守法的好人，个个穷得要命，骨瘦如柴。那横行霸道的贪官污吏、大贾富商却个个肥得要命。这不是'肥强瘦良'是什么？实行这样的政策，非亡国不可！你对国民党满意呀？我对国民党满意呀？你、我都常发牢骚。如果发牢骚的就是共产党，那么你、我岂不都是共产党了吗？我们这里关押的黄开等三个暨南大学的学生都很年轻，只是对现实有点不满，发了牢骚，就把他们关押起来，很不应该呀！应赶快放掉！"蒋经国听了我这番话不住地点头，连声说："你写，你写，把它送到领袖那里去。"于是我就将自己的意见照写了，交给蒋经国送上去。不久，黄开、戴新民、郑华山三人也就由蒋经国下令放了。

与美军顾问团的争执

美国是第二次世界大战的最大受益者，在战争中它的实力得到了极大发展，成为空前的超级大国，它对外扩张的欲望也因此大为膨胀，企图由它出面来"领导世界"。抗战胜利以后，美国出于与苏联争夺世界霸权的全球战略考虑，在中国采取了扶植蒋介石国民党政府的政策。它派出飞机军舰将50万国民党军队，分别运往华东、华北和东北，抢占战略要地，并向国民党军队提供了大量的武器装备。在随后进行的国共谈判中，美国以调停者的面目出现，对国民党一方采取偏袒的态度，使国民党有恃无恐，在和谈的掩护下发动进攻，最终导致谈判破裂。全面内战爆发后，美国更加明目张胆地干涉中国内政，公开扶蒋反共，不仅出钱出枪，并且派遣军事顾问，帮助国民党打内战。为此，美国通过了《军事援华方案》，成立了以巴大维为首的美国军事援华顾问团，以训练、指导国民党军队。在南京的美国军事顾问趾高气扬，到处发号施令，俨然成了太上皇。

然而，蒋经国与美国的关系却相当紧张。蒋经国个性倔强，办事我行我素，不肯人云亦云，青年时代又曾在苏联生活过，参加过共青团，还娶了苏联妻子，那一段生活经历对他影响很大。蒋经国回国后，在自己的活动中，总是有意无意、或多或少地模仿苏联的方式，这使他与一般的国民党官僚比较起来，总显得与众不同。因而在美国看来，蒋经国比较难以控制，不可相信。所以，美国对蒋经国势力的发展，始终抱着猜忌和怀疑的态度，这特别明显地表现在对青年军的歧视上。青年军成立时，蒋介石为了鼓励青年从军，给了青年军比较特殊的地位和较高的待遇。蒋经国为了树立自己的影响，又大抓青年军的政治工作，以此控制青年军，使青年军成为名副其实的"太子军"。但美国认为蒋经国所搞的一套是从苏联学来的，对此或明或暗地加以指责，并在装备青年军问题上予以多方刁难。抗战结束前，美国原本计划装备包括青年军在内的国民党军60个师，组成士兵文化技术水平较高的远征军，开赴印缅反击日军。由于青年军是受蒋经国控制的部队，美国就宁肯以先进武器装备国民党的一般部队也不肯给青年军，并且散布舆论称青年军是与"国大代"和"军官总"并列的中国"三害"之一。此举使蒋经国极为恼火，但又无可奈何。

不仅如此，美国还采取分化政策，扶植毕业于美国西点军校的孙立人来压制蒋经国，制造了所谓的"洋太子（孙立人）与土太子（蒋经国）之争"。蒋经国与孙立人的矛盾到1948年已经相当严重。是年3月，青年军第二〇六师在洛阳被歼灭，师长邱行湘被俘。为了鼓舞青年军的士气，蒋介石决定立即重建该师，师长人选尚未决定。孙立人趁蒋经国在外出差的机会，直接向蒋介石推荐自己的亲信部属唐守治（黄埔五期）担任，得到了蒋介石的批准。蒋经国回来之后发现唐任师长一事木已成舟，无法改变，很不高兴。他立刻找我询问："谁让唐守治来当师长的？"我回答："我不知道是谁推荐的，是由领袖（指蒋介石）亲自下手令任命的。"当他后来得知是孙立人保荐的之后，更为不满，对我说："从今以后，二〇六师的事，我们预干局一概不管，要钱、要枪，概不负责。"蒋介石也看出了美国扶植孙立人的用心，并对此有所提防。在第二次世界大战期间，艾森豪威尔和马歇尔未经中国方面同意，就邀请孙立人（孙在美国留学时期曾与他们同学）去欧洲战场观战三个月。蒋介石很不高兴，孙回来后，蒋曾予以严厉训斥，并问他："你究竟是我的部下，还是美国人的部下？"因而迟迟不肯重用孙立人。只是由于蒋介石要依赖美国，最后才让孙当了新三十八师师长和新一军军长，赴缅甸指挥对日作战。后来任命孙立人为陆军副总司令也是出于同一原因，并非心甘情愿。

甚至蒋经国本人也受过美国的气。1944年初，蒋经国受父命自行驱车去坐落在重庆复兴关的美军大楼，找美国空军志愿援华大队（飞虎队）陈纳德通报情况。门口的美军哨兵见其是中国人，就不让进去，双方发生争执。美国哨兵不问情由蛮不讲理，一拳打来，大有非把他打倒之势。好在蒋经国学过少林武术，反倒使那个哨兵跌了个仰面朝天，后来被人劝开。由于这种种原因，蒋经国对美国顾问的态度极为冷淡。当时，美国在南京政府设有军事顾问团，有的给参谋总长做顾问，有的派到国防部各厅、局做顾问。预干局也配备有两名美国顾问，一位是贝乐上校，他与我的个人关系不错，我写的《论预备干部制度》一书中，关于美国预备干部制度的情况，有许多资料就是他提供的；还有一位是罗伯特中校。他们两人经常上预干局来了解情况，但蒋经国平时根本不愿见他们。有一天，蒋经国来预干局，碰巧那两个美国顾问也在，堵在办公室门口一定要见蒋经国。蒋正在和我谈话，见此情况，马上对我说："亦斌兄，你去敷衍敷衍！"我只好出来会见两位美国顾问，说蒋经国现在有紧急事情要处理，实在没有空，用这种办法把他们对付走了。这件事给我的印象很深，它说明蒋经国对美国顾问没有什么好感，且存有戒心。

虽然我与有的美国顾问保持着较好的个人关系，但对美国干涉中国内政、支持蒋介石打内战的政策是历来反对的。美国在国民党军队内部拉一派打一派、压制蒋经国、歧视青年军的做法，更使我反感。我始终认为，中国的事情应当由中国人来管，美国有什么权力以主人自居，对中国人和中国的事情指手画脚、发号施令？如果美国以为仅凭财大气粗就可以做太上皇，使中国人俯首帖耳，那他们就完全错了。在这种思想感情支配下，我很快同美军顾问团发生了一次正面冲突。

1947年9月，在南京召开了由美军顾问团参谋长柏宁克准将主持的"中美军事联席会议"。参谋次长林蔚、陆军副总司令余汉谋、孙立人及国防部六个厅的厅长等均出席了会议。国防部所属八个局的局长列席，我也应邀列席。会上，柏宁克与国民党国防部的某些人预谋，提出了一个所谓"议案"。其主要内容为：一、取消青年军作为培训预备军官的训练计划，将其全部调往前线同解放军作战；二、将青年军待遇降低到与一般部队的同等水平。对这一议案，林蔚、余汉谋等人均当即表示同意。而我认为这是使内战升级、把青年军充当炮灰的阴谋，也是美国人一贯钳制蒋经国和青年军的意图的又一表露。而且如此重大的事情，他们事先并没有同主管青年军事务的预备干部局作任何商量，贸然在这样的会议上由美国人提出这样的议案，本身就是荒唐的。因此，我当即站起来表示坚决反对。柏宁克一贯傲慢自大，从来没有把中国军人放在眼里，又见只有我一个人敢于表示反对，即大光其火，竟当场打断我的发言，声称我是列席代表没有发言的资格。我当即予以严词驳斥："讨论中国的事，我们作为中国人当然就有发言权，而且我们中国人对中国的事比美国人更了解，自然更有发言权。我不能容忍外国人如此干涉中国的内政！"也许这个美国佬认为在中国不管谁，包括中国的将领都得听他的，现在竟然遭到中国人的顶撞，气得他连连吼叫："NO！NO！"大有非把我压下去不可之势。这时会场上气氛骤然紧张，许多双眼睛都盯着我，从不同的眼神可以看出：有的人在担心我会被他压倒；有的认为我对这位"美国老大哥"不该如此；更多的人在为我担心，不知如何收拾局面。我当时义愤填膺，认为他不仅是对我个人的无礼，而且是对我们中国人的无礼。是可忍，孰不可忍！我决定豁出去了，无论如何要为中国人出口气！于是他喊我也喊，他喉咙粗我比他更粗，他嗓门高我比他更高，彼此大吵大闹起来。结果议案也讨论不成了，柏宁克只好悻悻然宣布："散会！散会！"我说："散会就散会！"拿起皮包头也不回，大步走出会场。

走出会场后，孙立人迎面向我走来，紧紧握着我的手说："亦斌兄，你今天总算为我们中国人出了一口气啊！"由此可见，孙立人虽然为美国军方所青睐，但他和其他许多中国军官一样，平时也受了不少美国人的闷气，对美国人傲慢自大、不把中国人放在眼里心怀不满，只是不敢轻易表示。我今天的抗争确实得到了包括他在内的大多数在场中国军官的支持和同情。

会后，我立刻就这次会议发生之事写了一封信给蒋经国。信中除了告诉他我与柏宁克发生争执的经过之外，还倾诉了自己满腹忧虑和不平之气。我指出："中国人长期受尽了日本人的气。经过八年抗战，牺牲了无

数同胞，好不容易刚刚把日本鬼子打垮，取得抗日战争的胜利，却不料'前门驱虎，后门进狼'，又受美国人的气。我确实难以忍受了。"蒋经国很快给了我回信，不仅毫无责备之辞，反而流露出赞赏之意。在信的结尾他充满感情，意味深长地写道："岁寒而后知松柏之后凋，今日岁已寒矣！"表明他已深感内忧外患之严重，鼓励我像苍松翠柏一样，傲霜雪，斗严寒，坚持到底，对我寄予了无限的希望。

查办杭州青中贪污案

　　杭州青年中学是1946年第一期青年军复员时，在全国设立的七所青年中学之一，全称为国防部预备干部局特设杭州青年中学。学生皆是青年军第二〇九师的复员士兵。校址设在杭州市净慈寺、柳浪闻莺处。

　　这所中学的第一任校长袁侠民曾因贪污学生给养，被学生轰下了台。由蒋经国另派吴宝华（中央干校一期学生）接任校长。吴接任校长之初，聘用了一些水平较高的教师，如许钦文（鲁迅的学生）等来校任教，学生还比较满意。但他自恃蒋经国对他很信任，在校内独断专行，作风粗暴。学生提出意见，反映伙食质量下降，饭里沙子很多，不堪下口。他视而不见，听而不闻，反而一口咬定学生中有坏人煽动，扬言要进行清查，伺机报复，造成校方与学生矛盾的尖锐化。1947年秋，学生揭发他有贪污行为，大闹起来，在校内外张贴标语，甚至上街游行，一时弄得满城风雨。

　　这一事件，分别由校长和学生报告到预干局。吴校长认为杭州青年中学的学潮和社会上浙江大学的学生运动有关，背后有人煽动，要求开除为首闹事的几名学生，以示惩罚。而学生则揭发、控告吴校长贪赃枉法，坚决要求撤换校长。双方各执一词，针锋相对。蒋经国得知消息后派我前去查处，他对我说："你立刻去调查处理，学生闹学潮，随便赶校长，这还了得！"虽未明言，但他同情校长，认为咎在学生的态度很明显。

　　我到了杭州青年中学之后，先组织力量清查了账目，发现吴校长有贪污行为，证据确凿。随后我又分别召开学生代表和教职员代表座谈会，听取各方面的意见。学生纷纷指出：同样的伙食标准，为什么这几天上级来调查了，伙食就变得好了？前个时期，我们吃的是什么？务请彻查！学生们还端出一碗保存了几天已发了霉的饭来，气愤地说："请看看这是什么饭！"我发现饭中确有不少沙子和石子。学生还说：应发的蚊帐为什么不发？提出了一连串的问题。教职员慑于校长的压力，比较沉闷，不敢揭发，但倾向同情学生。

特别在一次学生骨干座谈会上，学生谈得很激愤。有的说："蒋局长去年来我们学校号召我们要'一次革命，两面作战'，既反对共产党，也反对国民党的贪污腐化。现在我们响应蒋局长的号召，反对我们学校的校长贪污，竟被指责为'有意煽动闹事'，这不是与蒋局长的指示背道而驰吗！"有的说："前校长袁侠民贪污，证据确凿，为什么不将对袁校长的处理结果告诉我们学生，而让他一走了之？"有的说："吴校长这几天穿着少将制服，对学生大显威风。照理官职越高越要模范地按蒋局长指示办事，为官清廉才对。'物必自腐，而后虫生。'自己内部的贪污问题，都不能好好解决，我们还有什么资格去让老百姓相信我们啊？"还有的说："蒋局长在赣南大反贪官污吏、土豪劣绅，老百姓尊敬他；如果今天他仍然支持我们反对贪污，同样会受到我们的尊敬……"学生们一个个争先恐后，抢着发言，有理有据。在我所接触到的学生中，无一例外地反对校长贪污，众口一词，可见人心所向，根本不像有什么人从中煽动。我对杭州青中学潮的原因及其是非曲直有了一个明确的认识。

我回到南京之后，将调查结果向蒋经国作了全面汇报。指出："查账证明吴宝华校长确有贪污行为。校长贪污，学生才起来闹事。因此，我认为不仅不应该开除闹事的学生，相反地贪污的校长一定要撤职，这样才能说服学生，收拾局面。"蒋经国听了我的汇报完全为学生一方说话，很不高兴，马上对我说："不行！学生一闹事，要撤换校长就撤换，那秩序还怎么维持呢？带头闹事的学生绝不能留！"我当即予以反驳："校长贪污，你不开除，却反而要开除为反对贪污而闹事的学生，完全没有道理！这样倒因为果的做法，后果不堪设想。我们天天喊反贪污，反腐败，结果是你的学生贪了污，你却不反了，说得过去吗？我们应当是重法而不徇私情，不正己何以正人？我是不同意开除学生的，现在只有两个办法：一是撤吴校长的职；一是撤我的职！否则我何以向学生作交代！"他见我说得在理，而态度又那么坚决，最后只得接受了我的意见。他不无勉强地对我说："好吧！我把吴宝华调走。"结果他将吴宝华降为中校，调到预干局当中校视导员，另行委派潘振球担任校长。开除为首闹事的学生一事，也就作罢了。

在处理杭州青中事件上，尽管蒋经国终于听从了我的意见，但可以看出他在处理贪污问题上是有局限性的，有时甚至是自相矛盾的。从我与他交往几年来，我发现他本人确实同许多国民党官员不同。他不贪污，穿着、饮食、居住同普通官员差不多，自律较严。但他在对部下贪污问题的处理上，却有时严，有时宽。他在赣南和以后都曾雷厉风行地严厉打击过贪污，有些贪污罪犯，甚至被他毫不留情地枪毙。因此，一些犯有贪污罪的人很怕落入蒋经国之手，或一有风吹草动就逃之夭夭。但蒋经国有时却很讲人情。他有一个学生叫伍瑞云，因挪用公款做生意、走私，被国防部军法局逮捕，决定判处死刑。在征询他的意见时，他心情十分矛盾，最后勉强表态说："是我没有教育好，他背叛了我，按国法办事吧。"在执行死刑以后，他竟坐在办公室里凄然泪下，然后又关照中央干校校友会的萧涛英和徐贵庠、江国栋等人买棺安葬，还给了死者妻子一笔钱，叫她回乡好好安顿生活。在对杭州青中校长吴宝华贪污问题的处理上，也表现出很浓的感情色彩。

考虑到蒋经国已具有较高的地位和握有较大的权力，他在用人问题上过于感情用事将会造成严重的恶果，我觉得作为一个部下和朋友，应该就此问题向他提出一些建议和忠告。于是我给他写了一封长信，郑重向他提出了关于敢于用人、善于用人所要特别注意的四个"不"。

——贪求升官发财者，不能用。

自古以来，贪官污吏为社会一大祸害。先总理孙中山倡导

"要做大事，不做大官"，"为民公仆"，即欲铲除此害。你提出"要做官的，莫进来；要发财的，请出去"，也是这个意思。当今为官者，以权谋私，贪污受贿，敲诈勒索，搜刮民脂民膏者多，致使国力消耗日殆，民怨不断上升，亡国危机日促。故贪官不除，国无宁日。故我郑重建议：为官必须清廉，贪官必须清除出去。这是用人首须考虑的问题。

——对上谄媚，对下欺压者，不可用。

"以古为镜，可以见兴替；以人为镜，可以知得失。"历来昏君，爱谄谀，喜逢迎，小人趁机而入，对当道者形成包围圈，沉湎于酒色淫乐，耳目闭塞，不闻民间疾苦与社会弊病，最终导致杀身亡国，教训甚为惨痛。今日谄媚者、逢迎者比比皆是，瞒上欺下，招摇于官场，得势于高层，令人担忧，不迅予纠正，前途危殆矣。

——只图个人享乐，不顾他人死活者，不可重用。

当此国家贫困、民生凋敝之日，上层却盛行享乐之风。有的人活着只图花天酒地，声色犬马，极尽享乐之能事，对国家兴衰、人民疾苦全然不顾，拔一毛以利天下而不为。这种人越多，对社会危害则越大，它是腐败的重要根源，并造成"朱门酒肉臭，路有冻死骨"的社会两极分化现象，导致社会的动乱。切不可让这种人官运亨通。

——目光短浅、谨小慎微者，不宜多用。

这种人往往胸襟狭窄，缺乏进取心，容易跟在别人后面，墨守成规，亦步亦趋，不可能有大的作为。这种人用多了，只能使事业停滞不前。相反，如多用目光远大，有理想、有抱负，敢于提出不同意见的人，则可以充分发挥人的聪明才智，避免"偏听则暗"的结果，吸引众多智勇之士，形成群贤汇集的局面。

我的意见是针对当时的社会风气和蒋经国在用人问题上的某些偏向

而写的，蒋经国读后似有所触动，并啧啧称赞。我希望他会认真思考，予以采纳，但当时国民党及其政权早已是日薄西山，暮气沉沉，在这种情况下，蒋经国个人能有多大的作为，我不敢抱过高的奢望。

台湾之行

1948年初，驻台湾凤山的青年军第三十七军（由青年军第二〇五师扩编而成），发生了两件大事情。一是军长刘某某（原二〇五师师长，黄埔四期）被人控告走私，而刘自我辩护系为改善部队生活待遇所为；但当蒋介石决定要抓他时，刘接到一封电报通风报信，即迅速逃往香港隐藏起来。蒋介石大为恼火，下令一定要查清此案。二是三十七军新任军长廖慷（广东人，黄埔五期）赴台接任时，遭到该军不少军官的抵制，无法上任，形成僵局。

为此，蒋经国决定派我赴台湾处理以上问题。他将我找到励志社亲自向我交代任务：第一，查清给刘某某通风报信的电报来源；第二，促使廖慷顺利接任。

我在接受任务的第二天，即从南京乘飞机抵达台北。我首先拜会了台湾省保安司令彭孟辑（湖北人，黄埔五期）。彭与我是同乡，且三十七军又属他指挥，我向他通报了赴台肩负的两项任务，取得了他的支持与协助。

抵台后我的第一项工作，是到台北电报局查明泄密电报底稿。一查方知电报系曹圣芬所发。曹是蒋介石的侍从秘书，每天不离蒋介石左右，此种机密，除随身秘书外，他人不易得知。且曹与刘为湖南益阳同乡又是表兄弟，关系密切。电报用语"母亲病重，速归"经查纯属虚构之事，因此曹发此电报以密语向刘通风报信，可肯定无疑。但此事却使我感到相当棘手，因曹系蒋介石贴身秘书，如何汇报？蒋介石提出要追查，结果却又查到他自己身边去了。不过好在事实既已查明，我也不难向蒋经国交代了。

我的第二项工作即促成廖慷顺利接任军长一事，解决也比较顺利。我先到凤山三十七军军部驻地，召集该军师长以上军官开会听取意见。他们很坦率地说："廖慷与青年军没有关系，是杜聿明系统的人，所以我们不同意他出任三十七军军长。"在听取意见之后，我感到要解决问题还是以个别交谈为好。于是在会上，我未作具体说明，就宣布散会。会后，我以视察为名，秘而不宣地分别进行工作。先到台中找了该军师长邓文僖，向他转达了蒋经国的话，并说明任命廖慷为军长是蒋介石下的命令。邓的思想通了以后，我再分别找其他各师师长，同样加以传达和说明；还到各师师部及各团，从上而下，区别对象，逐级分别做工作，目的是避免让士兵知道新军长不能及时上任的原因而产生不良影响。通过这样自上而下的疏通工作，廖慷上任的问题也就解决了。

廖慷上任以后，很是高兴，亲自陪同我在台北、基隆、台中、台南、高雄等处参观访问，并游览了阿里山、日月潭等名胜古迹。在日月潭我们度过了一个晚上，两人开怀畅谈，颇为投机。我向他了解在河南与解放军作战的情况及其感想。他说："这个仗根本无望，士兵都不愿意打。"我问他是什么原因，他说："有的士兵看到共军占领的地方，也到处挂有孙中山的像，就说：'共产党对孙总理也很尊敬，我们还打什么仗呀？'"从他的谈话中，我了解到前线的国民党士兵也同我一样厌恶打内战。

我在台湾历时三周，完成了两项任务后就乘机返回南京。见了蒋经国，我向他如实作了汇报，在说到给刘通风报信的电报时，我只说据查是由总统府发去的，没有直接点曹圣芬的名。他反问了一句："电报你看是由谁打去的？"没等我回答，他又心领神会地自言自语："喔！我知道了！"蒋经国知道曹圣芬是他父亲的近臣，关系密切，追查不会有什么结果，只会使其父亲和自己处境难堪，所以没再追问。我还把廖慷对我所说士兵不愿意打仗的话，一句不漏地向他作了反映。看来蒋经国对此情况也有所了解，因此只是叹气不语，但他对我顺利促成廖慷上任的工作还是满意的。

　　三十七军军长因走私而畏罪潜逃一案，经军事法庭审查，查出乃系该军参谋长彭启超和政治部副主任伍瑞云（中央干校学生）与军长互相勾结所为，最后由军事法庭判处彭、伍死刑。蒋经国对此案感到难以交代。在他所管辖的青年军中一位高级将领畏罪潜逃，而其参谋长和自己的学生也共同贪污，实在不太光彩，于是他向蒋介石提出辞去预干局局长的职务，并建议由我担任代局长。

　　台湾之行是我终身难忘的一次旅行，我从亲身经历中认识到台湾的富饶美丽，及它与祖国大陆不可分离的密切关系，更增加了我对"祖国宝岛"台湾的热爱。但另一方面，通过此次清查案件，也更增添了我的忧虑。我感到国民党政权贪污腐败成风，查不胜查，像一个患了痼疾之人，病入膏肓，无可救药了。

反对成立"铁血救国会"

1948年春，蒋介石发动的反共内战败局已定。国民党军在东北、华北战场完全处于劣势，江淮战场也是危机四伏；更为严重的是蒋介石的部下和亲信也开始众叛亲离。对此蒋介石焦虑不安，经常发怒骂人，他把唯一的希望寄托在爱子蒋经国身上，希望以他为核心，重新纠集力量，建立一个新的秘密组织，发挥控制和指挥的作用。他亲自给蒋经国下达手谕："着即成立一个能行动有力量组织严密的青年组织"。蒋经国临危受命，自知意义非同寻常。他平时爱读《俾斯麦传》，很想效法普鲁士宰相俾斯麦，用铁和血的手段，克服危机，挽救蒋家王朝摇摇欲坠的命运。为此，蒋经国召集亲信江国栋、王升等人开会研究，决定成立"铁血救国会"（代号社会问题座谈会）和"中正学社"（代号青年问题座谈会）两个秘密组织，作为核心领导机构。这些情况，我都是事后逐步知道的。

1948年4月中旬，蒋经国亲自打电话通知我，要我第二天（星期六）下午2时到黄埔路励志中学参加重要会议，但并未说明会议的内容。第二天，我准时抵达励志中学，校园里显得特别冷清，每个路口都有专人指路，显得很神秘。会场设在高二教室，布置得森严肃穆，正中挂着蒋介石的像，每个人座位上放着一份油印的《铁血救国会章程》和《誓词》。出席会议的有胡轨、王升、李焕、江国栋、方庆延、萧涛英、许功锐等30多人。其中多数是中央干校第一、二期学生，少数为蒋留苏同学和赣南时期的骨干。相比之下，我显得像是局外人。大家的脸上表情都很严肃，似乎都在等待一个重大事件的发生。我一见到这种场面，自然感到不同寻常，知道要成立秘密核心组织，我陷入了沉思。蒋经国特意通知我参加这样的会议，自然是表示他对我的特殊信任，在别人也许会感恩戴德。但我想起平日蒋经国经常与我谈到国民党内形形色色的小组织太多，派系林立，相互倾轧，钩心斗角，造成分裂的现象，他对这种小组织极为反感。我也与他有同感，认为国民党之所以纪律涣散、四分五裂，同这些小组织的存在和相互倾轧有重要关系。我看到一些失势了的小组织成员惶惶然如丧家之犬，有的到处奔走投靠新主子，有的沦落为无人理睬的"政治寡妇"，可恨可叹而又可怜。蒋经国今天为什么要重蹈覆辙呢？难道教训还不够深刻吗？

正当我在沉思之时，突然听到有人喊道："教育长到！"（蒋经国曾任中央干校教育长，中央干校学生一直这样称呼他）所有与会者都起立热烈鼓掌欢迎。蒋当时住在励志社二楼二号，励志社与励志中学，各有大门，内部却是相通的。他从住处到会场只需要一二分钟。蒋经国和平时一样，穿着一套半新的中山装，但很精神。一进会场，他显得分外高兴，客气地招呼大家坐下，旋即登上讲台，对大家发表了基调阴郁但又饱含激情的讲话：

"亲爱的同志们：你们都是我一直最信任、最肯干、最忠诚于领袖和三民主义伟大事业的骨干。值此革命大业面临存亡绝续的关头，生死搏斗的时刻，这正是考验每个人的灵魂和良知的时候。我希望大家成为疾风劲草和中流砥柱，要永远忠于三民主义，忠于领袖；要做孤臣孽子，坚决执行校长的政策和指示，不成功便成仁，至死不渝……当前国民党内部腐化，共产党恶化，都不能成功，我们主张'一次革命、两面作战'，既反对共产党的恶化，也反对国民党的腐化，两大革命毕其功于一役……"

接着他又说："为了完成这个伟大使命，就必须发展第三种势力，今天成立'铁血救国会'，就是以此作为领导反共的核心组织。你们各位都是这个组织的成员，所负的任务既光荣而又艰巨，大家务必努力奋斗！"

他讲完话之后，征询大家的意见，特别点名要我和胡轨发言。胡轨是黄埔四期毕业生，蒋介石的忠实门徒，当时是"戡建总队"中将总队长，与我一起被称之为蒋经国的左右手。在蒋点到我名之后，我沉思了一会就说："如果照我的想法，我不赞成成立这个组织。试看今天国民党内许多小组织，有几个是好的？它们之间你争我夺，钩心斗角，名声不佳。今天我们也成立这样的小组织，弄得不好，成事不足，败事有余，使一些纯洁的青年成为'政治寡妇'！"蒋经国听了我的这番话，脸上顿时通红，虽未加反驳，但看得出来他对我的发言相当不满。接着他要胡轨发言。胡则持折中主义态度，他说："经国兄讲得很有道理，我赞同；亦斌兄所说也值得我们思考，其他我也讲不出什么了。"其他人则纷纷对蒋的讲话表示坚决拥护，对我的发言均回避一字不提，算是"一致"通过了蒋经国成立"铁血救国会"的建议。接着，举行了宣誓。蒋经国自己担任领誓人，他举起右手，要大家起立跟着他一起宣誓：

"余以至诚，忠于三民主义革命事业，坚决拥护校长的反共救国政策，服从组织，服从命令，保守机密，如有泄露违反，甘受最严厉之制裁……永矢不渝，此誓！"

在宣誓时，我虽不得不与大家一起起立，但内心更加反感，觉得这完全是在走"复兴社"等反共秘密小集团的老路，逆历史潮流而动，绝不能吸引广大青年，断然没有前途。所以听着听着，我即把誓词捏成一团，塞在裤袋里，散会后走出会场，我就把它撕成碎片扔了。从此以后，他们再也没有来找过我，而我也根本不屑于过问这个秘密组织的事。

30多年后，我才从方庆延（安徽人，"铁血救国会"负责人之一）处得知，那次成立大会散会之后还发生了一个小插曲。会后，王升、江国栋等人在清点"申请书"和"誓词"时，发现"誓词"少了一张，意味着其中必有人违反纪律将其带走了，在这一秘密组织成立时就出现这种情况，是绝对不能允许的。他们分析有嫌疑的人，但由于誓词并未填写姓名，所以很难肯定是谁拿走的。王升断定是我，要去追赶搜查，江国栋和方庆延等都不赞成，认为这样做后果不好，想来想去只得作罢。但这件事却使蒋经国对我产生了疑虑，从此他对我一直采取明亲暗疏的办法，指示所有"铁血救国会"的活动，都有意避开我，还要王升和江国栋等开始对我进行暗中监视。[①]这些情况我当时都一无所知。

1948年夏，蒋经国在嘉兴以青年军联谊会的名义，组织了一个"浙东暑期服务队"，其负责人有俞季虞、徐季元、许功锐、陈志竞等。由上海、南京、浙江等大学调来100多名青年军学生参加，他们均为各地青年军联谊会负责人。由于这次活动由青年军联谊会主办，所以我没有过问。以后我因其他公务到嘉兴出差，他们就临时请我去讲课。我讲的题目是"预备干部制度的理论与实践"，在讲课中，我针对当时的形势，强调要立于不败之地，首先要自己站得正，不腐化、不贪污才行，并对国民党内的腐败现象进行了猛烈抨击，博得了一阵阵掌声。后来我才知道，蒋经国办这个"暑期服务队"的实际目的，也是为"铁血救国会"培训干部和发展组织。

在"铁血救国会"成立后不久，蒋经国又成立了他的秘密核心领导组织"中正学社"，以江国栋、王升、李焕和方庆延等人负责。王升把它叫做"希特勒的智囊团"，蒋经国对之大为赞赏。"铁血救国会"和"中正学社"这两个秘密组织的成员都是蒋经国熟悉、亲自挑选的亲信，是蒋经国"嫡系的嫡系"。虽然人不多，但精明强悍，活动能力较强。其中不仅有胡轨、俞季虞一类老谋深算者，而且有王升、李焕一类比较年轻的后起之秀。他们对于后来蒋经国在台湾继承蒋介石的地位，掌握国民党政权的最高权力，起了一定的作用。

---

① 方庆延：《蒋经国的秘密核心领导组织——中正学社》，《全国文史资料选辑》第八十一辑。

上海"打老虎"，最后决裂

1948年，国民党政府的财政经济状况如同军事一样，也已处于崩溃的境地。这是由于蒋介石国民党坚持打内战，军费开支空前庞大，南京政府便滥发纸币，以弥补巨额财政赤字，造成恶性通货膨胀，致使物价如脱缰之马，持续猛涨；再加上四大家族与贪官污吏、奸商互相勾结，营私舞弊，囤积居奇，强取豪夺，使国统区出现了百业凋敝、经济破产，民生艰困的景象。

其中通货膨胀对人民生活的影响最为严重。至1948年夏，法币发行额竟达到660万亿元，等于抗战前夕发行额的47万倍，而物价则较抗战前上涨了600余万倍。6月份，上海的米价竟上涨到每石1800万元，而当时一般公教人员工资低微，小学教师每日收入仅够买四五副大饼油条，平民百姓的生活更是难以言状。许多人真是到了饥不得食，寒不得衣，病不得医的地步，生活痛苦到了极点。国统区到处出现了反饥饿、反内战运动的浪潮。

为了防止国统区经济出现总崩溃，1948年夏，国民党政府经过一番酝酿，决定实行包括发行金圆券、限制物价和收兑人民所持金银、外币等内容在内的所谓"经济改革"，企图依靠行政力量对国统区经济实行管制，以此来摆脱政治、经济危机，维持其摇摇欲坠的统治。7月下旬，蒋介石召集高级幕僚会议，提出了币制改革的初步方案。8月中旬，蒋介石在庐山与美国驻华大使司徒雷登会谈，就经济改革一事取得了美国的认可。8月19日，国民党政府颁布了《财政经济紧急处分令》和《金圆券发行办法》

等法令，正式宣布实行币制改革。蒋介石与行政院长翁文灏联合招待所谓民意代表及宁沪金融界人士，要求经济界人士支持政府的经济改革措施；同时宣布在行政院下设经济管制委员会，负责实施经济管制和推行币制改革。紧接着南京政府发表俞鸿钧（当时任中央银行总裁）和蒋经国为上海经济管制正、副督导员并即时赴任。上海是当时全国的经济、金融中心，蒋介石派蒋经国担负此重任，这一不同寻常的任命表明：蒋介石在"经济改革"上下了很大的赌注，抱有"只准成功，不准失败"的决心。

然而，当时的舆论对用行政手段管制经济，强制推行币制改革的前景却忧虑重重，并不乐观。《中央日报》在社论中表示："我们切盼政府以坚毅的努力，制止少数人以借国库发行，以为囤积来博取暴利的手段，向金圆券头上去打算。要知道改革币制譬如割去发炎的盲肠，割得好则身体从此康强，割得不好则同归于尽。"

这个割盲肠的任务，实际上落到了蒋经国的身上，俞鸿钧名义上是正职，但只是挂个名而已。蒋经国有蒋介石给他的尚方宝剑，声势煊赫，来头不小，但他深知在当前的情况下推行经济改革困难重重，而此次币制改革的成败又关系着国民党政府的命运和他个人的前途，势成骑虎，只有干到底。他在8月26日的日记中写道："……目前工作是相当吃力的。但已经骑在虎背上了，则不可不干到底了。"蒋经国不是个轻易退让的人，他对自己的那一套颇为自信，相信充分运用所谓的"革命手段"，就可以达到目的。他宣称："此次经济管制，是一次社会改革运动，具有革命意义，不仅是经济的。""如果用革命手段来贯彻这一政策的话，那么，我相信一定能达到成功。"

在正式宣布蒋经国出任上海经济管制督导员的前一天，我到南京励志社去找他，请他出席苏州青年军夏令营结业典礼。出乎我的意料，他对我说："我另有重要任务不能出席，你代表我去吧！"我惊奇地反问："这不是早就说好了的吗！又有什么更为重要的任务呢？"他有些激动地说："这次领袖委派我去上海负责执行经济管制和推行币制改革、发行金圆券的工作，任务是艰巨的。但我一定要排除任何阻扰，只要是违犯国法者，不论其官职有多高，财力有多厚，我都将坚决依法惩办，不徇私情，相信成功可期……"我未等他把话说完，就急忙问他："发行金圆券的基金从何而来？"他回答说："只需四五千万美元就够了，数目不多，好解决。"我见他说得如此自信，还是有点半信半疑，但认为如果能由此使贪官污吏和奸商得到惩处，物价能得到平抑，这对饱受物价暴涨之苦的人民还是有好处的，所以也感到高兴，当即对他提出了八个字的希望和祝愿："秉公执法，早日成功！"然后握手告别。

蒋经国一到上海，就在九江路中央银行大楼三层设立了经济督导员办公室，亲自坐镇指挥上海的经济管制，立刻雷厉风行、大张旗鼓地行动起来。

首先，公布了有关的经济管制法令和物价管制办法，规定：一、从8月19日起，发行金圆券，以取代法币，限于10月22日前收兑已发行的法币；二、限于9月30日前，收兑人民持有的黄金、白银、银圆和外汇，逾期任何人不得持有，违者严办；三、限期登记管理本国人存放外国银行的外汇资产，违者制裁；四、一切商品不得超过8月19日的物价水平（俗称八·一九限价），以稳定物价，平衡国家总预算和国际开支。

同时，蒋经国以《上海向何处去？》的醒目标题发表告上海人民书，以上海人民保护者的口吻宣称："投机家不打倒，冒险家不赶走，暴发户不消灭，上海人民是永远不得安宁的。""天下再没有力量比人民力量更大，再没有话比人民的话更正确"，"人民的事情，只有用人民自己的手可以解决，靠人家是靠不住的，要想将社会翻过身来，非用最大的代价，不能成功！"他再一次向上海人民表示自己的决心："本人此次执行政府法令，决心不折不扣，绝不以私人关系而有所动摇变更！"他借用北宋政治家范仲淹的名言"宁使一家哭，不使一路哭"，表明自己对豪门巨室绝不留情，扬言要用高压手段来实行限价："不惜以人头来平物价！"还提出了"打祸国的败类，救最苦的同胞"；"打倒豪门资本"；"铲除腐化势力和地痞流氓"；"打倒奸商和投机倒把"等一系列的口号。这些动听的言辞，一时确实打动了许多人的心，认为蒋经国与其他国民党官员大为不同，由他来实行经济管制或许有成功的希望，更多的人则等待着观察他下一步采取什么实际行动。

为了执行经济管制法令，蒋经国立即在上海组织自己的"执法"队伍。他将赣南系、青干校和青年军的干部从全国各地纷纷调往上海，一时上海成了"太子系"紧张活动的中心，王升、李焕、江海东、江国栋等蒋经国系重要分子麇集上海。蒋把"戡乱建国总队"第六大队调往上海，由王升担任大队长；后又在此基础上成立了"大上海青年服务总队"。蒋经国对亲信说："'大上海青年服务总队'，正像上海国际饭店的招牌一样，虽然不大，但名气很响，全国和全世界都知道。"9月22日，"大上海青年服务总队"在上海复兴公园举行成立大会，共有队员1万人，编成20个大队，分布在上海各个区，由王升任总队长。蒋经国邀请我出席了成立大会，但我们都未发表讲话。为了加强对经济问题的研究，蒋还抽调一部分大学生，成立了一个经济研究小组，由江国栋负责。为了开展工作，蒋经国还将中央干校校友会和青年军联谊会的基金调到上海，以便集中使用。

接着，蒋经国法出令行，果真轰轰烈烈地打起"老虎"来。他接连召见上海经济界的头面人物刘鸿生、荣尔仁、钱新之、李馥荪、周作民、杜月笙等人，软硬兼施，要他们拥护政府措施，交出全部黄金、外汇，否则即勒令停业；甚至声色俱厉，拍桌大骂，扬言："你们不要敬酒不吃吃罚酒，谁手里有多少黄金美钞，我们都清楚。谁不交，就按军法办理！"上海青年服务总队也四处出动，设立岗哨，检查行人；并与警察局、警备司令部人员混合编队，组成许多三人或五人小组，检查商店、工厂和仓库，登记囤积物资。对违反规定者蒋经国采取了严厉的措施。米商万墨林、纸商詹沛霖、申新纱厂大老板荣鸿元、中国水泥公司常务董事胡国梁、美丰证券公司总经理韦伯祥等60余人，均因私逃外汇，私藏黄金，或囤积居奇，投机倒把，被捕入狱；荣、胡、韦三人后经托人疏通，分别罚款100万、30万和35万美元，才得以交保获释。连上海大亨杜月笙的儿子杜维屏也因"囤货炒股"的罪名被捕入狱，判了八个月的徒刑；财政部秘书陶启明因泄露经济机密也被判刑。蒋经国还大开杀戒，以贯彻他"用人头平物价"的主张，借此威慑人心。林雪公司经理王春哲因私套外汇被处死，报上还刊登了王被处死时的大幅照片；上海警备司令部科长张亚民、大队长戚再玉因勒索罪被枪决；后来还杀了破坏经济管制的宪兵大队长姜公美。蒋经国还杀气腾腾地宣称："在上海应当不管你有多少财富，有多大的势力，一旦犯了国法，就要毫不留情地送你进监狱，上刑场。"

蒋经国的"铁腕"暂时发挥了作用，上海的物价在一个时期内保持了稳定，岌岌可危的财政金融危机也似乎有所缓和，一时舆论出现了一片赞扬之声。有的报纸称蒋经国是国民党的救命王牌；有的甚至称颂蒋经国为"蒋青天"、"活包公"；有的外国记者则称之为"中国的经济沙皇"。

蒋经国为暂时的胜利所陶醉，想趁热打铁，借机在上海扎根，因而考虑先取代宣铁吾出任上海警备司令，等条件成熟再取代吴国桢，出任上海市长。这时，蒋经国想到了我这个对他反贪官污吏仍存怀疑的人。他几次打电话到南京找我，要我立即到上海，一方面要我看看他的"打虎"杰作，体验一下他反对贪官污吏和豪门奸商的决心；同时也想探询一下如他正式任命为上海警备司令时，我是否愿意充当他的副手出任副司令之职。还有一件事，就是要我为他筹备双十节"十万青年大检阅"。

我于9月中旬到达上海，先在扬子饭店住下，旋即去外滩附近的中央银行看望他。但在那里，他忙于接待许多客人，无暇与我交谈，于是他对我说："这里不好谈话，还是今天晚上8时到我家（林森中路逸村2号）来谈为好。"

当时，我对他在上海大刀阔斧、雷厉风行"打老虎"，博得舆论广泛赞扬，也感到高兴，但觉得那只是个开头，困难还在后头，成败尚难定论，特别担心他虎头蛇尾。当晚我按时到了逸村，蒋显得十分高兴，两人握手就座之后，他得意地问我："你看怎么样？"想听听我对他在上海政绩的评价，并且满以为我也会像别人那样称颂他。而我却毫不隐讳地回答："开头还不错，但我怕你后劲不足！"这不啻给他泼了一瓢冷水，他微露不悦之色，但也似乎有所触动。我接着问他："CC方面怎么样？"他的脸色由不悦转为愠怒，骂道："他妈的，他们在上海控制着大小十五家银行，我要同他们干到底！"我相信他的话，因为蒋经国同CC派之间早存芥蒂，他们的明争暗斗路人皆知。但我最担心的还不是CC派，而是宋美龄，因此我又问："夫人（指宋美龄）呢？"此问一出，他顿时呈现难言之状，站了起来，口含烟斗，紧锁眉头，踱来踱去，近半个小时，一言不发。我坐在沙发上，感到局促不安，最后我说："今天不谈了，以后再说吧。"他说："好，我派车送你回旅馆。"谈话就此不欢而散，我感到他一定遇到了棘手的问题，有一种不祥的预感。

事后我听说，蒋经国在这段时间里确实碰到了难以克服的障碍。9月下旬，蒋经国在浦东大楼召集许多工商巨头开会。会议开始，蒋经国照例客气地表示感谢诸位对币制改革的支持，接着话锋一转，带着威胁的口吻说："有少数不明大义的人，仍在冒天下之大不韪，投机倒把，囤积居奇，操纵物价，兴风作浪，危害国计民生。本人此次秉公执法，谁若囤积物资逾期不报，一经查出，全部没收，并予法办！"他的话音刚落，老奸巨猾的杜月笙却不紧不慢地说道："犬子维屏违法乱纪，是我管教不严，无论蒋先生怎样惩办他，是他咎由自取。不过——我有个请求，也是今天到会各位的一致要求，就是请蒋先生派人到扬子公司查一查。扬子公司囤积的东西，在上海首屈一指，远远超过其他各家。希望蒋先生一视同仁，把扬子公司囤积的物资同样予以查封，这样才能使大家口服心服。"此时满座的目光都对着蒋经国，看他如何反应。杜的这番话反守为攻，指名道姓，完全出乎蒋的预料，他不由得一愣，但随即表示："扬子公司如有违法行为，我也一定绳之以法！"

蒋经国话虽然这么说，但回到办公室之后却感到事情棘手万分。因为扬子公司的董事长和总经理是孔令侃，他是前行政院院长和中国的大财阀孔祥熙之子，其姨母则正是"第一夫人"宋美龄。宋美龄没有生儿育女，故对孔令侃视如己出，倍加宠爱，精心培植，孔、宋两家早已连为一体，密不可分，大有"一荣俱荣，一损俱损"之势。而且扬子公司还在纽约、伦敦等地设有分公司，与美、英、法等国各大财团及国民党政府许多机构都有密切关系。因此，孔令侃自认为靠山硬，谁也奈何他不得。蒋经国固然来头大，但又能把他怎么样？所以他没有把"太子"放在眼里。明明有令规定：午夜12时以后实行宵禁，不准行人通行，孔令侃偏在这时开车闯关，扬长而去；明明规定禁止囤积居奇，扬子公司偏偏乘机大搞囤积物资。大上海青年服务总队长王升和其手下人为此向蒋告状，蒋经国为之勃然大怒，但也不敢轻易在"太岁"头上动土。但如今杜月笙在会上这么一逼，他无法回避，不得不予表态。扬子公司违法乱纪的事实路人皆知，整个上海都在拭目以待，看他如何动作。事情到这一地步，蒋经国只好横下一条心，向孔令侃开刀，于是命令经济警察大队长程义宽搜查并查封了扬子公司，但迟迟不对孔令侃本人采取进一步的行动，表明他手下留情，仍留有余地和后路。

查封扬子公司成为一时的重大新闻，引起舆论的普遍关注。10月3日，上海、南京、北平等地各家报刊争相报道"扬子公司案"消息，有的表示欣欣鼓舞，呼吁"清算豪门"；有的则因处理此案拖泥带水，缺乏前一阶段的雷厉风行作风，表示不满，指责是"只拍苍蝇，不打老虎"。各种议论都有。

我看到这种情况，预感到自己所言蒋经国"后劲不足"可能不幸而言中，因而很着急。于是在一次会见时，我问他："孔令侃案办不办？"他像没有听见一样，不予置答。此时蒋经国用行政手段勉强维持的上海经济秩序已出现崩溃之兆。物价开始飞涨，物资缺乏，生产停顿，到处出现抢购风，老百姓怨声载道。我陪同他到申新九厂了解生产和原料供应情况及工人的情绪，看到沿途市面上出现了一片抢购风潮，我与他的心情都很沉重。我又追问他："孔令侃案你准备办不办？"他却罔顾左右而言他，说："塔斯社发表了一篇文章，评论上海'打老虎'，说用政治手段去解决经济问题是危险的。"接下去就不再说什么。

回到旅馆之后，我反复琢磨他这句话的含义。觉得他是借此向我暗示：他要后退了。对此我想了很多很多。本来我对实行经济管制能否奏效，并不抱有多大的希望，但认为在当时打击豪门、严惩贪官污吏和奸商，平抑暴涨的物价，对老百姓也不失为有利的一着。特别是当遇上真正囤积居奇、横行不法的"豪门资本",全国人民拭目以待之时,我认为绝不能退缩,应当大义灭亲,依法严惩。否则,无以向人民和历史交代。如果口号喊得震天价响,一遇见真正的"老虎"就偃旗息鼓,那上海"打老虎"不成了一场具有讽刺意义的骗局了吗?对于国民党,我早就失去了希望,但对于蒋经国我还抱有一线希望,认为他是一个有抱负有能力的领导人,几年来他对我恩遇甚深,无论以公以私,无论作为部下和朋友,在此关键时刻,我都有责任有义务向他进言,提醒、劝告他:坚持原则,不要犹豫不决,消极退缩。

为此,我主动到逸村2号去见他,开门见山地向他提出:"你对孔令侃一案究竟办不办?如果不办,那岂不真像报纸上所说'只拍苍蝇,不打老虎'了吗?"他本来情绪就不好,见我又提起这个他最不愿意谈的话题,顿时发火了,他本来就沙哑的喉咙放得特别大,以训斥的语气嚷道:"孔令侃又没有犯法,你叫我怎么办?"我见他不仅不承认自己软弱、不敢碰孔令侃的事实,反而竟然以孔令侃无罪的口实为孔洗刷,为自己辩护,一种从未有过的失望和愤怒驱使我拍案而起,一掌击在桌上,大声说:"孔令侃没有犯法,谁犯法?……你这个话不仅骗不了上海人民,首先就骗不了我!"这就是江南所著《蒋经国传》中说到的"为了'扬子案',经国的爱将贾亦斌曾和他拍过桌子"的一幕。尔后,他终于平静下来,叹了一口气,又无可奈何地说:"亦斌兄,你是有所不知,我是尽孝不能尽忠,忠孝不能两全啊!"他以个人须尽孝来为不能为国尽忠辩护,明显是把个人和家族的利益放在国家利益之上,我根本不能接受,于是便进一步对他说:"你有对你父亲尽孝的问题,而我只有对国家民族尽忠的问题。如不处理孔令侃一案,何以服国人,又何能救国家?"说罢我便拂袖而去。回到扬子饭店,我连夜给他写了一封长达14页的长信,再一次予以敦劝,结果自然仍是失望。

事后我才得知了扬子公司一案的内幕。原来开始时,蒋经国也想对孔令侃案进行处理,但受到了宋美龄的干预。扬子公司被查封后,孔令侃发现来势太大,便到南京向姨妈求救。宋美龄专程到沪,乘中秋节日把蒋经国、孔令侃约到永嘉路孔宅面谈，企图缓和两人的关系。宋美龄劝说道："你们是表兄弟，我们一家人有话好说。"蒋经国对孔令侃说："希望你顾全大局！"孔大吼一声说："什么？你把我的公司都查封了，还要我顾全大局？"最后两人大吵起来，蒋临走时说："我蒋某一定依法办事！"孔令侃回答说："你不要逼人太甚，狗急了也要跳墙！假如你要搞我的扬子公司，我就把一切都掀出来，向新闻界公布我们两家包括宋家在美国的财产，大家同归于尽！"宋美龄一听，顿时脸色发白，手脚发抖，见他们不听劝告，各走极端，只好连忙打急电给在北平的蒋介石，说上海出了大问题，要他火速乘飞机南下。当时，北平形势紧张，蒋介石正在北平主持军事会议和亲自督战，闻讯后立刻要傅作义代为主持，自己即乘飞机赴上海。傅作义对此极为不满，对人说"蒋先生不爱江山爱美人！"

　　蒋介石一到上海飞机场，宋美龄即带孔令侃首先登机，抢先向他告了蒋经国的状。然后由警备司令宣铁吾、市长吴国桢及蒋经国等陪同蒋氏夫妇到达天平路蒋宅，大家正准备坐下向蒋汇报情况并聆听指示，宋美龄却宣布："总统长途南下，很疲乏了，一切事情明天再说。"蒋经国及文武官员只得悻悻告退。经宋美龄向蒋介石多方说明原委，谓两家属于姻亲，有共同利害，家丑不可外扬等等，得到蒋的首肯。第二天蒋介石召蒋经国进见，痛骂一顿，训斥道："你在上海怎么搞的？都搞到自己家里来了！"要他立刻打消查抄扬子公司一事。父子交谈不到半小时，蒋经国出来时一副垂头丧气之色。接着，蒋介石又召见上海文武官员，亲自为扬子案开脱说："人人都有亲戚，总不能叫亲戚丢脸，谁又能真正铁面无私呢？我看这个案子打消了吧！"大家一听此言，只得唯唯诺诺而退。

　　在这一幕之后，上海警察局发言人也出面为孔令侃开脱，对外宣布："扬子公司所查封的物资均已向社会局登记"，使其披上了合法的外衣。而曾经积极报道"扬子案"的上海《大众夜报》、《正言报》却很快被勒令停刊了。扬子公司一案风波就此平息，不了了之。

　　上海经济管制虽然已是强弩之末，但蒋经国为了给自己壮大声势和炫耀力量，又准备于10月10日在上海举行双十节十万青年大检阅，他要我负责筹备。我将当时驻守苏州的青年军二〇三师和驻守上海郊区的青年军二〇九师调来上海，加上杭州、嘉兴两所青年中学的学生和"戡建队"、大上海青年服务总队以及各大专院校青年军复员学生，七八万人，对外号称十万。检阅仪式在上海虹口体育场举行，由陆军副总司令关麟徵陪同蒋介石进行检阅。10月10日清晨，蒋经国要我驱车前往东平路蒋宅迎接蒋介石。等我赶到东平路，才得知蒋介石已乘飞机前往虹口。我万万没有料到：近在咫尺的虹口体育场，蒋介石还要坐飞机去！事后听说这是军务局长俞济时临时出的一着妙计：先从东平路驱车到虹桥机场，坐飞机到大场机场，再坐汽车到虹口体育场，这样可以绕过上海闹市区，以避免遭愤怒的群众拦阻包围。如此草木皆兵，我听了只觉得啼笑皆非。当天的大会主席是蒋经国，尽管内心空虚，他还是装出充满信心的样子，态度慷慨激昂。队伍经蒋介石检阅后，举行了游行示威，由骑兵作先导，接着是摩托部队、炮兵和荷枪实弹的步兵，后面是大上海青年服务总队和各界人士。游行队伍出虹口公园后，沿四川路、外白渡桥、外滩、南京路行进，一路有气无力地呼喊口号，最后到跑马厅（现人民广场）宣布解散。明眼人都能看出，这次检阅纯粹是虚张声势，它预示上海的这场闹剧就要落幕了。

曾经轰动一时的上海经济管制只维持了70天。被人为控制的物价又开始以更惊人的速度扶摇直上，金圆券价值一落千丈，很快变成了废纸，到处是疯狂的人群和抢购狂潮，许多人被挤死、踩死，情况混乱到了极点，一幅"世界末日"的景象。10月31日，南京政府行政院被迫宣布将限价改为抑价，行政院长翁文灏、财政部长王云五相继辞职，国民党的经济管制政策宣告彻底破产。

随着经济管制政策的失败，蒋经国在上海的使命也宣告结束。结束那天，我陪同他乘车前往上海广播电台发表广播讲话，他以沙哑、悲哀的声音宣读了《告别上海市父老兄弟姐妹书》，向上海市民致以深切的歉意，并向大家告别。宣读完毕，蒋经国黯然泪下。在返回的途中，他沉默良久，最后对我说："上海经管失败比济南失守的后果更为严重。"蒋经国离沪前召集亲信开会，情绪低沉地说："现在我们失败了，今后我们究竟到哪里去工作，做什么工作，现在都不知道，以后再说。你们自己要守纪律，多保重。"并指示王升将大上海青年服务总队"组织保存，活动停止"。11月6日，蒋经国悄然离沪，返回杭州寓所，旋又转赴南京。上海"打老虎"的闹剧至此结束。

上海经济管制的失败对蒋经国的打击相当大，他对国民党政权和自己的前途感到一片茫然，悲观消极，情绪极度低落。回南京后，每日借酒浇愁，常常喝得酩酊大醉。我曾到励志社去看他，他一边喝酒，一边烧文件档案，甚至连印好的请柬也付之一炬。我问他："你烧请柬干什么？"他回答说："亡国了，还请什么客？"绝望情绪溢于言表。我感到他的无力和可怜，心中有说不出的滋味。

上海"打老虎"给我以深刻的教训，我对蒋、宋、孔、陈四大家族的腐朽黑暗内幕有了进一步的了解，国民党政权由他们掌握，只有走向灭亡。我曾寄希望于蒋经国，希望他能有所作为，但事实证明：他也不能摆脱其父亲和家族的决定性影响，最后终于同他父亲合流，我对蒋经国所抱的幻想最终破灭了。在我的面前摆着两条道路：或者随波逐流，跟着蒋经国，做蒋家王朝的殉葬品；或者毅然决然，弃暗投明。我陷入了痛苦的抉择。我从小读孔孟之书，儒家忠孝节义的思想对我影响甚深。想到蒋经国对我的知遇之恩，一旦要弃他而去，心中确实不忍，又担心被人指责为"忘恩负义"，为此一再踌躇不决。经过反复的思想斗争，我终于认识到：忠于个人是小忠，忠于国家民族乃是大忠，如因小忠而弃大忠，就是无原则的"愚忠"，两者不能俱全之际，只能牺牲前者，而选择后者。国民党执政20多年，腐败无能，弄到天怒人怨，为民所弃，已是不争的事实。民心所向即是个人选择的最好指南。我不愿意执迷不悟，为这个腐朽的政权去殉葬，决心同蒋家王朝决裂，同蒋经国分道扬镳，去寻找新的道路。

"私情公谊话从头"

——半个世纪后的回顾

在旧中国的历史条件下，我与蒋经国相识并成为好友，而最后又与之决裂，这是我前半生中的一个重要转折。但另一方面，与经国先生相处的这几年，又使我与之结下了不解之缘，公谊私情，彼此始终难以忘怀。

1949年春的溪口之行，是我与经国先生的最后一次见面，随后我即率部起义，投向人民的怀抱，开始了自己的新生。中华人民共和国的成立，使中国人民真正站了起来，再也不受列强的欺凌和侮辱，这在国民党时代是根本不能想象的。像我这样亲身经历过新旧两个时代的过来人，对此体会最深，这是我一生中最大的喜悦。经国先生则随其父去了台湾，继续其下半生的政治生涯。从此我们两人一海之隔，处境各异，再也无缘会面，而双方的间接交往却并没有断绝。

50年代，海峡两岸处于严重的敌对状态中。1950年，我在"一定要解放台湾"的号召下赴香港工作，经国先生得知后，即派人出5万美金寻觅我的住处，将有不利于我之行动，我闻讯后一笑置之。我曾到福建沿海对去台的青年军将领，如驻金门的刘安祺将军、驻澎湖的郑果将军、海军陆战队司令罗又伦将军、宪兵司令王永树将军等人，发表广播讲话，号召其迅速反正归来。1957年3月，驻台美军上士雷诺枪杀革命实践研究院少校学员刘自然，竟被美军军事法庭宣判无罪，引起台湾当局和民众的不满与公愤。5月24日，台北市民捣毁了美国"大使馆"，这就是著名的"五·二四反美事件"。美国报刊一致认为蒋经国及其亲信是该事件的主要策划者。

"刘自然事件"表明美蒋矛盾达到了高峰，也反映出包括蒋氏父子在内的绝大多数国民党人仍然具有民族意识，是值得称赞的。我从中又看到了以前所熟悉的经国先生的性格，即不愿屈服于外国的压力之下，私心甚感快慰，乃发表广播讲话对刘自然之死表示悲愤，对台湾民众的反美正义行动表示支持。同年，我参加了全国政协二届三次会议，在会上我向台湾当局呼吁，以国家民族利益为重，化干戈为玉帛。

六七十年代，经国先生逐步从乃父手中接过权力后，推行了若干"革新"措施，同时大力发展经济，在其他各种条件的配合下，促成了台湾经济的"起飞"，使台湾人民的生活有所改善，受到各界的称赞。更加值得一提的是，经国先生始终坚持"一个中国"的立场，对台独势力保持警惕，采取了压制和防范的措施。记得1972年美国总统尼克松访华，当时我任上海民革副主委，在上海参加了对尼克松一行的接待活动。在发表《上海公报》前夕的宴会上，一位美国外交官在交谈中告诉我，他与经国先生的关系较密切，问我有无关于国家统一或私人之事要带信给蒋。我回答说：中国统一是海峡两岸中国人自己的事，无需外国人代劳；如去台湾则请代我个人向经国先生表示致敬和问候。

1978年，中共召开了具有历史意义的十一届三中全会，彻底拨乱反正。1979年，全国人大常委会发表《告台湾同胞书》，提出结束两岸军事对峙状态，尽快实现通航、通邮和通商，以便双方同胞的接触和交往，促进两岸的共同发展与和平统一。从此两岸关系进入了新的历史时期。我也于是年调到北京任民革中央副主席，负责民革促进祖国统一的工作，与老朋友和台湾同胞接触的机会更多了。

1981年，叶剑英委员长发表谈话，提出了台湾回归祖国、实现和平统一的九点方针，建议举行国共两党对等谈判，实行第三次国共合作，共同完成祖国统一大业。这一方针在海峡两岸引起了巨大反响。同年，我应中美关系学会的邀请，参加全国政协代表团赴美国访问。在美国，见到了包括徐思贤在内的诸多青年军时期的老朋友。旧友阔别重逢，抚今追昔，感慨良多。大家都认为往者已矣，应该采取向前看的态度，为国家民族的统一和繁荣尽我们这一代人的责任。回国后不久，我就在《新观察》杂志上发表了题为《向蒋经国先生进一言》的文章，其中写道："现在我们伟大的祖国真正站起来了，'人为刀俎，我为鱼肉'的日子已经一去不复返了……而经国先生现在台湾的处境也比当年大大不同，可以自主了。国内外形势非常有利，和平谈判条件逐渐成熟，祖国统一、振兴中华，千秋伟业，系乎一转念一反掌之间。只要国共两党进行谈判，能实现第三次合作，经国先生就可以为国家、民族尽大忠，还可以迁葬父亲灵柩和祭扫母亲庐墓，以尽大孝。这是千载难逢之良机，历史在等待着经国先生如何书写！"文章结尾附有1980年春，我在溪口借宿经国先生旧居所写的《重游溪口感怀》七律一首，以赠老友，诗云：

> 溪口暌违卅一春，迎春雪后景依然。
> 喜看墨迹今犹在，传语家乡色更妍。
> 借宿旧居怀旧雨，伫闻新曲谱新篇。
> 妙高台望归帆至，晚节芬芳忠孝全。

1983年，邓小平同志进一步提出了以"一国两制"的原则实现祖国统一的基本设想。这一设想在"一个中国"的前提下，充分考虑到了双方的利益和台湾的现实情况，有利于保持台湾海峡局势的长期稳定与繁荣，有利于实现祖国统一大业。它一经提出，就得到了国内外有识之士的赞成和拥护。1984年，我赴香港访问，著名作家江南先生评论道："贾亦斌重返香港必有重任。"在香港时，我与台湾的彭位仁先生通了电话，他第一句话就说："总统（指蒋经国）很想念你啊！每次我和总统见面都要谈起你。"实际上我也始终没有忘记经国先生和所有在台湾的老朋友，并希望他们为祖国统一大业贡献力量。

1987年，经国先生认识到"时代在变，环境在变，潮流也在变"，于是排除种种阻力，采取了开放探亲、解除戒严和开放党禁三项措施，这是对国民党历来奉行的"三不"政策的一个松动，有利于缓和与大陆的对立情绪，逐步开放与大陆各方面的交往，不失为顺应民心和历史潮流之举，得到了舆论的好评。从中不难看出经国先生力图在自己的晚年"对历史和民族作一番交代"的努力。

就在同年5月，我陪同台湾访美学者陈学明博士再次访问溪口。我们一同参观了蒋介石先生的出生处玉泰盐铺和经国先生的出生处丰镐房，又瞻仰了蒋介石母亲王采玉与经国先生母亲毛福梅的墓地。我对陈博士说："希望经国先生回家祭扫祖墓，以尽人子之情。"我们还游览了整修一新的文昌阁、小洋房和重建中的雪窦寺，在丰镐房当年的会客室和"以血洗血"石碑旁，我都留了影。旧地重游，触景生情，无一不勾起我对经国先生的怀念，并殷切盼望他能早日回归，重逢于妙高台下，遂即兴赋诗一首：

> 喜逢旧地又重游，浮想联翩夜不休。
> 共赏京昆武岭校，同商调遣丰镐楼。
> 后凋松柏干犹盛，洗血石碑泪直流。
> 但愿妙高台再会，私情公谊话从头。

事后，我把所摄照片和这首诗交由陈博士带回美国，并通过其奉化亲友转交经国先生。据说经国先生阅后对此表示甚为满意。

此后不久，经国先生为了准备与中共进行和平谈判，曾派使者来北京找我，探询中共方面和平统一的诚意及我是否愿意为之沟通，我一一作了肯定的答复，并将情况向上作了汇报。中共中央领导同志在接见他时，请其转达致经国先生的一封信，信中表示希望"统一大业能在你我这一代人手中完成"。就在经国先生准备派重要代表再来谈判时，却不幸于1988年1月14日在台北病逝。噩耗传来，在大陆的原经国先生部属和旧友，无不为之震惊和悲痛。我于次日致电蒋经国治丧委员会，表示深切哀悼，全文如下：

　　惊闻经国仁兄不幸逝世，悲痛莫名。回首当年，辱承吾兄知遇，屡委重任，是所难忘。抗战期间，吾兄深怀国恨家仇，毅然带头参加青年军，主持政治工作，竭尽心力。去台以后，吾兄坚持一个中国，反对台湾独立，近又作出开放台胞到大陆探亲之决策，此皆国人所称道者也。而今统一大业尚待海峡两岸共同努力完成之时，不意吾兄与世长辞。溪口一别，竟成永诀，于公于私，均甚痛惜。特电悼唁，尚望方良女士和其他家属节哀。

　　回顾我与经国先生将近40多年的交往，始以反帝御侮而合，中因政见不同而分，终以和平统一而合。分合之际，亦从一个侧面反映了中国现代历史发展的趋势。经国先生始终主张一个中国，反对台湾独立，这是最难能可贵的。我与经国先生，公谊为重，私情难忘，曾殷切希望他能在自己的晚年为祖国统一作出历史性的贡献，然而天不假年，怎能不令人为之痛惜！悲痛之中，我当时写下了《哭经国兄》一诗，表达我对他的深切怀念和哀思，也以此作为本章的结束：

> 萍水相逢知遇深，骤闻噩耗泪沾襟。
> 难忘报国从军志，时忆轸民建设心。
> 开放探亲赢盛誉，严防台独最伤神。
> 知兄此去留遗憾，尚有余篇惜未成！

第6章 | 嘉兴起义

半生风雨录·贾亦斌回忆录

BANSHENGFENGYULU JIAYIBIN HUIYILU

蒋家王朝覆灭前的没落景象

从1948年下半年起，国共内战的形势发生了根本的转折。人民解放军从战略防御转入战略进攻，相继发起了具有决定意义的辽沈、淮海和平津三大战役，共歼灭国民党军154万余人，解放了东北、华北和淮海等广大地区。国民党政府只剩下残破的半壁河山，风雨飘摇，惶惶不可终日，蒋家王朝的统治开始土崩瓦解。我当时正在南京，亲眼目睹了这一覆灭前的景象。

陈布雷、戴季陶的先后自杀，在当时造成了很大震动。尤其是陈布雷的自杀，闹得南京满城风雨，影响很大。关于陈布雷自杀的内幕和办理丧事的情况，我是从徐复观处得知的。我和徐复观是老朋友，抗战时期在恩施我们就认识了，我们都是湖北人（徐的老家是湖北浠水），都钦佩熊十力先生并以之为师，也都和韩浚熟悉。复观的文史哲基础很好，对事物和人生有独特的见解，常常做出超乎常人意料的事情，属于"特立独行"之士。当时徐复观是中央党部联秘处副秘书长，中央政治委员会秘书长陈布雷是他的顶头上司，联秘处的工作是将国民党党、政、军的情报综合整理后，上报蒋介石，因此各方面的消息很灵通。在南京时，我们每个星期都要见面，谈论时局，交换意见。徐复观认为国民党之所以腐败无能，在于没有人才，而人才来自于学术，因此就想办法搞了些经费，出版了一个刊物叫《学原》，以倡导学术，批评时政，发现和集合人才。复观对国民党的批评直言不讳，蒋介石和陈布雷知道他是书生论政，也就暂时予以容忍了。发行金圆券时，陈布雷动员他将经费全部换成金圆券，以支持南京政府的经济改革政策，复观不同意。陈布雷沉痛地说："复观兄不拥护国策，谁拥护国策？金圆券完了，我们也完了，还办什么刊物？"并将陈夫人私下积蓄的十几两金子全部拿出来换成金圆券，复观为陈以身作则的态度所感动，只好同意了。金圆券崩溃后，经费化为乌有，《学原》杂志也被迫停刊。陈布雷对蒋介石的决策一直是无条件支持的。谁也没有料到，这样一个人竟于1948年11月13日在南京服安眠药自杀了，在南京政府内引起了极大震惊，一时猜测纷纷，各种说法都有。

　　大约两三天后，徐复观约我去他家吃晚饭，我也想借此了解一些情况，以解开心中的谜团。那天晚上，我按时到了他在蓝家庄的住处，可是一直等到半夜，复观才回来。他一进门就对我说："老头子（指蒋介石）发疯了！"原来当时国民党内的一些高级将领看到军队在前线拼死拼活，待遇很差，而四大家族却在后方乘机发财，于是不愿再打仗，提出要蒋、宋、孔、陈四大家族拿出四五亿美元充作军费。陈布雷看到形势紧急，就向蒋介石进言，劝蒋要宋子文、宋美龄和孔祥熙出钱捐饷，蒋看到一贯听话的陈布雷也不听话了，大发雷霆，打了陈一个耳光。陈布雷平时备受尊敬，蒋介石见面总是口口声声"布雷先生"，优礼有加，现在突然遭此凌辱，加上对形势的悲观失望，因此产生了弃世的念头。复观又告诉我，今天晚上蒋介石召开重要会议，讨论如何办理陈布雷的丧事。会上出现两种意见，一些人认为陈是蒋的高级幕僚，跟随蒋的时间很长，地位高，影响大，平时又勤勤恳恳，任劳任怨，因而主张隆重办理丧事，甚至主张举行国葬；另一种意见认为陈系自杀，大办丧事，对外影响不好，主张从简。双方各抒己见，争论不休。最后，蒋介石发表讲话，他说："现在很多人听了共产党的宣传，相信什么'四大家族'有很多财产。最为可恨的是陈布雷竟然也这样讲！他要我和宋家拿出几亿美元来做军费。我们几家哪里有钱！宋子文开始办中央银行只有几百银元，后来才逐渐发展起来。特别是要宋美龄出钱，她哪来的钱！"蒋介石越想越气，破口大骂陈布雷，足足骂了两个小时，大家都不敢做声，国葬一事就此作罢，陈布雷的丧事后来草草了之。我问蒋经国是否参加了会议，徐说："蒋经国也在，只是一言未发，呆如木鸡。"陈布雷死后不久，1949年2月10日，考试院院长戴季陶也在广州服安眠药自杀。陈布雷、戴季陶都是国民党的元老，他们的自杀都是出于对国民党的绝望，由此可以看出国民党已经到了毫无希望的地步，距灭亡之日不远了。

随着政治、军事和经济失败的加剧，国民党政权内部蒋桂之间的矛盾也日益尖锐起来，桂系的李宗仁、白崇禧在美国的支持下演出了一幕"逼宫"的闹剧。早在1948年春，蒋介石为了限制桂系势力的发展，决定公开支持孙科竞选"副总统"，以抵制李宗仁。为此蒋介石想出了各种花招，费尽了心机。有一天，蒋经国在南京黄埔路上看到"热烈拥护蒋介石、孙科竞选总统和副总统"的大幅标语，他回到励志社踌躇满志地对我说："这幅标语写得好，既策略又很有力。使人们只能赞成，无法反对。这可以用领袖的威信保护孙科过关和迫使李宗仁不能当选。"他还进一步告诉我："中央党部已命令地方党部全力为孙科拉票并不许投李宗仁的票，CC自告奋勇向蒋介石保证完全有把握完成这次特殊任务。"但是事与愿违，选举的结果是李宗仁当上了副总统，孙科失败。蒋介石恼羞成怒，大骂CC办党不力，全是饭桶。蒋桂矛盾开始公开化。

到1948年底，国民党在军事上一败涂地，蒋介石焦头烂额，成为众矢之的。"副总统"李宗仁和白崇禧乘机向蒋施加压力，要蒋下台让位，使蒋狼狈不堪。蒋介石的侍从参谋张国疆私下将"逼宫"的内幕告诉了我。他说，1949年1月1日，河南省主席张轸宣布河南独立后，湖南省主席程潜也通电要求蒋早日引退，蒋的处境十分被动。华中"剿总"司令白崇禧在李宗仁的授意下与美国勾结，暗中串联搞所谓的"五省联盟"，并打电报逼蒋下野，让位于李。在电报中白崇禧提出最后通牒，限蒋于2月1日前下野，否则将采取三项措施：第一，把华中国民党军全部交李济深（当时任民革中央主席）指挥；第二，华中地区停止使用金圆券；第三，凡从四川东运的武器弹药将予以截留。蒋介石接到这份电报，顿时面色苍白，气得发抖，竟当即拔出手枪把送电报的机要员打死。宋美龄吓得魂不附体，抱着她的洋狗跑到孔祥熙家，对宋霭龄说："不好了，老头子发疯了！"在桂系的压力下，蒋介石终于宣布下野，于1月28日回到老家奉化溪口。这就是所谓的"南京逼宫"。

1949年1月，国民党政府准备由南京迁往广州。一天，由参谋次长主持召开会议，讨论如何处理国防部机密档案的问题，我参加了会议。会上，参谋次长李及兰提出把档案装在轮船上，然后把轮船沉到长江底将档案销毁。我当即提出反对，说："档案是将来写历史的根据，历史要用来教育后人。我们这些人把国家的事情搞坏了，但不能再毁坏档案使这段历史成为空白，再犯一次大罪！"李气势汹汹地说："'成则为王，败则为寇'。现在到了这个境地，自身难保，还管什么历史和后代！"其他参加会议的人，均缄默无语。我非常气愤，不想再与他们白费口舌，于是站起来退出会场，决心和这些丧心病狂、不可理喻的人决裂。

1948年底，徐复观将随国民党政府南迁广州，我则暂时留在南京，他来向我告别。时局如斯，前途难卜，两人相对无言，只是紧紧握手，互道珍重！谁知从此就天各一方，再无见面之缘。复观后来去了香港，脱离政界，献身学术，成为著作等身的知名学者。1982年，他因病住院，自知身患绝症，将不久于人世，于是写下了生平最后一首诗作，向祖国和友人诀别，其中深沉、真挚的爱国怀友之情，读之催人泪下。得知他重病住院的消息并拜读他的诀别诗，我极为悲伤，连夜含泪写了一首七律和他，现将两诗一并附录于此，作为对老朋友的一点纪念：

《卧病台大医院》

徐复观

中华片土尽含香，隔岁重来再病床。

春雨阴阴膏草木，友情默默感时光。

沉疴未死神医力，圣学虚悬寸管量。

莫计平生伤往事，江湖烟雾好相忘。

《和复观兄〈卧病台大医院〉》

贾亦斌

前闻康复祝馨香，去岁约归频扫床。

细读长书审厚爱，端详俪影费时光。

乍知斯疾心如捣，夜和此诗泪斗量。

回首当年无数事，金陵握别最难忘。

中山陵密谈

1946年春，我从陆军大学毕业，分配工作后，与段伯宇等几位陆军大学同学仍保持密切往来，对所遇到的问题，经常交流看法。有时大家就在南京干河沿109号我的住所相聚，不约而同地抨击国民党官场的黑暗腐败现象，发泄不满情绪。我多次对段伯宇等说，当今国民党政府内部腐败，与之同流难于不合污；既然不能为国家、民族做出有益的贡献，不如脱离国民党，解甲归田，当老百姓去过田园隐居生活好，以避开令人厌恶、污浊不堪的国民党官场生活。段却不同意我的看法，他说，为了个人打算，自然可以退出政治舞台以洁身自好；但这样做无补于国家民族，不是一个现代中国军人所应走之路。他劝我还是保持忍耐，坚持干下去，要像青莲那样入污泥而不染。最后他还意味深长地对我说："要有实力，要掌握武装！"我自然可以领略出其中的含义，对他的政治身份我也能从中猜出几分。

1948年秋，我应蒋经国之邀到上海去协助他"打老虎"。可是看到的却是他对孔令侃一案优柔寡断，最后"放虎归山"的事实。蒋经国以"尽忠不能尽孝，忠孝不能两全"为自己辩护，拒绝了我的忠告，使我对他完全失望了，当即痛下决心与国民党决裂，与蒋经国分手，弃暗投明，争取早日结束内战，让受尽苦难的中国老百姓早日过上和平安定的生活。

为"掌握武装"作准备，我于1948年10月中旬，离开上海，专程到镇江等地了解军情，收获不小，对"掌握武装"一事心中有了眉目。于是我在回到南京之后，大约在10月20日左右，即亲自开吉普车将段伯宇接到中山陵密谈。我和伯宇来到群山环抱、气势宏伟的中山陵下，想到将要在这里作出自己一生中最重大的抉择，我的心情非常激动，也特别高兴。我和段都穿着军服，肩并着肩，庄严地踏着中山陵的石阶一步一步往上登。我们来到孙总理的陵墓前，向孙中山先生行了注目礼，决心弃旧图新，以此来告慰孙总理在天之灵。然后，我们在半山腰找了一处僻静的地方，在阵阵松涛声中，开始了严肃的谈话。先由我向段伯宇谈了两件事：一是蒋经国在上海"打老虎"的情况，对其不办孔令侃一案表示深深的失望和不满；二是介绍了我镇江之行的收获。镇江当时是江苏省政府所在地。省主席丁治磐早已与我重修旧好，盛情接待了我。他当时还担任着京沪杭副总警备司令兼第一绥靖区主任。他的部下不少人与我私交甚笃。其中暂编第一军军长董继陶是我的老同事，抗战时曾和我同任四十一师的团长；几位师长中，有的也是我任团长时的副团长或营长，都是我的老部下。在接触交谈中，不仅丁部下的军师长、旅长肯向我谈真心话，丁治磐本人也对我表示蒋氏政权已靠不住了。我顺势向他们提出另谋出路的问题时，他们都有求之不得之感，纷纷要求我想办法。谈完这些情况后，我询问段伯宇："时局如斯，我们应该怎么办呢？"他回答说："国民党是没有希望了，要另谋出路乃势所必然。但光找杂牌部队不行，我们需要自己掌握武装。"经过分析讨论，"自己掌握武装"成了我们的共识。于是我们当即拟订了一个自己抓武装的初步计划，并分头执行。

段伯宇和我一起，在南京国防部和其他军事机关任职的陆军大学同学中进行了深入串联。而原来就与我们两人感情深厚、关系密切的刘农畯、段仲宇（段伯宇之弟）、王海峤、宋健人等十余人，更是经常在一起聚谈，团结在段伯宇的周围，在国民党的心脏里形成了一个秘密的反蒋集体。

为了取得自己建立武装的机会，段伯宇示意我，仍和往常一样，与蒋经国保持往来接触。当蒋经国在上海"打老虎"失败回到南京后，段伯宇嘱咐我去励志社看蒋。此时的蒋经国情绪低落，忧愁满面，经常喝得酩酊大醉，一派凄惨景象。回来后我将蒋经国的情况向段伯宇作了汇报。

　　我和段伯宇经过商量，认为当前最重要的事情是要与共产党接上联系，有了党的领导，我们的行动才能避免盲目性。我们决定先派段的老朋友郭蕴璋去河南解放区去找解放军联系。到1948年底，段伯宇通过他在上海复旦大学读书的表弟温尚煜终于和中共中央上海局接上了关系。上海局策反委员会书记张执一当即派策反委员会委员李正文领导段伯宇开展工作。党的领导给我们的行动指明了方向，使我们增添了巨大的力量。

将计就计建立"预干总队"

当我和段伯宇商定着手组建反蒋武装部队时，正是中国两种命运大决战的时刻。在东北、华北和华东等各大战场，国民党军队屡战屡败，几个月的时间内，济南、锦州、长春、沈阳等大城市及东北全境相继丢失，王耀武、范汉杰、廖耀湘等高级将领被俘，黄百韬战死。国民党败局已定，其统治集团内部出现了一片大混乱，有的悲观失望，有的想另谋出路。而蒋介石等人却仍企图负隅顽抗，认为即使丢了北方，也还有南方，而南方是他们的发祥地，控制着中国的经济命脉，加上美国的支持，他们还可赖以生存和发展。幻想像在日军进攻面前，国民党退守重庆，犹能维持八年一样；现在靠着半壁河山，仍可以继续顽抗，甚至卷土重来。

蒋介石极力谋求加强在长江以南的军事力量，认为只要凭借长江天险，调重兵扼守，就可以阻挡解放军南下的势头，与共产党形成隔江而治的"南北朝"局面。在蒋介石的幕僚和谋士中间，国防部参谋次长林蔚，就是谋划形成这种局面的核心人物。

10月底，林蔚秉承蒋介石的旨意，计划在长江以南组建30个新军。他知道我一直在研究和实践预备干部制度问题，在培养、训练军事干部方面有一定的经验，于是他将我找去，商量组建30个军所需要的干部问题。他对我说："现在我们决定在江南建立30个新军，兵源问题可用征集办法解决，就是干部问题无法解决，特别是缺乏下级干部。"他进而问我："你们预干局能召集多少干部？"我一听，感到建立自己的武装力量的机会来了，应当将计就计，抓住这个难得的机会。于是我立刻投其所好地回答："第一批复员青年军有73000余人，大部分都还在读书。其中在嘉兴、杭州、重庆、汉中等四所青年中学读书的，有10000余人，他们都取得了少尉预备军官资格；还有一批在南京、镇江等地等待就业。如果把在青年中学读书的和在等待就业的都召集起来，至少10000人不成问题。"林蔚一听我说至少能召集到10000人，感到建立30个新军所需的连、排长有了把握，大喜过望。他这个喜怒不形于色的人也好像打了兴奋剂，骤然高兴起来，连声说："那好！那好！"我也趁势毛遂自荐："如果能解决编制和装备的问题，我愿意负责动员和组织训练。"林蔚当即拍板同意，说："你要什么，尽管说，我尽可能满足你。"并决定先建立一个总队，以后逐步加以扩充，还决定以孝陵卫原陆军大学校址为训练营地。

为了将这支表面属于"太子系"的蒋家王朝"勤王之师"而实际上是反蒋的武装部队早日建立起来，我迅速以预干局名义草拟了一份计划，经国防部报到总统府军务局。在军务局任职的段伯宇当即签注意见，送交军务局长俞济时，转报蒋介石，顺利地获得了批准。

11月初，"国防部预备干部局陆军预备干部训练第一总队"（简称"预干总队"）在南京孝陵卫正式宣告成立。我被任命为兼总队长，黎天铎、林勉新、潘振球（后增）为副总队长。开始时有学员大约1000余人，主要是留在南京要求就业的第一期复员青年军预备干部和青年军二〇六师的复原伤病员。后来预干总队调驻嘉兴，又将嘉兴、杭州两所青年中学的学生编入预干总队，学员增加到4000余人。按国防部规定，训练时间为3个月，训练期间学员享受准尉待遇，毕业以后将在预定新建的30个军中担任连、排长和连指导员。

为了将这支部队牢牢地掌握在自己手里，我和段伯宇对部队的干部配备、编制、思想训练及武器装备等都作了周密而细致的安排，以使它成为一支调得动、拉得走、打得响的为我所用的战斗部队。

在干部的选择配备上，虽不能完全摆脱牵制，但我尽力选择下列人员担任重要职务：一是跟随我多年为我信得过的老部下；二是对时局不满而要求进步的原青年军军官；三是曾经被解放军俘虏过，经教育释放后进了国民党中央训练团，备受怀疑、歧视的军官。（国民党对被俘军官极不信任，在如何处理他们的问题上感到非常头疼。国民党空军司令周至柔曾在一次参谋部会议上，主张把这些人全部杀掉，并说："如不杀掉，将来亡国就亡在这批人身上。"与会人员多数不同意，因为这样做，可能引起这些人的家属和亲友的强烈反对，闹出乱子。最后会议决定把这些人送到中央训练团受训——即所谓"洗脑"——后，令其自谋出路。）这些军官，特别是曾被解放军俘虏过的军官，对共产党的政策比较了解，对蒋介石置人民渴望和平生活的愿望于不顾，悍然发动内战，把他们充当炮灰，而把广大人民推入苦难深渊极为不满。有了这样的思想基础，再经我们的引导，就如同在一堆干柴上点了一把火，他们的反蒋意识之火就熊熊燃烧起来了。总队部所辖军事教育、辅导、总务三个组及四个军事大队、16个中队和文化宣传区队，绝大多数都掌握在进步军官手里，能听从我的指挥，形成了以林勉新、李恺寅、邓道三、胡岳宣、陈国骅、刘异、李德厚、文承山、杨今、陈济光、彭少怀、曹仲如、顾炳耀、杨宇志、张维、李达祥、吴文简、杨兴华、刘耀诚、刘汝沧、冯一、张若虚、王家骏、杨步舟等为核心的干部骨干队伍，在各个部门发挥了组织和领导的作用。

在思想教育上，我们对这支队伍的素质作了深入而全面的分析。学员几乎都是抗日战争最困难阶段为挽救国难而从军的青年，他们年轻单纯、思想活跃，虽有较高的学历但缺乏社会阅历，充满爱国激情却又不免幼稚。抗战胜利之后，他们面对的现实却是：抗日战火刚熄，内战的烽火又起，人民依旧受苦受难，而国民党的贪官污吏却大搞"五子登科"，大发"劫收"财。国统区的黑暗社会现实，使他们失望、彷徨，在人生的十字路口徘徊、观望。因此，当蒋经国以新异的形象出现，提出"一次革命，两面作战"的口号时，他们就难免受其影响，对之抱有许多的幻想。由这样的青年组成的这支队伍，能不能为我所用，关键在于正确引导，使之摆脱国民党的影响。我们为此采取了许多措施，尽量避免上面派政工人员下来，而由总队部辅导组自己负责，大、中队辅导员均在学员中自行选举产生。整个总队的宣传教育工作都置于我的亲自掌握之中而不受国民党的牵制干扰。

在军事装备上，按武装反蒋起义的需要，每个军事大队下设四个中队，其中两个为步兵中队，一个迫击炮中队，一个机枪中队。此外还设立了交通、通讯、工兵、政工中队和文化宣传区队。部队装备齐全，配有美式步枪、冲锋枪、轻重机枪、60和82迫击炮等轻型武器，弹药配备也充足。并通过军事技术训练，让所有学员均能熟练使用各自的武器。

蒋经国对这支部队的建立极为关切，预干总队成立、我就任总队长时，他还曾从杭州家中来电表示祝贺，希望这支部队成为拱卫蒋家王朝半壁江山的核心和骨干。他大概绝对没有料到，正是这支部队——预干总队，后来竟会成为震惊宁、沪、杭地区的嘉兴反蒋起义的发动者。

密谋发动军事政变

　　预干总队成立之初，学员仅有千余人，但显得很有生气。我几乎每天一早都和学员一起早操、跑步、爬山。这样既能让学员熟悉南京附近的山头地形，增强适应性，提高身体素质，而且通过一起训练，使我和学员之间的关系更加熟悉、密切，如同家人，便于我直接了解学员的思想状况和对时局的看法。他们对我几乎无话不谈，这实际上比正式开会更为广泛而有效。学员有时三五成群围着我聊天，有时我与个别学员促膝谈心，深入交谈。加上操后、课余的接触，我熟悉了许多学员，了解了大量情况。他们对时局提出了许多各种各样的问题。比如，有的问："蒋委员长当初说能在六个月内消灭共产党，为什么今天却越打越糟，常吃败仗？"有的问："长江以北都成了共产党的天下，长江能守得住吗？"也有的问："蒋局长要我们'一次革命、两面作战'，走第三条道路走得通吗？"等等。在提问时，有时学员自己也展开争论，各说各的看法。开始时我也不加指点，只是鼓励他们充分发表见解。从中我看到了他们当中的大多数人厌恶内战，对国民党官吏贪污腐败十分不满，感到自己再跟着国民党走下去没有出路。有的甚至明确地提出要我当"火车头"，带领他们奔向光明。这些情况表明我在预干总队组织反蒋起义是有基础的，也为我制订行动计划和确定行动时机，提供了依据。

　　大约在11月底或12月初，我得知了国民党政府将很快从南京迁往广州的消息。我感到采取行动的时机到了，于是紧急约段伯宇、董嘉瑞、刘农畯、宋健人、林勉新等到南京干河沿109号我的住所秘密商量。我向他们谈了陈布雷之死的情况和国民党政府要逃往广州的计划之后，非常气愤地说："决不能让这些发动内战的罪魁祸首逃之天天，我们应当迅速采取行动，在南京发动一次'西安事变'式的突然袭击。"很多人同意我的意见，并商定由我率领预干总队占领紫金山，刘农畯率领伞兵第三团占领两路口飞机场，把蒋介石和在南京的国民党主要军政要员都抓起来，送往解放区，使内战早日结束，以尽我们一点历史责任。这是一个非常突然、大胆的军事政变计划。

当我们谈得很激烈，摩拳擦掌，有的甚至拿出手枪，跃跃欲试，真想大干一场的时候，段伯宇却显得非常冷静，表示不同意贸然采取行动。他对敌我力量对比和南京的形势作了分析，认为从局部看，南京敌人的力量仍占绝对优势，而我们自己的力量却很有限。如举事不成，反暴露了自己，功亏一篑。他对我们要采取行动的热情和勇气表示赞赏，但认为时机不成熟。指出：一、搞革命不能感情用事，不能盲目行动，更不能逞一时之快；二、反蒋得有准备、有领导、有计划地去干；三、要充分作好准备，要抓部队，积蓄力量，等待时机行动。

经过反复讨论，我们一致同意了段的意见。会上决定团结一致，坚决反蒋，掌握军队，等待时机。会后大家即分头行动，利用各自的条件抓好军队，选择适当时机，举行反蒋起义。

1949年初，辽沈、淮海、平津三大战役已先后结束，国民党损兵折将，溃不成军。内战胜负，已经明朗。在中共方面，毛泽东主席发表声明并提出了和平的八项条件，作为与国民党当局谈判的基础。在内外交困的局势下，国民党政权内部迅速分裂，蒋桂矛盾急剧激化。桂系李宗仁、白崇禧在美国的支持下，在华中组织所谓的"五省联盟"，分庭抗礼，同时在南京大搞"逼宫"，提出要蒋介石下野，由李宗仁取而代之。蒋介石焦头烂额，一筹莫展，被迫于1949年1月21日宣布"引退"，回老家奉化溪口"休息"，李宗仁上台当了代总统。

形势迅速变化，蒋介石下台，李宗仁上台，国民党政府迁往广州，不

久预干总队也被调往嘉兴，这使得我们在南京发动"第二次西安事变"的计划，未能付诸实施。但国民党内部的进一步分崩离析，更增强了我们准备力量、发动武装反蒋起义的决心。

调驻嘉兴，酝酿起义

　　蒋介石回到溪口之后，实际上"隐"而不退，他以国民党总裁的身份，在溪口继续遥控、操纵着国民党政府的军政大权。同时，在"和谈"的幌子下，积极扩军备战，准备在长江以南地区负隅顽抗。南京国防部秉承蒋介石的旨意，加紧调兵遣将，部署其所谓的"长江防线"。1949年1月下旬，刘农畯的伞兵第三团奉命调往上海附近的安亭，预干总队也奉命调驻浙江嘉兴，驻地即是原来嘉兴青年中学的旧址。

　　为了加速组建30个新军的步伐，尽快满足提供1万名军事干部的需要，蒋介石下令立即扩大预干总队。于是将嘉兴、杭州两所青年中学的学生都编入预干总队，使学员从原来的1000余人增加为4000余人。并在此基础上，于1949年2月，将预干总队扩大为预备干部训练团（简称"预干团"），由我兼任团长，负责在重庆、汉中分别建立预干第二、第三总队。我将重庆青年中学的学生和四川要求就业的第一期青年军复员的预备干部约3000余人，组成预干第二总队，派徐云胜、杨锦枫担任正、副总队长，驻重庆复兴关。我又以汉中青年中学的学生2000余人为基础，组成第三总队，由蒋经国推荐蒋得任总队长，驻汉中。第二、第三总队的编制和武器装备大体和第一总队差不多。这样，加上嘉兴的预干第一总队，预干团的学员人数共达1万余人。

　　预干第一总队移驻嘉兴后，人员有很大增加，组织得到了扩充，嘉兴预干总队的编制如下：

总 队 长：贾亦斌（兼）

副总队长：黎天铎、林勉新、潘振球（后增）

总 队 附：祁宗汉、文承山

总队部下辖三个组：

  军事教育组：组长李馥斋（下设教育、参谋、技术三个股）

  辅 导 组：组长刘 异（下设宣传、康乐股及文化宣传队）

  总 务 组：组长周大公（下设军需、财务、军械三个室）

  秘 书：张文藻

总队下辖四个大队、16个中队：

  第一大队：大队长李恺寅，下辖第1、2、3、4中队

  第二大队：大队长邓道三，下辖第5、6、7、8中队

  第三大队：大队长兰 弼，副大队长胡岳宣。下辖第9、10、11、

    12中队

  第四大队：大队长李士廉，副大队长陈国骅。下辖第13（交通）、

    14（通讯）、15（工兵）、16（政工）中队

直属文化区队：队长刘汝沧

驻上海办事处：主任李达祥

联 络 组：组长张 维

每个中队有学员180人左右。第三、第四大队的学员主要是嘉兴、杭州两所青年中学的学生。第一、第四大队驻嘉兴东大营，第二、第三大队驻西大营。

嘉兴地处富饶的杭嘉湖平原，历来有鱼米之乡之称。它位于上海和杭州之间，是沪、杭铁路和公路的必经之地，战略地位非常重要。嘉兴又是一座历史悠久、风景优美的古城，城内有著名的南湖和烟雨楼等名胜古迹，28年前具有历史意义的中国共产党第一次全国代表大会就是在这里召开的。现在，一场反蒋起义又正在这座江南古城里酝酿和紧张准备着。

1949年元旦，中共中央上海局策反委员会书记张执一在上海段仲宇的家里与段伯宇进行了深入的谈话，商定将预干总队交由上海局策反委员会

掌握和直接领导，并委派策反委员会委员李正文负责与我联系。接着，李正文和段伯宇一起前来嘉兴预干总队驻地视察部队，随后又派张文藻协助李正文联系工作，到嘉兴常驻预干总队，在我身边以我的秘书的公开身份进行工作。

为了顺利开展起义的准备工作，段伯宇选定上海宝山路宝昌路口一座小白楼（其弟淞沪港口副司令段仲宇的公馆）作为联络机关。这座楼房楼下有国民党的士兵警卫，一般人很少会对此产生怀疑，我和李正文及段伯宇、刘农畯、王海峤、宋健人等三天两头在这里碰头、开会，都感觉很安全。

起初，我们议论的起义计划规模很大。准备在跨越苏、浙、皖三省，特别是京沪杭三角地带，同时采取行动，里应外合，策应解放军渡江。准备同时行动的部队计有：（1）我领导的预干总队；（2）刘农畯领导的伞兵第三团；（3）段仲宇领导的上海淞沪港口司令部及其附属三个汽车团；（4）王海峤领导的工兵第四团；（5）刘卫（我的第十军干校同学）领导的驻守扬中县的第四十一师；（6）方懋锴（我的步校同学）领导的驻守上海大场镇的青年军二〇九师；（7）于兆龙（我的陆大同学）领导的驻守南浦镇的九十五军；（8）王修身（我的陆大同学）领导的驻守芜湖的一〇六军；（9）齐国楷的江苏省保安第一旅；（10）周敬亭（我的老部下）的江苏省保安第二旅；（11）李焕阁的江苏省保安第三旅；（12）装甲兵某营。全部兵力约在六七万人以上。对这个起义计划，中共上海局策反委员会既十分重视也很慎重。上述部队，均由段伯宇陪同李正文一一前去视察了解过，后又分别派联络员到这些部队帮助工作。

经过策反委员会书记张执一的仔细分析和反复研究，认为当时举行这样大规模的联合起义，条件尚不成熟，还是以各自利用有利时机，适时行动为妥。张执一特别强调指出我所领导的预干总队是蒋经国的嫡系部队，如它在蒋统区的心脏宁沪杭地区反正起义，可以达到动摇蒋的总后方基地的作用，其政治影响极大；即使起义不能取得军事上的胜利，就是拖垮这支嫡系部队，也可以打破蒋介石建立30个新军的计划，对解放军渡江作战，起到配合策应的作用。因此，应当把起义工作的重点放在预干总队上。

李正文根据张执一的这个指示，将我和段伯宇、刘农畯三人召集到宝山路联络点，研究预干总队起义的问题。会议在应当如何选择起义时机的问题上，争论较大。一种意见认为，当时宁沪杭地区是敌强我弱，在嘉兴地区周围国民党驻有重兵，如在解放军渡江以前行动，起义部队将很难冲出敌人的包围圈而与地方游击队接上联系，在孤军作战的情况下，起义难以成功，故以等待解放军渡江以后，作里应外合的起义为好，这样成功的把握比较大。但我却认为虽然在解放军渡江前在宁沪杭地区起义危险性确实很大，但只要组织上认为有必要，就应当干！干革命不能不冒点风险，即使起义后在军事上不能取胜，也可以达到三个目的：一、在政治上，给蒋政权心脏地区来个突如其来的大爆炸，震撼其神经中枢，并以此向国内外宣告蒋氏政权内部众叛亲离的局面；二、在军事上，给国民党军在宁沪杭的防区，炸出个大窟窿，打乱其部署，动摇其军心，打破其长江防线"固若金汤"的神话；三、在组织上，使其原来准备在长江以南建立30个新军，以守住长江天堑，形成与解放军隔江对峙局面的计划彻底破产。我的这个意见，得到了李正文的支持，其他同志也表示同意。会议最后决定抓紧做好起义准备，待机行动。会后，李正文将讨论情况和我的意见，向张执一作了汇报，张执一对我的意见也作了充分肯定。其他各部队，则根据张执一有关"各自利用有利时机，适时行动"的指示，仍与党组织保持联系，等待时机。

在起义规模、目标确定以后，李正文常来嘉兴预干总队驻地现场指导，听取我的汇报，传达上级的指示，有时我还陪同他畅游南湖。有了地下党的领导，使我感到有了强有力的依靠，方向明确，信心倍增。

根据中共中央上海局策反委员会的指示，我在上海联络站同李正文、段伯宇等一起周密地研究了预干总队起义的具体方案。为了既对革命事业也对部下的生命负责，必须力争以最小的代价，换取最大的成果，同时要做好牺牲的准备。按地理环境和当时的条件，在宁沪杭地区起义，到达起义目的地，只有海路和陆路两条路可走，而以海路比较安全。因为部队上了船，只要能控制船的航向，在海上起事，突然掉转船头，朝解放区开去，就是敌人发现了要追也会措手不及。

预干总队本来可以有机会在海上组织起义，因为蒋氏父子曾要我率部乘船从海路开往福建，而且时间是在伞兵第三团乘船开往福建鼓浪屿之前。在我们讨论预干总队方案时，我考虑到如预干总队先在海上起义了，那就会立刻引起蒋氏父子的警惕，伞兵三团再要想在海上起义，就不可能了；反之如要伞兵三团在陆地上起义，比预干总队在陆地上起义要困难得多。为了使两支部队起义都能成功，我在会上提出让预干总队在嘉兴就地起义，然后或向东挺进与浦东游击队汇合，或向西往天目山与当地游击队联合。段伯宇一听我不选择比较安全的海上起义而选择在嘉兴就地起义，深感诧异。他了解在嘉兴起义的危险，出于对我的关心，他对此表示深切的担忧。会后，有的同志说我患了兵家之大忌，有的甚至说我如率预干总队前往浦东，就有可能做第二个丁锡山。①

选择在嘉兴就地起义，困难之多，危险之大，是稍有军事常识的人都会知道的。因为从嘉兴无论东往浦东或西往天目山，都在国民党政权的心脏地区之内。当时国民党在这一地区军事上、经济上仍占有绝对优势，到处有重兵把守，仅用美式武器装备的正规军就有四五十万，加上交警、保安部队和宪警特，总数号称七八十万以上；其次，嘉兴地处杭嘉湖平原，水网纵横，湖塘密布，在这里起义无可依托之山丘，却有重重水网之阻。且敌人据有浙赣铁路、京杭国道等交通线，可以运用现代军事交通工具迅速调遣部队围追堵截，而起义部队只能靠两条腿走路，条件不利可以想见；第三，嘉兴起义的预干总队仅有4000人，又难于得到解放军和地方游击队的接应，处于孤立无援的境地。以区区数千人去对抗百倍以上的敌军，

---

① 丁锡山，革命烈士。原系国民党军官，后率部起义。1948年春，接受党的派遣，任"江南先遣纵队司令"，率一百多人从浙江四明山乘船前往浦东打游击。在浦东大团镇登陆后，即遭国民党军包围消灭，丁被捕后遇害，敌人还将其首级悬挂示众。

再加上后勤给养的种种不利因素，要在军事上取胜的确是非常困难的，有人说恐怕孙膑、吴起再世也难乎其难。但我认为，不能这么绝对地看问题，事在人为，如果我们能出其不意，安全越过京杭国道，进入天目山，胜利就大有希望，而这种可能性是存在的。

我和预干总队的起义骨干们都做好了两种准备，一方面尽力去争取胜利，不放弃任何一个制胜的机会；但另一方面，也准备付出必要的牺牲，只要起义能达到预定的三个目标，能为迅速结束内战贡献力量，能换取苦难的中国人民早日过上和平安定的生活，那么即使付出个人的生命，流尽最后一滴血，也是值得的，也应在所不惜。因此，大家明知山有虎，偏向虎山行，毅然接受了在嘉兴就地起义的方案，全力以赴，分秒必争，紧张地投入了起义前的准备工作。

起义方案确定之后，能否充分做好动员和准备工作，是起义能否取得胜利的关键之一。但在当时的条件下，动员准备工作只能秘密进行，既要让整个部队都发动起来，又不能让敌人有所觉察，其中的难度很大。特别是我的性格一向敢说敢为，对人素来不隐瞒自己的观点，想什么就说什么。如今要秘密地去做起义的动员准备工作，又要公开应付国民党，这对我不啻是一个180度的大转弯。而且对广大学员发表讲话，不像同志之间的密谈，可以畅所欲言，尽情表达自己的意见，而是要求以公开的方式，达到秘密发动思想、准备起义的目的，使预干总队全体学员对起义行动在思想感情上达成共识，心理上有所准备。说过了头易于被敌人发现，说得太含糊又不利于发动思想。经过反复周密思考，我感到不充分利用一切可以利用的"合法"条件，就难于做好这项工作。当时哪些是可以利用的"合法"条件呢？我仔细推敲琢磨之后，认识到继续打出"太子"的旗帜，并充分利用当时蒋介石发表文告"求和"与李宗仁正在进行和平谈判一事，是非常必要和有利的。

因此，我把蒋经国一贯宣传的"一次革命、两面作战"、"要走第三条道路"、"主张自力更生"、"反对贪官污吏、豪门资本"的口号统统接过来，进一步加以发挥，大做文章。表面上看上去是在秉承蒋经国的意旨办事，但通过它却充分揭露了国民党官吏的贪污腐败，激发了广大学员对蒋管区腐朽黑暗现实的憎恨，启发他们思考谁贪污腐败谁廉洁奉公，谁谋私利谁为人民大众谋福利，谁黑暗谁光明，从而引导他们在自己思想上作出应当反对谁拥护谁的结论。

我又把当时蒋、李"求和"及搞"和平谈判"那一套接过来，乘国民党因内战失败，需要"和平"以获得喘息之机，公开主张和平，反对内战，对顽固的主战派进行猛烈抨击，并启发学员思考谁是发动内战的罪魁祸首，国民党内战为何失败等问题，使他们坚定了不愿当炮灰，不应助纣为虐的厌恶内战、反对内战的思想，引导大家对应该站在哪一边的问题去作出正确的结论。

这种将国民党的口号接过来为我所用的方法，可称之为"以子之矛，攻子之盾"，收到了很大效果。经过这样的宣传鼓动，正直爱国的青年必然会毫不迟疑站到进步的一边，反对腐败，追求廉洁；反对内战，追求和平；反对黑暗，追求光明。而反动分子也抓不到什么把柄，无可奈何。这些策略、做法得到了地下党的充分肯定和支持，于是我放手做了以下几方面的工作：

——在政治宣传鼓动上

1. 召开各种大、中、小型讨论会、座谈会，了解思想动态，特别是带倾向性的问题，因势利导，求得共识。

2. 以大家最关心的"和"与"战"的问题，组织大型辩论会。在会上，以学员张若虚等为代表发表的"主和论"，博得了台下的阵阵掌声，而另一些人发表的"主战论"，却不断被台下的嘘声所打断，不得不灰溜溜地走下讲台，反映出主张和平、反对内战是人心所向。最后我登台发言，旗帜鲜明地支持主和一派，使主和者力量大增。

3. 举行各种报告会。我在全总队报告会上以大量事实毫不含糊地揭露了国民党政府派系林立，争权夺利，贪污腐化，昏庸无能，前方军事上节节败退，后方则民不聊生；豪门巨室不顾人民死活，过着荒淫糜烂的生活，有的甚至把金银财宝运往美国，准备到美国去做百万富翁；但同时又策略地不予指名道姓，以保持分寸。

4. 总队出版《甦报》（"甦"即自力更生之意），各大、中队出版墙报。组织学员自由发表见解和主张。这些文章政治性强，又有趣味性，人人爱读，催人奋进，影响力很大。

5. 编唱《预干总队队歌》。《队歌》歌词是：

> 新的觉醒，新的任务，新的行动。
>
> 我们的后盾——人民；
>
> 人民的前卫——我们。
>
> 为主义，肯牺牲；
>
> 为人民，争生存。
>
> 新军到处，万众欢腾；
>
> 把握时机，准备新生。
>
> 像海燕穿过那暴风雨，
>
> 像雄狮怒吼在山林中。
>
> 要慷慷慨慨的死，
>
> 要轰轰烈烈的生。
>
> 划时代的史诗由我们写，
>
> 光荣的凯旋属我们！

尽管歌词比较含蓄，但充满了革命的激情，又强调点出了要"把握时机，准备新生"的主题，起到了指引方向，鼓舞激励斗志的作用。

这样一系列大张旗鼓的政治宣传鼓动活动，使整个预干总队官佐、学员的思想起了巨大的变化。多数人爱国热情高涨，表示要同腐败官僚斗争到底；少数原来对国民党抱有幻想、持观望态度的人，也感到国民党腐败日甚，大势已去，暗中也开始考虑何去何从的问题；而个别坚持反动立场者则极为恐慌，但又以为我是蒋经国的得力助手和亲信，对我这么干大惑不解，以为我是在贯彻执行蒋经国的"一次革命、两面作战"的主张，是在"走第三条路线"，也不敢妄加干涉。预干总队起义的思想准备日臻成熟，对起义的发动极为有利。

——在组织工作上

除了安排可靠者担任各级要害岗位的职务和排除国民党派政工人员进入预干总队之外，我们还采用多种形式，把全总队学员最广泛地发动和组织起来。公开的形式有时事座谈会、学术研究会、同学会、同乡会、读书会等。秘密的形式有结拜金兰、依靠骨干建立"三·三"秘密小组等。这样做的目的，是要将学员团结成一个坚强的整体，准备应付起义中可能出现的"进"与"退"两种局面。发动起义时，可以此动员、组织学员；如遇到特殊情况需要"退"时，也可化整为零，分散作战，坚持下去。这套组织办法，也得到了地下党的充分肯定。张执一、李正文等领导人还指示要团结一切可以团结的人，最广泛地扩大统一战线，发挥统一战线的威力。

——在军事训练工作上

从起义实战需要出发，我们对学员加强了军事操练、作战演习和掌握兵器的技术技能训练。每天三操二讲，风雨无阻。我和各级队长每天坚持同学员一起出操，共同生活，经常深入各大队、中队队部检查，肯定成绩，指出不足，从而使学员的军事素质有了迅速提高。

通过以上一系列思想、组织、军事工作，全总队学员基本上统一了思想，提高了觉悟，举行武装起义的主观条件已经成熟了。广大官兵决心义无反顾，随时准备响应人民的号召，去"把握时机，准备新生"！

溪口之行

　　随着起义准备工作的逐步深入，溪口方面似乎也发现了什么蛛丝马迹，感到我在嘉兴预干总队的活动有些"异常"。国民党内早就有人认为我对时局一直持悲观态度，却对办预干总队如此热心，当时就表示怀疑，现在更是疑窦丛生，因而开始对我进行暗中监视。他们派出特务在预干总队驻地嘉兴西大营北门外设了一个伪装的货摊，日夜监视。接着，蒋经国的亲信江国栋（预干局第二处副处长）携带大量银元来到嘉兴，在一家小旅馆里设立了秘密点，四处活动，在预干总队军官学员中大搞拉拢收买，暗中调查我的言行，窃听学员的各种讨论会、辩论会，以此收集情报，直接向蒋经国汇报。1949年2月底，国防部曾向保密局（军统局）嘉兴站发出电示："贾亦斌言行偏激，应予慎防。"这给起义的准备工作，造成了不少困难。但起义已如在弦之箭，无论阻力和危险有多大，都势不可止，必须继续进行。地下党掌握了上述情报后，及时通知了我，我立刻采取了必要的防备措施，并提高警惕，加快了准备工作的步伐。

　　3月初，蒋经国突然从溪口来电话命令我立即去溪口见蒋介石，随后又多次来电催促。此时要我去溪口明摆着是赴"鸿门宴"，结局难以预料。一定是蒋经国得到从嘉兴有关方面发来的不少情报，对我的言行加深了怀疑，故有此举。去还是不去？我颇为踌躇，因为此行关系到嘉兴起义的成败，必须请示汇报上海地下党领导。我迅速赶到上海宝山路联络站，同李正文、段伯宇急商对策。经过全面分析，我们认为蒋经国不可能掌握我与地下党联系的真凭实据，我并没有暴露身份，他对我仍然只是怀疑，因为当时地下党组织与我只有单线联系，在预干总队内部也没有发展组织。在这种情况下，如果不去，倒反而会使蒋氏父子增加对我的怀疑，并可能先采取行动，将起义扼杀在摇篮中。因此，只有冒着危险，毅然前往，以行动来消除蒋氏父子的疑虑，才有可能挽救正在酝酿的起义，因此会议决定我以去为好。会后，李正文向张执一作了汇报，张对我们的分析和决定表示同意。

于是，我便装着十分坦然的样子，随同国防部监察局长彭位仁一同乘轮船到宁波，然后换汽车去溪口。当我与彭到达溪口时，已近傍晚，我们二人住进了武岭学校的一个房间里。当天晚上，蒋经国没有露面。我躺在床上，反复想着临行前党组织的有关指示：遇事要冷静、沉着、克制，对蒋氏父子的态度要表现得与其他将领一样自然；还琢磨着可能发生的各种情况及应付之策。想到地下党和同志们的信任与期待，想到起义是顺应民心的正义之举，我内心充满了大无畏的勇气和信心。

翌日清晨，先期来此谒蒋的预干团上校主任秘书楼锡源趁彭位仁外出散步，房内只有我一个人时，走进来悄悄告诉我："有人向蒋先生告密，说你有思想问题，准备带领队伍投共。"他接着对我说："蒋先生今天8时找你谈话。谈得好没有事，谈得不好就别想回去了。"说罢他即匆匆离去。果然不出所料，蒋经国对我已起怀疑之心，想借溪口之行来考察我，如果我应对时一语不慎，漏出破绽，顷刻之间便会招致杀身之祸。我望了望窗外，初春的溪口显得山清水秀，但也似乎隐隐地露出一片杀机。我又想，蒋经国不干脆把我抓起来，说明他没有拿到确实证据，还在犹豫迟疑之中，只要我处理得当，努力争取，有可能使局面转危为安。生死存亡，在此一举。关键时刻，我的头脑反而格外冷静清醒。

我想到彭位仁是我的老上级，他始终器重和信任我，我进陆军大学和到青年军复员管理处工作，都是他推荐和介绍的。现在我要争取他的同情，使他向蒋经国进言，也许可以解我之危。所以等彭位仁散步回到屋里后，我即以满怀委屈的神态，向他诉说了蒋听信告密而对我产生怀疑之事。彭听了之后，埋怨我说："你这个人呀！遇到不满意，就发牢骚，现在问题来了吧！"看得出来，他并不相信外面关于我的传言，对我的处境抱有同情之意。

8时许，蒋经国果然约我到丰镐房二楼会客室见面。我已经有两个多月不见蒋经国了，这时他已经从上海"打老虎"失败后的颓丧状态中恢复过来。此次见面没有了以往朋友之间的温情，他态度严肃，话语不多，两只明亮的眼睛始终在打量我，透出一股肃杀之气。我们一见面，他劈头就问："你在嘉兴呆的时间很久啊！部队怎么样？"我以坦然的神态回答："时间不长，只有两个多星期。部队思想问题很多，官兵们都很想念领袖，可否请领袖去训训话，以安军心。"他很干脆地回答："不可能。"我又问："领袖没空，你能否去？"他又简短地回答："我没有空。"蒋经国停了一下，好像漫不经心地突然说："预干总队开往福建建阳。"边说边用两只眼睛紧紧盯着我，看我的反应。我心里一怔，知道他这是在试探我，于是我毫不犹像地回答："好！我回去就带部队开往福建去。"并提议通知参谋总长顾祝同，因为顾曾表示预干总队学员经短期训练后，即行分配到新建各军去当下级干部。蒋回答："可以，我会打电报给顾祝同的。"为了早日脱离虎口，我就顺势向他提出："我可否早点回去作准备？"蒋回答说："不行！你可以住几天，这里还有重要事情，领袖还要找你谈谈。今天就谈到这里。"蒋经国宣布谈话结束，立即起身送客。

随后几天，蒋经国每天派他的机要秘书萧涛英名为陪我游山玩水，实际上对我进行监视考察；同时还派人到嘉兴预干总队进一步调查我的情况。我知道自己已落入樊笼，只好表面上装作兴致勃勃，随人到处游山玩水，以消磨时光。当时我的处境十分危险，只要嘉兴稍有风吹草动，我就再也难以脱身。住在溪口等于被软禁，与外面的联系完全中断，嘉兴方面的消息一无所知。我内心焦急万分，真是度日如年。我曾想乘机逃出虎口，到四明山去找中共游击队，但由于监视甚严，无法脱身而罢。我在心里告诫自己：要忍耐下去，坚持到底。

大约过了漫长的三四天，蒋经国突然通知我："今天晚上，领袖请来了上海京剧团，在武岭学校演出《龙凤呈祥》，约你和我们一家人一同看戏。"我听了以后十分怀疑，"请我看戏？要我到溪口来就是为了看戏？莫非是戏中有戏？"我觉得事情不会那么简单。此时耳边仿佛响起了荆轲"风萧萧兮易水寒，壮士一去兮不复还"的悲壮歌声，心里做好了最坏的准备。如果他们要对我下毒手，我决不会束手待毙，一定要像荆轲那样与之拼个你死我活。

我按时到了武岭学校，气氛有点出乎我的意料。蒋介石已坐在戏场的第一排沙发上，他的长孙和孙女坐在他两旁。我和蒋经国、方良被安排坐在第二排，我们身后坐的全是侍卫。在看戏中，我曾动念想学荆轲刺秦王那样，拔出手枪打死蒋介石再行自杀，以谢天下。继想到上海临行时中共地下党领导同志告诉我的"我们无产阶级革命不主张暗杀"，乃止。整个看戏过程，都很平静，一直到戏演完散场，没有发生什么事，蒋氏父子对我也未作任何表示。

这场"戏"演完之后，蒋氏父子对我的考察似乎告一段落，显然他们没有找到有关我"通共"的证据，但蒋经国仍然没有放我回去的意思。我担心日久生变，一直在寻找机会争取早日跳出这一牢笼。机会终于来了。

3月11日上午，我照例又由人陪着"游山玩水"，自雪窦寺妙高台下山途中，正巧遇见蒋经国陪同阎锡山上山。那天，蒋经国显得情绪很好。我乘机向他提出溪口的风景已经游遍，我想回嘉兴为部队开往福建作安排。也许是蒋经国经过八九天的监视考察，未发现我有什么"异常"情况，在嘉兴预干总队也没有抓到我的什么把柄，一时无法处置。今天见我要求返回嘉兴，趁着高兴，就爽快地答应了。我得到他的允许，如同出笼之鸟，一刻也不敢耽搁，当天就同彭位仁一起离开溪口经宁波回上海了。此次溪口之行，是我同蒋经国的最后一次见面。很久以后，我才从方庆延处得知，蒋经国从上海"打老虎"失败之后，就已对我产生了怀疑。据方来信说，1948年11月上海"限价"失败后，蒋经国去奉化前，回到南京励志社2号住处。那天天气阴沉，蒋打电话到预干局找方有事。大约上午10点左右方到了励志社。蒋经国一个人在房间里，埋着头坐在沙发上。方进去后，蒋一摆手指着对面沙发示意他坐下，一手拿起一支烟，一手拿火柴点着了烟，深深地吸了一口，慢慢地说："简直是众叛亲离了！你知道贾亦斌……这个人的情况。……你要主动接近他。必要时全权负责处理他。"方对蒋这一指示采取了淡然处之的态度，不久，方随预干局去广州，遂不了了之。由此可见，此次溪口之行确系险象环生，千钧一发，由于我沉着对付，才得以化险为夷。

3月12日，我回到上海之后，在华懋饭店（今和平饭店）楼下餐厅向地下党组织李正文、段伯宇和张文藻等汇报了溪口之行的情况。党组织对我在溪口能单独应付各种事态，并安然返回，作了很高的评价，并对我表示慰问。鉴于我已受到蒋经国的严重怀疑，我提出必须加紧起义的准备工作，争时间，抢速度，赶在敌人动手之前，做好一切准备，防止敌人采取突然措施而使起义工作半途而废。会议对此作了仔细研究，作出了四项决定：一、把我的妻子谭吟瑞和孩子贾晶晶（后改名贾宁）立即从上海花园饭店住处秘密转移到虹口临平路鸿福里17号一个老朋友家隐蔽起来，对外则扬言说送往福建去了，以避免敌人的注意。二、在预干总队内部加快以读书会、同乡会、研究会等形式，把起义骨干和学员组织起来。三、将无线电台修理好，以备与地下党组织保持联系。四、加紧对驻宁沪杭地区的国民党三个军和几个保安旅进行策反工作，并派出宋健人、李炳琳等前往有关部队联络。

在各项工作分别布置完毕后，我就和李正文、段伯宇在上海开始了紧张的工作。当时毫无秘密工作经验的我，完全置生死于度外，在充满白色恐怖危险的上海地区，为准备起义东奔西走，四处联络，日以继夜地进行工作。

为了防止国民党的迫害，我必须将自己的母亲、妻儿安置妥当，以解后顾之忧。1948年春，我派文书张维将母亲和妻子、儿子分别送往家乡湖北阳新和湖南浏阳隐蔽，并嘱咐吟瑞在家乡找一份工作，安居下来。吟瑞回到浏阳后住在其大姐谭启瑞家中。但浏阳是个小县城，外面来人很快传得家喻户晓，满城皆知了。我给吟瑞母子寄去的生活费，汇款单刚到邮局，吟瑞还没有收到，就有人上门来借钱。在浏阳住了一个月，因无法隐蔽，只好又返回南京。1948年秋，我又设法将吟瑞和晶晶送到江西临川，住在朋友林勉新的家里（林当时任团管区司令）。我希望她们到江西后，隐姓埋名隐蔽起来。但事与愿违，吟瑞到临川的消息，很快当地的人都知道了。人家请林勉新赴宴时总是同时给她一个请帖："请贾夫人参加。"吟瑞写信告诉我，说在临川不仅不能隐藏，反而名声更大。于是，这年冬天，我又派人带着我的亲笔信接她们回来。林勉新不放心，特地亲自护送吟瑞坐火车回到上海，将她们母子安顿在浙江路一个叫做"花园饭店"的小旅馆里住下了，没有再回南京。

1949年初，我为了准备起义忙得不可开交，而且行动秘密，不同寻常。吟瑞也有所觉察，但不了解内情。为了使吟瑞有所准备，并取得她对我的工作的支持，在这期间，由老友段伯宇出面找吟瑞谈了一次话。段对她说："我看你和亦斌的感情很好，家庭生活很幸福。现在亦斌想干一番事业，希望你能够帮助他。"吟瑞表态说："我了解亦斌是一个很正直的人，我相信他做的都是好事，绝不会做坏事。所以，请你放心，我绝不会妨碍他，影响他。"我当时从事的事业是有生命危险的，吟瑞理解这一点，但她仍然毫无保留地支持我，这种深明大义的态度，使我非常感动。在她的理解和协助下，我更得以全身心地投入工作，信心和劲头更足了。

我从嘉兴回来后，就按照地下党的指示，通过吟瑞的一个最要好的同学聂宗芳在上海虹口区找了一处住处，商量好第二天吟瑞就带晶晶悄悄地搬过去。我对外则扬言已为妻儿买好去福建的船票，明天就将动身。第二天许多人来送行，吟瑞的行李很简单，就两个皮箱、一个被包。晶晶快两岁了，很顽皮，坐在皮箱上当马骑。吟瑞对客人解释说船票虽然已经买好，但何时开船则要等候轮船公司通知，通知一到立刻动身。按照商量好的计划，我陪客人们去吃饭，吟瑞则乘机打电话给祥生汽车公司叫了一辆搬家的汽车，带着晶晶和勤务兵文源发坐上汽车不辞而别。到了虹口，吟瑞借口忘记了地址，将汽车先打发走了，然后转雇了两辆黄包车前去。到新住处附近时，为防止国民党特务跟踪，她们提前下了车，然后自己走去。聂宗芳和其丈夫及妹妹（聂宗兰）都赶来帮忙安置，吟瑞就化名聂宗瑞在上海虹口区临平路洪福里17号楼下的一个客厅住了下来。租金说好是两担米一个月，房东夫妇是江北人，男的是印钞厂的工人，当时失业在家，因生活困难，故将房子出租。这对夫妇都是厚道人，对吟瑞母子非常照顾。

撤职后上"最后一课"

　　1949年3月中旬，我从嘉兴回来以后，就在地下党的领导下，加紧进行对国民党军队的策反工作。我和李正文、段伯宇先在上海对驻大场镇的青年军二〇九师做了策反工作，取得了进展。然后，我们乘车去南京，拟对驻浦口的九十五军和驻芜湖的一〇六军作进一步的策反。我们刚到南京干河沿我的住所，预干总队联络组组长张维就从上海匆匆赶来，一进门就向我报告紧急情况：国防部已经正式下令，将我所任的三个职务（预干局代局长、预干团团长、预干第一总队总队长）全部撤掉，调为国防部部员，派往南京卫成总司令部服务。并委派副总队长黎天铎接替我任总队长。

　　国民党的官职，对我来说早已失去兴趣，撤了毫不足惜。但此举是一个信号，它说明蒋经国对我的怀疑日益加深，在尚未抓到我的任何把柄的情况下，就断然采取措施，迫不及待地将我撤职，其目的是将我与预干总队的联系一刀切断，防止预干总队出现"异动"。敌人抢先动手了！对我和预干总队采取进一步的行动只是时间问题，对此我毫不怀疑。

　　面对事态的突然变化，李正文和段伯宇对我的安全深表关切，也对起义工作被此突如其来的一着所打断，深为痛惜。难道长期以来那么多人辛勤奋斗的心血和成果，就这样轻而易举地被毁之一旦，付诸东流？难道一切都木已成舟，无法挽回了吗？我审慎地思考着形势的变化和应采取的对策。很明显，敌人是想与我们争夺对预干总队的领导权，企图把预干总队从我们手中夺过去，置于他们的控制之下。但根据我对预干总队的了解，敌人的阴谋是注定不能得逞的。第一，起义的思想已在预干总队广大官兵中酝酿成熟，扎下了根；他们拥护起义，是基于向往光明，追求真理的信念，完全出于他们的自主选择，任何人违反他们的愿望，强迫他们作炮灰、当殉葬品，必然遭到官兵的强烈反对。第二，全体学员都是初中以上甚至大专文化水平，具有较高的分析问题的能力，他们一定会识破国民党的阴谋诡计和欺骗手段。第三，预干总队是我一手组织起来的队伍，全队4000名学员我几乎全都认识，叫得出每一个人的名字，对干部、骨干的情况我更是了如指掌。共同的思想感情、艰苦的训练、朝夕相处的生活，使广大学员信任我、爱戴我，我也从心里热爱这些可爱的青年，我要带领他们走向新生，走向光明，他们愿意跟着我赴汤蹈火。我和他们患难与共，生死相依，国民党竟想以一纸命令来隔断我们之间的血肉联系，简直是白日做梦！我坚信：即使我身无一官半职，但只要我登高振臂一呼，预干总队的广大官兵就会立即群起而响应，义无反顾，一往无前！想到这里，我当即向地下党组织郑重保证："只要我还活着，就一定能在党的领导下，率领这支部队起义，请组织上放心！"

为防止国民党进一步加害于我，我特别关照张维等人迅速为我办妥移交手续，以避免国民党强加给我"拒不移交"或"移交不清"等莫须有的罪名而将我扣押起来。我和李正文、段伯宇随即从南京返回上海，向上级党组织汇报情况，并商量下一步的对策。

事态的发展果然不出所料。我的撤职命令下达到嘉兴之后，预干总队的官佐、学员顿时大哗、哄闹起来。学员自行罢操、罢课，有的贴出标语："谁叫我们的贾总队长离开我们？""谁剥夺了我们的温暖？""谁打掉了我们的火车头？"等等。有的扬言要上南京请愿，还有的甚至表示要上山打游击。一连几天，越闹越激烈。弄得国民党当局感到众怒难犯，十分尴尬。特别是新任总队长黎天铎更是手脚大乱，一筹莫展，急得像热锅上的蚂蚁。黎感到无法应付，难以收拾，不得不求助于我，想借重于我在预干总队的威望，去稳定学员的情绪。故以欢送我为名，特地"诚意"邀请我到嘉兴去出席欢送大会，还决定聘请我为"名誉总队长"，想以此来获得学员的好感，平息大家的愤怒。当时地下党组织也鉴于时机尚不成熟，这样盲目大闹下去会吸引敌人的注意，反而对起义不利。于是指示我接受邀请，赴嘉兴去稳定局势，并要我相机提醒起义骨干注意隐蔽，讲究斗争策略，耐心等待时机，切勿乱动。

3月下旬初，我动身前往嘉兴去出席"欢送大会"。当我到达嘉兴的消息一传开，全总队一片欢腾。很多人联名写信要求国民党当局撤销我的"免职令"，恢复我的本兼各职；还有一群群的学员拥到我的面前，要求我一定答应留下来。当我走上欢送大会主席台时，全场欢声雷动，掌声经久不息，许多人甚至热泪盈眶，出现了一片感人肺腑的场面。

面对如此热烈而感人的欢迎场面，面对这样纯洁而可爱的爱国青年，我的心情无比激动，心中有许许多多的话要说，但是当时的情况不允许我这样做。于是我极力抑制自己的感情，在欢送大会上向全体学员语重心长地讲完了《论预备干部制度》的最后一课。我在讲课中强调指出："国家的预备干部是新的革命军事干部，是人民的公仆，因此一定要以人民为后盾，为人民着想，为人民服务，绝不可侵犯人民的利益，否则就会被人民所唾弃。无论古今中外的军队，依靠人民则胜利，脱离人民、背叛人民则必定失败！这一历史的真理，吾辈革命军人当慎思之。……"我在台上认真地讲解着，学员们在台下静静地听着，不时报以热烈的掌声，台上台下感情相通，大家思绪起伏，悲愤激昂。这"最后一课"，实际上起到了再一次动员起义、发动思想的巨大作用。

我讲完之后，在学员的掌声中，黎天铎向我授予"名誉总队长"的聘书，这纯属儿戏之举。当局本来想用将我撤职的办法来惩办我，并防止预干总队受进步思想的影响。但结果发现适得其反，只好采取这种办法以表示对我的"尊重"，一方面以平息学员的不满，另一方面也用来"安慰"我。这实际上是等于承认撤我之职是错误的。敌人搬起石头砸了自己的脚，陷于狼狈不堪的境地。

我接过"荣誉聘书"，向全体学员告别。从实际上说，我并不需要什么"恢复名誉"，更不屑于这种廉价的"安慰"，但为了革命事业我可以

忍受一切，这点屈辱又算得了什么呢！

　　向全体学员告别时，大家依依不舍，我也一再转身，向他们频频挥手。我心里对他们说："亲爱的同志们、战友们，我们的分手只是暂时的，后会有期。要不了多久，我就会回到你们中间，同你们一起，为冲破黎明前的黑暗而战斗！"

机密泄露，断然起义

　　1949年3月底，我参加了嘉兴预干总队的"欢送大会"之后，由嘉兴回到上海，住入吴宫饭店，随即发现有特务跟踪盯梢。敌人显然已经将我视为危险人物，加紧了对我的监视，情况危急。在同事的帮助下，我乘机摆脱特务盯梢，混在人群中走出饭店，立即赶到宝山路联络站，与段伯宇一起对当前的形势和起义工作的准备情况作了仔细的研究，并向地下党组织作了详细汇报。

　　此时，国民党政府拒不接受共产党提出的和平谈判条件，仍在长江以南地区积极扩军备战，准备负隅顽抗。毛泽东和中共中央发出了"解放全中国"的号召，人民解放军百万雄师陈兵江北，很快就要发起渡江战役。在这种情况下，上海地下党决定立即发动预干总队起义，以策应大军渡江。4月2日，李正文正式向我传达了上海地下党的指示：决定预干总队在嘉兴起义，经莫干山向天目山挺进，与苏浙皖边区游击队联系，策应人民解放军过长江。预定起义日期为4月15日，起义后可用"苏浙皖边区民主联军"名义活动。

　　盼望已久的这一天终于来到了。我兴奋地接受了党组织的决定，并庄严表示：一定不辜负党的信任，坚决完成党所交给的光荣任务！最后，我向党组织提出："万一我牺牲了，请求党组织批准我成为一名光荣的中国共产党员。我的孩子还很幼小，对我的妻儿，请在可能的条件下予以照顾。"李正文对我希望成为一名共产党员的要求予以赞赏，表示将立即向上级反映，尽快考虑我的入党请求；并告知对我的妻儿组织上已作了隐蔽安置，尽可放心。最后他勉励我遇事冷静慎重，妥善处置，争取起义成功。后来，我得知地下党组织很快就批准了我和刘农畯、段仲宇、宋健人等为中共党员，其他几人在批准后即通知了本人，只有我因处于高度紧张的战斗状态，所以未能及时通知。

我随即去向妻子和孩子告别。起义属于党的机密，不能明说，但此去九死一生，很可能是最后的永别了。生离死别之际，心里有多少话要说啊！我克制着自己的感情，只简单地对吟瑞说："我又要出差了，这次时间可能要长些，你要多保重，照看好孩子。"吟瑞知道我工作的重要，她每次总是无条件地支持我。这时，她凝视着我，又看看还不满3岁的晶晶，良久沉思，眼眶湿润，充满泪花，又含着笑容对我说："你放心，孩子有我照顾呢！"我抱着孩子，深情地亲了又亲。吟瑞似乎有所预感，她从手上脱下我给她买的结婚戒指（这是我们家唯一值点钱的东西），塞在我的口袋里，对我说："带着它，万一需要，还可以派上用场。"我懂得吟瑞的心意，一时语塞，只好点头答应。临别时，我趁吟瑞不注意，又将戒指悄悄塞在枕头底下，如果我牺牲了，希望她们母子俩还可借此多维持几天的生活。

起义既已决定，不可拖延。当日午夜，我即偕同副官孙效武到上海西站，在混乱中从窗口爬上火车。3日凌晨秘密抵达嘉兴，在车站旁边一家小旅馆里歇了一会儿，就移居到北门外钮家滩一家可靠的老百姓家中隐蔽起来。按照在上海同段伯宇商量好的办法，我到嘉兴后，立即着手组织力量，分头做起义的具体准备工作：1. 派出总队直属文化区队长刘汝沧等根据预定的起义计划，绘制起义部队行军路线图，并侦察沿途敌人驻军情况；2. 派出人员去与地下党指定的朱专员接头，以便部队起义后能及时得到接应；3. 请张文藻将起义各项具体准备工作及进展情况及时向上海地下党领导汇报；4. 派人到上海催修无线电台并尽快取回，以供起义使用；5. 我本人在秘密地点与预干总队中起义骨干保持经常联系，以掌握情况，处理问题。一连几天，我白天足不出户，整天埋头于拟订计划、察看地图和思考对策，夜晚则外出联系工作和召集会议。记得房东家有一个正在复习功课、准备高考的女孩，觉得我很神秘，有一天她对我说："你整天躲在屋子里，有一点像福尔摩斯。"

这时发动起义，除了前述军事、环境、地理等多方面的不利条件外，又增添了不少新的困难因素。第一，我已被剥夺了对预干总队的"合法"指挥权，而这一指挥权又操在与我相对立的黎天铎手里。黎是蒋经国的亲信，惟蒋经国和顾祝同之命是从。这样一来，迫使我与预干总队干部、学员的接触及筹划工作都只能秘密进行；而且黎天铎上任以后，又采取了不少加强自己地位的措施，以削弱我的影响，这都给起义增加了难度和障碍。第二，人民解放军渡江在即，国民党军警宪特处于高度的戒备状态，不但加强了军事管制，而且采取一切手段对革命者疯狂镇压，对一切违反其法令者都实行"格杀勿论"。而我的行踪又处于特务监视之中，起义工作不仅增加了困难，而且面临着极大的危险。第三，当时江南已进入雨季，阴雨连绵，道路泥泞，行军打仗，困难倍增。虽然有这些不利条件，但令人可喜的是，预干总队的广大学员斗志高昂，除极少数反动分子外，绝大多数都紧密团结在起义骨干的周围，纷纷表示拥护起义的主张，坚决服从我的领导，不管困难有多大，都愿意跟着我走。

起义准备工作正在按计划进行。可是，一个预想不到的情况发生了。4日深夜12时左右，我在另一个秘密地点——秀成桥畔一个槽坊里，召开30多名骨干会议，分析形势，布置任务。我讲了这次起义的意义以后，黑暗中突然有一名湖南口音的学员站起来问道："我们何时行动？到何处去？与共产党有无联系？"这三个问题当时正属于起义的核心机密，是地下党一再指示秘而不宣的问题。经他一问，引起了我的注意，就制止他说："你不要问这些，到时会告诉你的。"由于我缺乏这方面的经验，所以没有及时采取防范措施。会后不久，就有消息说刚才那位提问的湖南学员是第13中队的，他已经跑去向该队中队长林荫报告了。我一听就知道大事不好，因为林荫是黎天铎的亲戚，黎很快就会从林荫那儿得知消息，并向蒋经国汇报，然后采取各种手段来破坏起义。

　　这个突如其来的情况，打乱了预定的步骤，起义消息既已暴露，敌人马上就会采取镇压行动，不会让我们再按原定计划于15日举行起义。我根据自己多年战场上的经验，深知兵贵神速，机会稍纵即逝。处于目前这种紧急情况，只有当机立断，改变计划，提前举行起义。事关重大，必须得到上海地下党领导的同意。正好第二天4月5日，李正文按原定计划来嘉兴视察，我们即在嘉兴车站一家药店见了面，然后又步行到南湖，登上游艇交谈。我向他汇报了起义准备工作的进展及起义消息泄露的严重情况。李正文悉心倾听并详细询问了事情的每个细节，他同意我对当前形势的分析及应采取紧急措施的建议，认为整个形势有利于我们发动起义，不能丧失时机，他当即代表上海局策反委员会批准了我的关于提前起义的行动计划。

　　此时起义的准备工作已经大体完成，只是无法将提前起义的消息及时传达到原来约定同时起义的部队。如驻平望的江苏省保安第二旅旅长李焕阁已派车来接我去平望商量同时起义，现在也只好不去了。这样就无法相互声援和牵制敌人，从而给嘉兴起义增添了许多困难。

　　起义机密泄露之后，黎天铎得知我已到了嘉兴，深为恐慌。仅仅十多天前，他还以上宾之礼，恭请我去嘉兴出席所谓的"欢送大会"，煞有介事地向我赠予"荣誉总队长"的聘书。可是现在他却真相毕露，把我当仇敌，一心想把我抓到手，以使预干总队起义骨干群龙无首，并向上司邀功讨赏。

　　6日清晨早操时，黎天铎把同我关系密切的第一大队长李恺寅喊去，追问道："听说贾局长到了嘉兴，你不会不知道吧！"李明确回答："我不知道。"黎又假惺惺地说："我要去拜访贾局长，请你告诉我贾局长住在何处？"李机智地回答："你知道贾局长来到嘉兴，那你应比我更清楚他住在什么地方。我根本不知道他有没有来嘉兴。"尽管李斩钉截铁地回答不知道我的行踪，可黎就是纠缠着不让李走开一步。李表面上应付他，心里担心我的安全，也担心起义大事遭到破坏，着急万分。为此想方设法脱身，直到下午4时左右，李才乘隙摆脱控制，直奔我的住处向我告急说：

"黎天铎已经发现你到了嘉兴，事情已经暴露，怎么办？"

事情发展到这个地步，如再犹豫不决，必将招致难以挽回的局面。于是我当机立断，决定即于第二天——4月7日凌晨起义。起义行动分为两个步骤：第一步，迫使新任总队长黎天铎签署到莫干山进行军事演习的命令，以取得"合法"的名义，瞒过国防部和京沪杭警备总司令部，让起义部队赢得时间安全越过京杭国道，免遭敌军围追堵截。这是我为起义部队安全而考虑多时的方案。第二步，在起义部队越过京杭国道之后，在莫干山下正式宣布反蒋起义，并打出中共上海局所给予的"苏浙皖边区民主联军"的旗号，与当地游击队会合，开展游击战争，接应解放军渡江。

为此，我采取了以下措施：一、向各大、中队下达命令：迅速准备好武器弹药，饱餐一顿，率领所部到西大营操场集中待命，准备出发行军演习；二、立即在东、西两大军营实行戒严措施；三、将黎天铎包围于总队部办公室，由我亲自出面与之谈判。对黎将尽量争取，如果谈得好，明晨以行军名义出发；如黎顽固不化，谈判破裂，则予以就地处决，立即宣布起义，连夜出发。

垂暮时分，李恺寅、邓道三两位大队长派出十几名手持冲锋枪的学员来接我，陪同我来到西大营。只见操场上这里一堆，那里一群，干部学员正拿起武器，整装待发。大家见了我，纷纷前来握手，气氛紧张热烈。我在全副武装的学员陪同下来到总队部，突然出现在黎天铎的面前。黎故作镇静地问道："贾局长，这是干什么？"我秉着先礼后兵的既定策略，向黎晓以大义，劝导他识时务，立刻签署前往莫干山进行军事演习的命令，并跟随部队行动。开始时，黎错误地以为不会有多少人听从我的指挥，故意以不表态来拖延时间，等待援救。可是事实证明他的判断完全错了，包围总队部的学员越来越多，几乎要把整个总队部办公大楼挤塌了。大家群情激愤，纷纷斥责国民党政府反动、腐败、独裁、法西斯，"我们不要内战要和平！""我们不要独裁要民主！"口号声震耳欲聋。黎知道自己陷于彻底的孤立，可是仍然不肯服输，竟要起闭目养神的花招来，迟迟不肯表态，直至午夜12时，双方仍然相持不下。我看时间不容再拖，于是拿出手枪,朝桌上"啪"的一放,黎吓了一跳,睁开眼睛,我当即对他发出最后通牒说:"我是共产党派来的。现在你面前有两条路可走,一条是把我送到国防部去,你可以升官发财;另一条路是跟我们走,下令行军到莫干山演习。限你考虑5分钟,必须明确回答!"此时旁边的学员个个怒目圆睁,子弹上膛,刺刀闪亮,枪口都对着他。黎知道大事不好,满头是汗,全身发抖,只好对我说:"你是我的老上级,你给我带的路不会错,我听你的。"旋即用颤抖的手拿起笔来签了到莫干山去军事演习两天的命令,并以总队部名义行文通知嘉兴城防司令部及其他有关单位。

与此同时,一道道准备起义的命令传遍了预干总队各大、中队。学员们顿时忙碌起来,有的荷枪实弹封锁军营实行戒严,有的将反动分子监视起来,有的擦枪,有的准备弹药,有的造饭做菜,好让大家饱吃一顿。许多学员几乎不约而同地以脸盆、茶缸当锣鼓,乒乒乓乓敲打起来,欢庆自己走向新生。当夜幕降临大地之后,全总队四个大队14个中队的3000多名学员迅速赶到西大营操场集中待命,各中队按建制顺序排列,席地而坐;营房四周隐蔽处都架起了轻、重机枪、迫击炮,以防止敌人突然袭击,气氛严肃而紧张。可集中到操场待命的学员们却怎么也安静不下来,大家唱着队歌,歌声此伏彼起,从歌声中不难听出学员们此刻心情的兴奋和激动。也许是行军演习令起了作用,整个晚上,敌人毫无动静。

可是,大家在操场上左等右等,也不见第四大队第13、16两个中队前来集合。正在这时有学员跑来报告:原来驻守东大营的第13中队长林荫顽固反对起义,他趁学员熟睡之际,手持冲锋枪进行弹压,堵住大门,对躺在地上的学员大声喊叫:"谁也不准动,谁动就打死谁!"学员们被他惊醒,但已无法行动。只有第16中队(政工队)不少学员不顾威胁,门被堵住了,就跳楼下来参加起义,其中有杨步舟、王国炳等人。这时东大营响起了零星枪声和手榴弹爆炸声,我即命李恺寅带领部队,赶到东大营,命令林荫停止抵抗,把队伍带出来。但林荫拒不服从,双方又僵持了近几个小时。此时天已近黎明,形势不容再拖延时间,队伍必须尽快离开嘉兴。鉴于林荫中队已有一些学员自行参加了起义大队,对林荫等人又不宜用武力解决，不能因小失大，李遂由东大营回到了西大营。

我随即指定值星中队长曹仲如率队为前导，我自己带队断后，立即出发。起义部队迅速离开了还在沉睡中的嘉兴城，向西天目山方向前进。黎天铎、潘振球等人也被学员押着跟随部队行动。

一场震惊宁、沪、杭地区的嘉兴起义，就这样于1949年4月7日凌晨爆发了。

乌镇突围

嘉兴起义部队，在我下达出发令之后，以到莫干山去军事演习的名义，于凌晨5时许，如同平日出操一样，很有秩序地撤离嘉兴，沿着到西天目山去的一条大道，浩浩荡荡地前进，队伍延绵长达两三华里。天亮以后，沿途老百姓目睹这支部队纪律严明、精神饱满、态度和气，都啧啧称赞。

这天白天，烈日当空，气候闷热，学员们身上穿着棉衣棉裤，肩上扛着武器弹药和行李，加上昨天晚上一夜没睡，今天既没有吃饭也没水喝，急行军几个小时后，体力消耗很大，大家的脸上都显出了倦容，行军速度明显放慢了。但是干部、学员之间能互相照顾，互相帮助，身强力壮的抢着去扛轻（重）机枪、迫击炮，或者把身体较弱者的步枪、行李接过去自己背，大家一起奋力前进。

在队伍快接近桐乡县乌镇时，发现沿途老百姓的态度有些变了，大路两侧的店铺纷纷关了门，猛然间还听见有人在喊："叛军来了，快跑啊！"但老百姓很快发现起义部队纪律严明、秋毫无犯，口渴得冒烟，也不向老百姓讨水喝，而宁愿去喝河里的水，他们又渐渐拥到道路两旁，来打量观察我们。有的说："哪里有这么好的叛军呀，他们是学生军哩！"还有的说："他们是'太子军'——蒋经国的部队。"议论纷纷。

我感到我们离开嘉兴还不到10个小时，就有人说我们是"叛军"，说明起义的消息已泄露出去，这不是好兆头，提醒大家保持警惕。原来，抗拒起义的林荫在起义部队出发后，即向嘉兴城防司令部作了报告。嘉兴城防司令部知道情况不妙，又火速电告国防部和京沪杭警备总司令部。这对国民党政府如同晴天霹雳，他们顿时惊恐万状，而又恨之入骨。

住在奉化溪口的蒋氏父子，也于当日凌晨收到了从嘉兴和上海同时发出的寥寥数字的急电："贾亦斌昨晚叛变，总队长黎天铎下落不明。"整个溪口一片沮丧。蒋经国悔恨交加，痛哭流涕地向乃父检讨。蒋介石更是暴跳如雷，连声斥责其子"无能"、"用人失策"，并立即手令国防部火速调兵遣将，对起义部队进行围追堵截，还破例悬赏5万银元购买我的头颅。国防部不敢怠慢，立即调遣了几个正规师和浙、苏、皖三省好几个县的保安部队、交警部队，甚至包括其防守长江天堑的所谓精锐部队和空军，以几十倍于起义部队的兵力，对起义部队设下重重包围圈和道道封锁线，准备一举而歼灭之。

下午5时许，当起义部队抵达嘉兴以西30多公里的乌镇时，国民党的部队已在乌镇四周布下了包围圈，并在附近的吴兴、德清、武康等地设下了封锁线。原来预计在敌人清醒过来以前就突破京杭国道、进入天目山的设想未能实现，大敌已经压境，情势危急。我感到责任重大，既要为起义部队的安全着想，又要避免乌镇人民生命财产和城镇建筑毁于战火。于是我命令起义部队绕过乌镇城区，从乡间小道到达乌镇附近一个空旷场地集中，在战前举行庄严的起义誓师大会。

仓促选择的誓师大会会场没有任何特殊布置，当时正值夕阳西下，晚霞满天，数千起义官兵静静地站着，晚霞映红了他们年轻的脸庞，大家急切地等待着这一激动人心的时刻，气氛庄严肃穆。当我走上一个高高的土墩，扯下军帽上的国民党党徽和将军领章，掼在地上，庄严宣布举行反蒋起义时，全体干部、学员立即报以热烈的掌声，"坚决举行反蒋起义！""坚决拥护贾指挥！"的口号声，响彻整个会场。为了让大家了解敌情，以避免在遭到突然袭击时而惊慌失措，我简要地通报了敌情，并高声说："我们的主张是正义的。我们反对内战要求和平，反对贪污腐败，要求人民有饭吃；反对帝国主义欺侮，要求保持中国人的尊严，他们就派出重兵来包围我们，以枪炮来对付我们。我们手中也有枪炮，却不会放第一枪，但如果他们要打，我们就应当奉陪到底，用我们的枪炮来回敬他们。我们再也不会上当受骗了！"下面又响起了一片口号声："坚决反对内战要求和平！""同敌人血战到底！"接着我宣布了几条纪律，特别强调我们为人民解放而起义，老百姓是养活我们的父母，绝不能扰民、害民，绝不能拿老百姓一针一线。我又宣布按"轻"（卸掉笨重行李只带武器）、"快"（快速越过京杭国道）、"散"（分散突围）的三字方针，兵分三路突围。最后，我提高嗓门高声喊道："只要我们一越过京杭国道，共产党的游击队就会来接应我们，最后胜利一定是属于我们的！"回答我的又是一片热烈的掌声。

学员们立刻开始战前准备，大家最舍不得丢弃的是书籍，开始不免有点犹豫。这时有一位学员高声喊道："我们暂时丢掉的是一点书籍，但我们得到的将是胜利！"接着他带头把书籍全扔了，学员们纷纷向他学习，很快场地上到处都丢满了书籍和行李。乌镇人民听到我们的口号声，增加了对我们的了解、同情和支持。不少群众给我们送来了茶水，有的还送来了粽子和其他食物。船民们还慷慨地向我们提供了一部分船只，这是对我们的很大帮助。

残酷的战斗即将开始，学员们士气高昂，充满了乐观情绪。有的学员举起手中的枪说："这不是吹火棍，它早已擦得亮亮的，只要敌人枪声一响，就由它来回答了！"有的指着装满子弹的机枪说："这家伙已吃得饱饱的，只要敌人敢来，就叫他们有来无回！"尽管他们其中的大多数人都从未上过战场，但丝毫没有胆怯畏惧。

作为起义的主要指挥者，我看到学员仍然那么天真、乐观，内心里充满了爱和忧。刚刚离开嘉兴就被敌人团团包围，形势空前严峻。为了使起义部队尽快冲出重围，我利用临战前的短暂时间，召集几名大、中队长布置了突围办法：一、立即派出人员就近征集船只，让一天未进食又急行军10多小时、疲惫不堪的学员登船，趁夜开航，冲过水网向西天目山前进；二、分兵三路突围，我自领第一路，辅导组长刘异率领第二路，李恺寅率领第三路，分路向西方突围前进，尽快冲过京杭国道。

等到征集的部分船只到达时，天已黑了下来。部队刚刚登上船，就听见乌镇四周枪炮声大作，敌人向我们开火了。一发炮弹正落在我的座船旁边爆炸，有的船只被炸沉，干部、学员死伤不少。义愤填膺的广大起义官兵纷纷登岸进行反击，步枪，冲锋枪，轻、重机枪和迫击炮一齐打响。起义后的第一场恶战，就这样开始了。为了压制敌人的炮兵，我率领附近船上的三四百名学员向敌人的炮兵阵地发起冲锋。这时，黎天铎、潘振球看见情况紧张，就大喊："贾局长，贾局长！"我愤怒地骂了一声："喊什么？怕死鬼！"我率领队伍向前冲锋无暇顾及，他们就乘机逃脱了。

初度交火，敌人的目的显然是在试探虚实。在遭到起义部队猛烈反击之后，敌军未敢再轻易靠近，枪炮也暂时沉寂了。起义部队也急于迅速脱离危险区域，因而并不恋战，且战且走向西撤退。一路上，遇到强敌就绕着走；有空隙，则迅速穿插而过。大家都只有一个想法：冲过京杭国道，进入天目山区，就是胜利。

这天晚上，天气骤变，下起了瓢泼大雨。起义部队冒雨急行，途中泥泞路滑，行走艰难；江南水乡，处处是河湖港汊，不时要涉水而过，几乎人人都全身湿透。雨后天气转冷，寒风一吹，冻得全身发抖，但大雨滂沱，也逼得敌人四处躲雨，多少放松了追赶。起义部队乘机冲破了第一层包围，进入了吴兴、德清等县境内。

乌镇突围，打响了起义后的第一枪，是我终身难忘的地方。1989年4月，当嘉兴起义40周年的时候，我和其他嘉兴起义人员一行10余人，应浙江省和嘉兴市政协的邀请，故地重游，重访乌镇，受到乌镇镇领导张海林等同志和当地群众的热烈欢迎与盛情款待。我们参观了乌镇市容，看到乌镇的巨大变化，很受鼓舞。我们还瞻仰了茅盾先生的故居。茅盾先生是我国现代杰出的文学家和社会活动家，他的著作《子夜》、《林家铺子》等曾给我们这些起义者以深刻的教育和影响。我怀着对茅盾先生的崇敬心情，在故居留言簿上写下了：

　　今来瞻仰，幸何如之！

以表达我们对茅盾先生的敬仰和对乌镇人民的深切感激之情。

巧过京杭国道

起义部队分兵三路冲出乌镇之围，虽然蒙受重大损失，部队伤亡减员很大，但斗志仍然旺盛。此时第一、二、三路人马，还分别有800人、1000人和700人左右。官兵们发扬不怕牺牲、连续作战的精神，继续向西前进，争取尽快越过京杭国道。

京杭国道是指从南京到杭州的公路，它是敌人调动兵力、运送弹药补给的重要运输线。只有越过京杭国道，起义军才能向西进入天目山。敌军凭借其数量、武器装备和地理上的绝对优势，在京杭国道一线，集中了重兵，设下了层层封锁线，敌三十六师的装甲车和汽车，沿京杭国道昼夜不停地来回巡逻。敌人自以为设下了天罗地网，只等我们自投罗网，以便一举将起义军全部歼灭于京杭国道以东地区。

此时的起义军处境确实万分艰难和危急。大雨滂沱，学员们衣履尽湿，加上枵腹行军，连续两三天未曾进食，饥寒交迫，疲惫不堪。但起义官兵凭着追求光明的坚强意志，咬紧牙关，坚持战斗；各路起义部队各自为战，勇敢地向西猛冲。

我率领的第一路起义军，经过两昼夜的激战，转移到双林镇，接着到了菱湖。

由指挥刘异、副指挥冯一、王家骏率领的第二路起义军朝莫干山进发，边打边撤，奋战三昼夜，冲破敌人的阻击，于10日终于抵达离莫干山15里地的三桥埠。当天夜里，他们突破敌人的封锁线，冲上了莫干山。此时官兵们已精疲力竭，有的学员甚至随地一躺就睡着了。国民党武康县县长兼莫干山管理局局长王正谊，见起义队伍上山，假装欢迎，表示同情，随即招待膳食，安排住宿，稳住起义部队，暗中却派警察下山通报驻军赵荡辉部。午夜，赵部开上莫干山，封锁了各个山口通道，将学员住所团团包围。11日凌晨，发动突然袭击，迫令缴械。起义部队仓皇中无以应付，所部700余人被俘虏缴械，第二路起义军至此失败。事后，国民党大做文章，浙江省主席周喦还亲自接见了王正谊，嘉奖他"应付有方"。

由李恺寅率领的第三路起义军冲破了敌军的多道封锁线，进入德清、武康一带。国民党对之实行所谓的"剿抚兼施"，派出青年救国团团长胡轨带领20多人，向起义部队喊话："你们不要受贾亦斌的骗，不要受共产党的骗，回来吧！""贾亦斌有野心，你们别再上当啦！""蒋局长关怀你们，不咎既往……"胡轨原以为他在青年军中有些影响，通过喊话可以软化起义学员，结果影响甚微。敌人恼羞成怒，只好命令开枪射击，起义部队也坚决还击，将一名喊话最起劲的少校军官开枪打倒了。第三路部队除极少数人被他们骗走外，绝大多数学员边打边退，在李恺寅率领下来到双林镇与我率领的第一路部队会合。

在连续几昼夜的激战中，在地上，有数以万计的敌军围追堵截，哨卡盘查，挨户搜捕；在空中，敌人出动飞机侦察、扫射、撒播传单。每天少则七八架，最多一天达12架，自晨迄晚在我们头上盘旋。撒下的传单载有六条内容：一、捕送或击毙贾亦斌归来者，重赏；二、胁从者无罪，希速归来；三、国军已布下天罗地网，你们欲逃无路；四、为国家，为地方，为你们自己，希速回头，欢迎被胁从的同学归来；五、你们不要为有野心的贾亦斌卖命了；六、悬赏5万银元购缉贾亦斌，等等。国民党以为金钱可以买到一切，真是枉费心机。我看了传单的内容不禁大笑起来，对大家说："我的头颅可值5万银元，还真值钱呢！可惜我现在还不想出卖！"学员们看了这种传单，都嗤之以鼻，他们对我说："有我们在，看谁敢动你一根毫毛！"在最危险的时候，副大队长陈国骅还脱下手上唯一的金戒指，硬是要交给我，说："这你今后会用得着的。"被打散了的学员，也都千方百计寻找队伍，重新战斗。这种在危急关头表现出来的大无畏精神和生死情谊，永远使人难忘！

和李恺寅会师后，我们检点人数，发现经过连日苦战和急行军，部队严重减员，两路合起来，也只剩下300余人。我立即召集骨干会议分析敌情，商量出一条突破京杭国道的计策：我们冒充敌军三十六师的一部，由我化名袁瑞（以我母亲袁氏之姓和妻子谭吟瑞之名合成）副团长率领去追击"叛军"。吴兴城是敌人防守的重点，设有吴兴联防处，防守严密，敌人料想起义部队不敢由此而过，我们决定出其不意，偏要大摇大摆地从敌人眼皮底下闯过去。

我们连夜行军，于11日凌晨，开抵吴兴南门外道场山。这时发现浙江省吴兴县保安团和警察已占领了对面的山头。学员们对着他们喊："我们是三十六师追剿嘉兴叛军贾亦斌的部队。"并学着国民党正规军素来看不起保安团的腔调，对敌人大骂："如果你们妨碍我们追剿叛军，老子就枪毙你们！"敌人一听，信以为真，就由保安团总务科长颜修汉带领两名士兵下山来同我们联系。待他们走近，学员们突然将其缴械，并用手枪指着他，命令把山上的保安团喊下来。他无可奈何，只得向山上喊："是自己人，你们下来吧！"保安队和警察下来之后，我们就迫令他们缴枪，并为我们筹集粮食做饭，还搞来一些船只，使我们顺利地从吴兴南门渡过了河，终于突破了京杭国道封锁线。

良村血战

越过京杭国道之后，并不像我们原来所想象的那样，很快就可以与中共苏浙皖边区游击队接上联系，取得支援，我们仍然处于敌军的围追堵截之中，处境依然十分困难。然而一些学员却觉得越过京杭国道后就比较安全了，精神上稍一放松，就倍感饥饿困乏。有的学员在路旁拔几根竹笋，咬着嚼着权且充饥；有些学员走着走着就在路旁的稻草堆里、甚至就在田埂、水沟旁一躺就睡着了，掉队的情况越来越多。官兵们的确饿极了、累极了。饥饿、疲倦、日晒、雨淋，紧张的战斗，几天几夜不能睡觉，敌人轮番不停地追赶袭击，这对许多过惯了学生生活的学员来说，确实达到了体力所能忍耐的极限，用他们自己的话来说，这是从娘肚子里出来之后从未吃过的苦啊！可是为了走向光明，他们以惊人的毅力咬紧牙关坚持着。

我这时由于所穿的皮鞋不合脚，加上连日大雨，急行军走山路，脚泡在水里，致使双脚肿胀，脚趾甲全部外翻，疼痛难忍。尽管我已是经历半生戎马的人，但这样的苦还是第一次尝到。我走不成路了，学员们就轮流抬着我，继续朝西前进。

12日下午4时许，我们到达了妙西山良村。这里已是山区，一眼望去，四周都是连绵不断的群山。官兵们满以为这一下可算是进入安全地带了。上山以后，大家坐在一起，稍作休息，心里都很高兴。我抓紧机会，用水洗了洗肿胀的脚，撕了一块布条包扎起来。这时，李恺寅风趣地宣布：

"现在请我们的'袁副团长'训话。"我望着这些历经劫难、百折不挠的起义官兵,心里充满了感激。他们个个衣衫褴褛、形容憔悴,但仍然那么勇敢、乐观,想到黑暗即将过去,光明就在前头,怎能不令人激动万分呢!我对大家说:"我们天天想上山打游击,今天我们终于到达山里了!……"我的话音未落,四周山上突然响起了密集的枪声,原来埋伏在附近的敌人,又开始向我们发起了进攻。枪声就是命令,起义部队不顾疲劳,立刻散开,迅速应战。可是敌人已占据了有利阵地,居高临下,向我们猛烈射击,一次次向我们发起冲锋,来势凶猛,大有把我们一举消灭之势。我通过观察发现,敌人似乎并不知我们的虚实,射击也很盲目,只要我们能压住敌人的火力点,就能掌握战场的主动权。于是我当即命令在抗日战争中以作战勇敢著称的陈国骅带领30多名勇士,冒着弹雨冲向离我们只有一二百米的敌人机枪阵地。官兵们英勇无畏,一阵猛冲猛打硬是把敌人的机枪打哑了。我又发现远处有一个骑马的敌军指挥官,在来回奔驰指挥冲锋。我立即命令机枪狙击手:"先把他打死!"我军机枪一阵扫射,敌军官倒地而亡,敌士兵纷纷争相逃命。我们乘胜追击,打得敌人死伤狼藉。这一仗,敌人死伤几百人,我方也有近百人伤亡。我们还缴获轻、重机枪七八挺,因为携带不便,把它们沉入塘中。此时大雨倾盆,敌人追兵越来越多,我们决定突围,找老百姓问是否有路可走。有人告诉我们:大路均已被团团包围,只有抗日战争时期新四军走过的一条山路,或者还可翻过去。我们请他带路,连夜翻山而去。良村一战,是我们起义以来打得最激烈、最艰苦、最悲壮的一仗,起义队伍付出了惨重牺牲,此役之后,仅剩下了80余人。

良村之战,表明我们即使上了山,也仍在敌人的重重包围之中,并未脱离险境;它也表明:敌人对我们恨之入骨,绝不会轻易放过我们,只要我活着,他们一定会穷追不舍,必欲得之而后心甘。而在与中共游击队没有接上联系,敌我力量对比过分悬殊的情况下,同敌人硬拼是下策,暂避其锋芒才是上策。我们的起义已达到了预定的目的,现在的问题是要尽量保留起义的有生力量,想方设法越出敌人的罗网。基于以上考虑,在良村一战后，我采取了三条新的对策：一、在沿途散布贾亦斌已在良村被打死的消息，以迷惑敌人，分散其注意力；二、更加注意争取老百姓的支持与协助；三、进一步化整为零，化装成老百姓突围。实行这三条对策后果然有效。附近的老百姓本来就同情我们，在听到我们讲明起义目的之后，更加想方设法掩护我们。有的农民为了让学员避开敌人的搜捕，将躲藏在他家里的学员打扮为他的儿子，拿起锄头下田种地；有的农民给我们提供膳宿，还有的主动为我们带路。在国民党方面，得悉"贾亦斌被打死"的消息之后信以为真，喜出望外。很快国民党的报纸即以大幅标题登出："贾亦斌在良村被击毙"，香港报纸也转载了这一消息。此后，穷追之敌稍有放松，起义官兵得到了分散突围的宝贵机会。

历经艰难，终于脱险，迎接解放

不久，我们进入了浙江安吉县境。我和李恺寅等在一位老百姓家里换上了便服，走在队伍的前面，一方面侦察敌情，一方面带路，与起义部队保持一定的距离。此时我们仍处于敌人的包围中，四周都是敌人，随时都有可能被捕。我心里想："宁死不当敌人的俘虏！如果敌人发现了，我一定用身上的手枪抵抗到底，掩护同志们撤退，把最后一颗子弹留给自己！"这时，李恺寅对我说："无论如何要保住你。有你在，我们总有一天能和共产党再接上联系。万一我们两人都被敌人抓住，我就承认自己是贾亦斌，你想办法脱身去找共产党。"他又说："你把手枪给我，我走在前面，保护你。"就这样，我们一前一后走出了村口。走了不到半里地，就遇上了隐蔽在山沟杂树丛中的敌人。当时我身穿旧布长衫，声称是小学教师，被起义部队拉来带路的。一个带队的保安中队长说："我们县长就在后面，马上就到，你们先等一等。"我想这些人虽然不知道我是谁，但他们的县长很可能带有通缉我的照片，会认出我来的。保安队士兵搜查了我的全身，把手表等都强行拿去了，然后问道："你们带路的队伍在哪里？"我说："就在前面一个村子里，我带你们去。"那个中队长怕我们逃跑了，要留一个做人质，他说："只准去一个，留下一个。"李恺寅以目示意我带他们走，并说："先生，你带他们去，我留在这里。"就这样，李恺寅把被扣押的危险留给了自己，使我有机会脱身。敌人派了一个班押着我向前走，刚出村，四周枪声大作，原来几路敌军发生误会，互相打了起来。

我趁乱摆脱看押的敌人，向起义部队所在的村庄跑去。学员们看见我十分高兴，立正向我敬礼。我说："不要敬礼，快同他们打，坚持到天黑。"乘作战空隙时间，我将严重的敌情告诉了大家，要学员们做好最坏的打算，进一步化整为零，各自为战，乘天黑向外突围，只要进入深山老林就会得到安全。

不一会儿，夜幕降临，敌人还在那里自己打个不休。我命令学员们立刻分散突围。但许多学员表示要与我同生死、共命运，不肯离开我。我知道敌人要寻找的主要目标是我，聚在一起的人越多，目标就越大，危险也就越大。为了尽量保存起义力量，我坚持劝说大家以分散突围为好，多冲出去一个人，就多保存一份力量。就这样，最后剩下的一些起义官兵互相告别，开始分散行动，一个个消失在夜幕中，投向陌生的荒山野岭，各自去寻找生路。

我一个人走了很久，走到一家小铺店门外，向店内一位妇女问路。她打量了我一下，指点我穿过她家的屋子从后门登山，并告诉我只要爬过这座山，再走一段路，就可以到达梅溪。我循着陡峭的羊肠小道往上爬，天越来越黑，又下起了大雨，天黑路滑，我不慎从几丈高的山崖跌下，顿时不省人事。等苏醒过来，天已破晓，浑身刺骨般地疼痛，头一阵阵发昏（解放后检查身体，才知道当时跌断了几根肋骨，并摔成了脑震荡）。可这里人生地疏，举目无亲，只好忍着痛楚和饥饿，在深山谷地辗转了三天，渴了就喝点山沟里的冷水，饿了就摘点竹笋充饥。天天吃生竹笋，实在难以下咽，但为了充饥，只能强迫自己吃，以致后来形成了一种条件反射，在很长一段时间内，我一见到竹笋就要反胃呕吐。到4月14日以后，四周枪声沉寂，已听不到敌军的动静，于是我就朝着游击区的方向走去。

一天早晨，我发现一座守山人的草棚子，走近前去，只见壁上挂着一支步枪和一面锣，守山人犹熟睡未醒。我一进去，他醒了。守山人约40岁左右，他打量了我一阵，见我浑身湿透，面有饥色，就问我从哪里来。我告诉他，我是学员，从队伍中失散下来，现在想去游击区。他听了，表示同情，招呼我坐下休息，做饭给我吃，让我烤干了衣服，并详细地给我指点了一条下山的道路，说沿着这条道路走，不会有什么危险，准能遇上游击队。

我千恩万谢地辞别了守山人，沿着他指点的山路下山，拖着浑身伤痛和疲惫不堪的身子，一步一步往前挪，整整走了一天，才走了30里路。傍晚时分到了梅溪，住进了梅溪小学。这时，我简直全身都不能动弹了，像瘫痪了一样。

在梅溪小学我遇上了搭救之人。这所小学全名为浙江省安吉县南湖乡第一中心小学。校长杜培积是进步人士，三名青年教师都很同情我，其中张道法更加热心积极。原来张一家人都深受国民党政府的压迫，其哥哥张道范是地下党员。他一见我落难的样子，就深表同情，给我端来热水洗脚，用针给我刺穿脚上的水泡，让脓水流出来，再给我敷上药。当时我尚处在被通缉之中，自然不能不保持警惕。开始对他们只说自己是逃避抓壮丁的，经多方面观察与试探，特别是该校一位饱经风霜的老炊事员向我谈了这位老师的为人，我对张道法产生了信任。我开始向他打听；"这里离乡公所有多远？附近有没有共产党的游击队？"他似乎看出了我的心思，把我扶进了他的住房，并叫其弟弟张道同（该校学生）在外面望风，对我说："你不用担心，这里离乡公所还有2里多路，但离游击队根据地还很远，不能说是安全的地方。请放心，我会尽一切努力来保证你的安全。"他又拿来了《东南日报》给我看，这是我起义后第一次看到有关预干总队起义的报道和外界的消息。从种种迹象可以看出他是真心实意在帮助我，我决定对他亮明自己的身份。于是，我放下报纸对他说："我就是这报纸上所说的率领嘉兴预干总队起义反对蒋介石的贾亦斌。"并请求他帮助我去寻找游击队。他听了以后十分高兴，对我说："杜校长和其他两位老师都不是外人，我请他们一起保护你，设法送你到游击队根据地去。"过了一会儿，他又陪同我见了杜校长。杜校长不但热情地款待了我，而且给了我3块银元作路费。

翌日清早，张道法让他的叔叔张家谟给我带路，这是一位40多岁的贫苦农民，人很精明机警，对当地情况非常熟悉。他搀扶着我，沿着到安徽广德去的一条小山路往前走，有时还绕过村镇，穿过无路的松树林，经石家境、大柏垫、梨皮山、大塔、杨太山等山村，于第三天傍晚到了苏姚村一个叫做陈家篷子的小村。这里是中共游击队、国民党、土匪三不管地区，我们借宿在一家小客店，心想今夜不知会遇到哪一方面的人来。睡到半夜，果然有人来查户口，一问才知道是游击队的两名战士，这是我盼望已久的。我对他们像对亲人一样诉说了自己自嘉兴起义以后的遭遇和要找游击队的迫切愿望。他们已经知道嘉兴预干总队起义的事，听了我的话，又见我两脚溃烂，伤势很重，既高兴又同情，当即赠我一双新布鞋。翌晨，一路护送我的张家谟因已完成任务，要返回梅溪，我从杜校长给我的3块银元中拿出两块给他作为报酬和路费，并怀着感激的心情与之依依不舍地告别。两位游击队员用滑竿抬着我，沿着游击队的交通线，一站一站地将我送进了游击队的根据地，从此我脱险了。

我抵达游击队根据地之后，先后见到了区委负责人和县委陈书记。然后由陈书记陪同我到安徽宁国县境的苏浙皖边区工委所在地，工委书记兼游击队政委钱敏和朱专员、政治部孙主任接待了我。一见面，钱就问："贾亦斌在哪里？"我回答："我就是。"他们非常高兴，与我紧紧握手，像久别重逢的战友一样。钱敏对我说："敌人打得最凶的时候，我们也曾严加戒备，想接应你们，可惜没有能联系上，"他关照我安心养伤，争取早日恢复健康。工委立即找了一位医生给我治伤医病，给我安排了最好的膳宿，还特地买了鸡给我补养身体。我如同回到了自己家里一样。

1949年4月21日，人民解放军胜利渡过长江，国民党自称不可逾越的"长江防线"顷刻之间土崩瓦解，数十万大军兵败如山倒。苏浙皖边区游击队也配合解放军作战，四处出击，缴获了许多国民党军的美式武器，但战士们不会使用。我乘养伤空闲之机，撑着伤病之身，向游击队员讲解美式武器的性能和使用方法，以便他们拿起这些武器去追歼残敌。

我在游击队里养了几天之后，伤病有所好转。这时南京、芜湖等地已先后解放。钱敏政委送我路费和衣服，把我介绍到芜湖再转南京军管会，我便回到南京干河沿109号家中养病。

　　李正文同志在我们起义后即撤至香港，后经天津、北平，再随军南下抵南京。他在香港等地见报载"贾亦斌已在良村被击毙"的消息，觉得我牺牲得太可惜，应该到我家里去看看。一进门，竟发现我还活着，正躺在床上休息。我们相见甚欢，高兴之情难以形容。他深切地对我表示慰问，并庄重地告诉我：党组织已于4月1日批准我为中国共产党党员。听到这一消息，我顿时热血沸腾，激动不已，感到浑身充满了力量。李正文也激动地说我在起义中经历了严峻的生死考验，无愧于共产党员的光荣称号。临行时，他留下500元渤海币，叮嘱我加紧养病，以便再派车来接我去见中共中央华东局的领导人。

　　数日后，李正文请华东局派李庆方同志开车将我接到了丹阳，这里当时是第三野战军司令部所在地。首先接见我的是杨帆和梁国斌同志。接着，中共中央华东局和第三野战军首长陈毅、曾山及中共中央上海局书记刘晓等，在丹阳大旅社亲切接见了我，向我表示欢迎和慰问。我对几位首长说："我没有能将起义部队全部带到解放区，感到……"可没有等我把话说完，陈毅司令员就说："不！你已经胜利完成了起义的任务，你的英勇爱国行动值得称赞。"并勉励我努力学习，积极工作，多作贡献。随后我在丹阳学习了党的有关城市工作的各项政策，并被派到第三野战军参加联络工作，向驻守上海的青年军官兵广播喊话。

　　李恺寅与我分手后，自称是"贾亦斌"，被敌人押送至江苏武进，由第一绥靖区少将参谋长喻啸牧（道之）审讯。喻和我是第十军干部学校的老同学，借审讯之时向李打听我的情况，并找了一个机会私下把李放了。李在江阴找到解放军，并随大军行动，到丹阳与我见了面。患难与共的战友重逢，热泪纵横，回顾嘉兴起义的斗争，我们都认为："起义虽然在军事上被镇压，但预定的三大目标都已达到了。"

　　5月28日，人民解放军解放上海，我随大军一起进入这座熟悉的城市。此时上海已由人民接管，面貌一新，我也由国民党的将军而成为中共党员，参加了革命工作，这是多么巨大的变化呀！自嘉兴起义以来，我已经有近两个月没有得到关于吟瑞的消息了。在梅溪小学时，曾给她一信，告知我仍健在，以免其挂念。她们母子的情况如何，我一直为之思念不已。进城之后，待工作稍稍安置停当后，我即抽身前往虹口临平路洪福里17号去看望她们。两人久别重逢，悲喜交集，很久说不出话来，随后她告诉了我别后的情况。吟瑞是从4月8日的报纸上得知嘉兴起义消息的，她虽已有预感，但没有料到来得这么快。此后每天都迫不及待地等待当天的报纸，仔细阅读报上的新闻，为我和预干总队起义官兵的命运日夜担忧。当看到"贾亦斌在良村被击毙"的消息后，如同晴天霹雳，心中悲痛万分，又不敢声张，只好躲在屋子里独自饮泣。房东也从报上的通缉照片认出了我，但不仅没有出卖，反而更加照顾她们。吟瑞母子相依为命，终于熬到了国民党撤退。现在解放了，我们两人欢庆着自己的新生，从此以后再也不用隐姓埋名、东躲西藏地生活了。

嘉兴起义失利后，预干总队官兵并没有灰心失望，而是在各种困难条件下，继续进行顽强的斗争。4月14日，国民党派国防部预备干部局代局长徐思贤、国防部胡组长和浙江省警备总司令部马科长到嘉兴处理预干总队起义的"善后"问题。预干总队除一部分牺牲，一部分失散逃脱外，大部分官兵（2239人）被俘，押回嘉兴原地，被重新编队，派欧阳钦任少将总队长，代号"3847"部队（意思是要他们记住民国38年4月7日这个所谓"叛变"的日子）。这个部队被禁锢在嘉兴东、西大营中，不准与外界接触。林荫因破坏起义有功，连升二级，担任大队长，只有他所属的中队配有武器，用以监视被俘学员所编成的几个大队。

4月下旬左右，这个部队先开广州，再到漳州，最后被编为厦门要塞守备部队。在开拔途中，原起义学员进行了坚决斗争。一些起义骨干竟被敌人投入钱塘江淹死，但有不少人沿途跳车逃跑。抵漳州后，敌人进一步进行清查，凡有与地下党联系嫌疑和与我关系较好的如刘昇、李德厚、杨宇志等，竟在一个深夜里被他们活埋了。

1949年10月，人民解放军第十兵团向厦门进攻时，这个国民党厦门要塞守备部队中的原预干总队学员在大队长胡岳宣（亚力）率领下再度起义，为厦门的解放发挥了积极作用，其后绝大多数官兵都参加了解放军。

原大队辅导员张若虚和文化区队长刘汝沧等，组织了"苏浙皖边区民主联军第五纵队"，开展游击活动，多次在京杭国道突击敌人，截获敌军人员和武器装备，为解放杭州做出了贡献。

1949年4月，国防部预干团重庆第二总队的干部学员，由于受到第一总队在嘉兴起义的影响，情绪激昂，提出"向第一总队看齐"的口号，酝酿武装暴动。国民党重庆警备司令、军长余锦源极为恐慌，派部队至复兴关将第二总队武装包围，迫令缴械、解散。

原来准备与预干总队同时起义的各支部队，也以各种形式配合解放军渡江，发挥了自己的作用。1949年4月14日，刘农畯率领伞兵第三团在海上起义，将部队开到连云港解放区；王海峤率领工兵第四团，抵制了国防部的命令，把部队和筑路的机车车辆沿浙赣铁路散布了数百里，断绝了交通，阻止了蒋军的南逃，配合了杭州的解放；段仲宇不仅利用港口司令部的有利条件，为伞兵三团起义做了掩护工作，而且在解放上海的战斗中，还率领所掌握的辎重汽车团（2个团、6个营）起义，加入了解放军，并集中大量汽车，组成追击部队，输送解放军追歼蒋军；齐国楷则在解放军渡江以后，率领保安部队在金坛一带投向人民；驻守扬中的刘卫第四十一师和驻守上海的方懋锴青年军二〇九师以及驻守浦镇和芜湖的九十五军、一〇六军等虽起义未成功，但在解放军渡江后，均未进行抵抗而自行瓦解了，这对解放江南地区是有利的。

流散在苏、浙一带的预干总队起义官兵，为数不少，他们分别组织零星武装，坚持斗争，并继续寻找党的关系。上海解放后，组织上派李恺寅到那里去寻找和收容，并将其分别送往上海，政府为他们开设了干部训练班，由我担任副主任，组织他们学习并安排工作。在第一期训练班开学那天，华东军区司令员、上海市长陈毅同志和市委书记、总工会刘长胜同志等都亲临参加，陈毅同志还发表了重要讲话。他们结业后都分配了适当的工作。我也到上海市公安局参加工作，从此开始了新的生活。

嘉兴起义是我一生的转折点，令人难忘的4月7日，总是使我情不自禁地回想起当年起义的悲壮景象，缅怀牺牲的战友。1989年嘉兴起义40周年之

际，应浙江省和嘉兴市政协的邀请，我和一些起义战友重游故地，我们都已是白发满头的老人了，嘉兴市也已经大为改观，40年来的变化真有如沧海桑田！抚今追昔，感慨之余，我满怀激情写下了如下的诗句：

起义嘉兴四十春，缅怀壮烈泪沾襟。

莫干山上阴霾密，乌镇河边血水深。

报国从来不惜命，索头何必费多金！

恩仇一笑泯消尽，同补金瓯万象新。

结束语

当我写下这些文字的时候，《半生风雨录》就要结束了。一段时间以来，整天沉浸于历史的风雨烟云之中，努力追溯自己几十年前的人生轨迹，重温当年的思想和情感，心中充满了感慨，也感到有一些新的收获。古人云："温故而知新"，诚非虚言。

我性格率直，喜好交游，故一生良师益友较多，而且不少是在上半生结交的，友情维持几十年而不衰。每当我回忆自己人生道路之时，脑海里往往浮现起师友们的音容笑貌，栩栩如生，使我难忘。所以《半生风雨录》的部分章节里，我往往会情不自禁地插上一些有关的记述。读者对此想必会予以理解，因为这些交往也构成了我生活当中不可分割的一部分。我从小爱读唐诗，成人后也学着试作一些，诗虽不佳，聊以记事和抒发个人心中之感受；友朋往来，亦多有唱和。《半生风雨录》中偶有引用，乃借此保留一时生活、情感之痕迹，非敢言诗也。

我的上半生，虽然历经坎坷曲折，充满辛酸苦辣，但生活于可爱的祖国和伟大的时代，也留下了许多快乐而难忘的记忆。记得国民革命军北伐，打倒北洋军阀，收回汉口、九江租界，消息传来，当时还是少年的我，也跟着游行队伍举旗呐喊。我亲身参加了八年抗战，终于看到曾经不可一世的日寇宣布无条件投降，全国同胞奔走相告，欣喜若狂，扬眉吐气。解放战争时期，我受到党的爱国一家政策的感召，为迎接解放军渡江，在中共上海地下党的领导下，率部起义，获得新生。很快看到新中国的成立，中国人民从此站立起来，中华民族任人欺凌宰割的时代一去不复返了，这是我一生中最大的喜悦，曾为之激动得热泪盈眶。

回顾我的前半生，对我影响最深的主要有两种思想。一是童年时代从父亲和私塾中获得的中国传统文化"仁义道德"的教育。做人要有道德，要做正直的人，我一生对此信守不渝。记得早年读谭嗣同烈士传记，对其"临财勿苟得，临难勿苟免"的精神，钦佩不已，奉为楷模。也许正是这种思想使我避免了与国民党官场同流合污的命运。解放前，我官至将军，依然两袖清风，由人钦佩或嘲笑，只求自己问心无愧，我行我素，至今如此。

二是爱国主义精神。从小我就知道"岳飞精忠报国"的故事，崇拜那些抵抗侵略、保家卫国的英雄，"天下兴亡，匹夫有责"的思想，不知不觉之间深入到自己幼小的心灵之中。大革命时代，又受到孙中山先生"爱国若命"精神的感染，痛恨帝国主义列强的侵略，渴望祖国的强大和统一。抗战时期，我在爱国主义精神的鼓舞下，主动请缨，奋不顾身，与日寇血战，当时我和许多爱国官兵一样，心中只有一个念头："誓死不当亡国奴！"伟大的抗日战争的胜利正是在爱国主义的旗帜下取得的。

回顾平生，自惭觉悟较迟，参加革命亦晚，但差堪自慰的，唯有爱国不敢后人。在结束此书之际，我将平时所喜爱的座右铭"苟利国家生死以，岂因祸福避趋之！"（林则徐语）转嘱我的子孙并赠给年轻一代的朋友们，作为一个八十四岁老人的希望和祝福。

一九九六年三月二十八日于北京

附　录

半生风雨录·贾亦斌回忆录
BANSHENGFENGYULU JIAYIBIN HUIYILU

贾亦斌自订年谱

1912年（民国元年，农历壬子年）

11月22日（阴历十月十四日戌时） 出生于湖北省武昌府兴国州（后改为阳新县）福寿区青龙乡贾门前村，乳名"龙成"。父亲贾明礼，字义生；母亲袁氏。

1918年（民国七年） 6岁

是年 本村某秀才仗势欺人，强占宅基地，并打人行凶。父亲不畏强暴，挺身而出，率族人将其夺回。

1919年（民国八年） 7岁

春 入本村私塾从四叔贾万宝读书，取学名"再恒"。后又从本乡冯伯竟先生和父亲各读一年。在私塾学习前后约五年，农忙时帮父母干农活。

1923年（民国十二年） 11岁

是年 因抢割水草，我村与张村发生械斗，造成对方伤亡数人。父亲闻讯赶回，严斥肇事者，并主动出面承办讼事，向对方赔偿损失、安抚家属，使事态逐渐平息。

1924年（民国十三年）　12岁

春　入福寿区高等小学，与罗隽陶（莹）、张志远、金绍先等同学，校长罗锦（纬地）。

1926年（民国十五年）　14岁

春　入阳新中学，与金绍先同学。

9月　北伐军到达阳新，农民运动随之兴起。停学回乡，加入村儿童团任团长，并参加打倒土豪劣绅和抵制日货运动。

1927年（民国十六年）　15岁

夏　大革命失败后，阳新陷入白色恐怖。在乡教私塾半年。

1928年（民国十七年）　16岁

秋　随父亲到黄石港谋生，父与人合开小鱼铺，并教我学织布。

1929年（民国十八年）　17岁

春　入武昌私立荆南中学读书，与卢南乔、金绍先等同学。

11月14日（农历十月十四日）　父亲在黄石港因急病去世，终年41岁（1888—1929）。我与母亲到田家镇奔丧。将父亲安葬后，母亲回阳新，我仍到武昌继续求学。

1930年（民国十九年）　18岁

8月　父亲去世后，生计断绝，为交学费向亲戚借钱受辱，求学无门，谋生无路，愤而从军。在汉口刘家庙陆军第48师（师长徐源泉）教导队报名当学兵，改名"斌"（后又改为"亦斌"），字"恢先"。

夏秋　徐源泉任第10军军长，率部参加中原大战讨冯（玉祥）之役，隶属第3军团何成浚指挥，在河南平汉线许昌、临颍一带作战。48师教导队开往河南信阳守备该师留守处。

秋冬　中原大战结束，第10军奉命返鄂参加"剿"共。48师教导队除训练外，并担任守备荆州城防任务。

1931年（民国二十年）　19岁

春　48师教导队改为第10军干部学校，移驻武昌平湖门外营房。集体参加国民党。

夏　长江特大水灾。因在武昌污水中站岗，染上霍乱病，被送进难民营，险些丧生。

9月　"九·一八"事变发生，干校学生闻讯后义愤填膺，纷纷要求上前方抗日，但未获准。

冬　从第10军干部学校毕业，在分发前回乡探母，是为第一次返乡。

1932年（民国二十一年）　20岁

春　分发到湖北钟祥第41师123旅245团1营4连任实习生（准尉）。

秋　在钟祥任少尉排长。

1933年（民国二十二年）　21岁

1月　由41师保送，赴南京报考陆军步兵学校。

夏　在南京步校第二期学员队学习一年，与宋健人、周剑秋等同学。

1934年（民国二十三年）　22岁

秋　从南京步兵学校毕业，回湖北襄阳担任第41师干部训练班教官兼军士队队长。

冬　任41师123旅246团3营9连中尉连附。

1935年（民国二十四年）　23岁

1月　徐源泉率部与红军在鄂西作战。

6月　任第41师123旅246团3营9连代理连长，参加鄂西中堡战役，41师遭红军反击惨败，师长张振汉被俘。

1936年（民国二十五年）　24岁

春　升任41师123旅司令部上尉参谋，随军入川，担任万县、奉节、巫山一带防务。

1937年（民国二十六年）　25岁

1月　在湖北荆州任第10军军官训练团上尉教官兼第二队队长，团长徐源泉，副团长丁治磐。

7月7日　全国抗日战争爆发，时任41师123旅245团第1营少校营长，在荆州整训，数次代表全营官兵请缨杀敌。

9月　参加淞沪会战。第10军奉准派遣我所在的41师245团开赴上海补充前线。到上海后被补充到第1军第1师第2旅，编为第4团。先后坚守上海杨行、刘行和北新泾阵地，两次负伤不下火线，坚持至最后并掩护全军撤退。

冬　因战功由第2旅旅长严明保荐升任该旅中校参谋主任，随部开往江苏六合整训，后又经安徽、河南开往陕西。行至河南信阳，请假经武汉回阳新探亲。是为第二次返乡。

1938年（民国二十七年）　26岁

1月　随部在陕西潼关、渭南一带担任黄河守备，并在渭南至韩城一带建筑关中工事。同时兼任第1师干部教导营营附（旅长严明兼任营长），负责全师干部培训。

5月　率旅司令部由潼关出发开赴兰封，增援徐州，行至函谷关附近，遭火车车祸，险些丧生。继以徐州失守，又奉命撤回陕西，路过郑州时目睹花园口黄河决口后之惨状。

夏　调回41师（师长丁治磐），任司令部上校参谋处处长，驻安徽潜山一带，参加武汉会战。

是时，派人回阳新将母亲和小弟接出，送至重庆郊区居住；并介绍两个堂弟又斌、载黎参军抗日。

1939年（民国二十八年） 27岁

1月 随部撤退至湖北当阳整编，第26集团军总司令兼第10军军长徐源泉被撤职，第10军缩编为第41师。

3月 任41师补充团上校团长。

7月 率团夜渡长江进入鄂中敌后打游击。

冬 率部参加鄂西冬季攻势，攻克罗汉寺和多宝湾日军据点，斩获颇多。

年底 调任第41师123团长。赴任途中，因部下一阵亡营长的抚恤问题与师长丁治磐发生争执，被撤职禁闭，驱逐离部。

1940年（民国二十九年） 28岁

1月 应湖北省军管区参谋长兼编练处处长韩浚之邀，到宜昌（后迁恩施）任该处第二科上校科长，代理处长职务，负责编练国民兵团。于此时认识徐复观（时任宜昌师管区司令）。

8月 到成都中央军官学校，任军官教导队步兵校尉官研究班上校战术教官兼区队长。编写《一个兵的训练》讲义；指挥战斗演习，美国副总统华莱士前来参观。在该校认识南怀瑾（时任政治教官）。

1941年（民国三十年） 29岁

7月 应韩浚电邀，到湖北松滋任第73军77师少将参谋长。军长彭位仁，师长韩浚。

8月 参加鄂西攻势，率77师夜渡长江，进攻鸦雀岭。后奉令撤回长江南岸，驻湖南澧县王家厂一带，担任洞庭湖防卫；同时主持该师干部训练班。

12月 73军奉命星夜增援长沙，参加第三次长沙会战。

1942年（民国三十一年） 30岁

1月 率77师夜渡湘江，进入长沙，击退日军进攻，一直追击到汨罗江附近。战后驻长沙岳麓山整训，仍主办师干部训练班。

春夏 由彭位仁、韩浚保送报考陆军大学。在长沙第九战区初试，名列第一。

冬 去重庆参加复试。在长江客轮上，一些重伤士兵尚未死去即被抛扔江中，痛苦哀号之声不绝于耳，闻之悲愤难平，夜不成寐。

1943年（民国三十二年） 31岁

年初 任军委会少将参议。在重庆通过复试，考取陆军大学。

春 经韩浚介绍，在重庆拜熊十力先生为师。

10月 到重庆山洞入陆军大学特别班第七期学习，与段伯宇、刘农畯、宋健人、董嘉瑞、林勉新、王修身、于兆龙等同学。

1944年（民国三十三年） 32岁

是年 在陆军大学，开始研究"新国防论"，提出建立"文武合一"的预备干部制度；并参加冯玉祥将军所主持之"国防研究会"的活动。在重庆时曾拜访军法执行总监何成浚与军事参议院参议徐源泉，还认识了湖北同乡胡秋原（时主办《民主政治》杂志）。

1945年（民国三十四年） 33岁

8月 抗战胜利，陆大同学就国内和战问题发生争论，与段伯宇等主张和平，坚决反对内战。

1946年（民国三十五年） 34岁

春 韩浚任73军军长，邀我出任军参谋长，一同随部队赴山东，因不愿参加内战，坚决谢绝。

3月10日　陆大特七期举行毕业典礼，蒋介石亲临主持。会后，蒋单独召见段伯宇。

是月　因母亲怀念家乡，特送其回阳新居住。是为第三次返乡。

4月　从陆大毕业后，应青年军复员管理处副处长彭位仁之邀，出任该处第一组少将组长，负责青年军复员就学工作。该处处长陈诚，副处长蒋经国、邓文仪、彭位仁。

是月　在青年军《曙光》三日刊及其他报刊上发表《论预备干部制度》一文，提出了"寓将于学"、"文武合一"的设想，受到蒋经国和有关方面的重视。

同月　经同事徐思贤夫妇介绍认识谭吟瑞女士。吟瑞是湖南浏阳人，戊戌维新烈士谭嗣同之孙女，当时在唐家沱市民医院任助产士，后进《曙光》三日刊编辑部工作。

5月初　青年军复员管理处处长蒋经国约我长谈，是为结识蒋经国之始。

6月3日　全体青年军复员离营，第一期复员工作结束。

6月4日　与吟瑞在重庆春森路37号举行婚礼，蒋经国为主婚人。婚后去北碚温泉度蜜月。

夏　复员还都，与吟瑞由重庆迁居南京，先后住蓝家庄29号、铁管巷5号、干河沿109号等处。

夏秋　在南京《中央日报》和《中国日报》发表有关预备干部制度的文章，与该报主笔殷海光结识。

9月　负责筹备并参加庐山青年军复员检讨会，蒋介石亲自主持会议并讲话。会后蒋介石设宴招待全体出席者并合影留念。会后因对蒋介石内战政策不满而提出辞职，为蒋经国所挽留。

是月　青年军复员管理处改为国防部预备干部管训处，处长蒋经国。我任该处第一组组长，负责组训业务。

10月　为筹备训练高中毕业生、培训预备干部的经费预算问题，与蒋经国发生争执。事后蒋亲到我家予以解释，并提升我任预备干部管训处办公室主任，多次代表蒋出席高级军事会议。

　　冬　陪同蒋经国去北平、东北视察青年军部队。

1947年（民国三十六年）　35岁

　　4月　预备干部管训处改为国防部预备干部局（简称"预干局"），蒋经国任局长，并力保我升任该局副局长，兼任陆军大学兵学教官。

　　夏　在嘉兴举办青年军夏令营，蒋经国为主任，我为副主任，与蒋朝夕相处，寝食与共。

　　6月1日　长子贾宁（晶晶）在南京出生。

　　8月中旬　赴北平青年军夏令营处理学员内部矛盾问题，并拜会北平行营主任李宗仁。

　　9月　出席南京中美军事联席会议，为维护国家主权和民族尊严，与美军顾问团参谋长柏宁克准将当场发生激烈争执。事后蒋经国送我"岁寒然后知松柏之后凋，今日岁已寒矣"的赠语，以示勉励。

　　秋　赴杭州查处青年中学校长，坚持将其撤职处理。事后还就用人问题向蒋经国提出忠告。

1948年（民国三十七年）　36岁

　　年初　赴台湾处理青年军第37军原军长因走私畏罪潜逃案和安排新军长到职的问题。在台期间曾遍游台北、台中、台南、高雄等地和阿里山、日月潭等名胜。

　　3月　蒋经国请辞预备干部局局长职务，并力排众议，向蒋介石保荐我为代局长。

　　4月中旬　蒋经国在南京黄埔励志中学，召集亲信成立秘密核心组织"铁血救国会"。我提出反对意见，未获采纳，愤将誓词撕碎。

　　秋　所著《预备干部制度之理论与实际》一书，由南京拔提书店出版。

　　10月10日　陪同蒋氏父子参加上海"十万青年大检阅"。

10月中旬　蒋经国在上海实行经济管制遭到失败。我因"扬子公司案"而与蒋经国发生严重分歧，对其深感失望，以致决裂，事后曾致长信予以最后敦劝并示告别。

是月中旬　往镇江拜访江苏省主席丁治磐，并了解我旧部在江苏省的情况。

10月20日　与段伯宇在南京中山陵密谈，深感国民党腐败黑暗，毫无希望，决心与之决裂，自己掌握武装。

10月下旬　到南京励志社看望蒋经国，蒋对前途悲观失望，终日酗酒，以泪洗面。

10月底　国防部参谋次长林蔚约谈在江南组训30个新军所需下级干部的问题，我趁机建议成立预干总队，迅获批准。

11月初　预干局陆军预备干部训练第一总队（简称"预干总队"）在南京孝陵卫正式成立，自兼总队长。

12月初　在南京干河沿109号我家中与段伯宇、刘农畯、宋健人、董嘉瑞、林勉新密谋在南京发动军事政变，拟活捉蒋介石等国民党军政要人送往解放区。最后大家同意段伯宇建议，决定选择适当时机，举行反蒋起义。

年底　与中共地下党接上联系。中共上海局策反委员会书记张执一派李正文加强对起义的领导工作。

1949年（民国三十八年）　37岁

元旦　张执一与段伯宇在上海商定，由上海局策反委员会掌握和领导预干总队，派李正文负责与我直接联系，并派地下党员张文藻以我秘书名义，到总队工作。

2月　预干总队调往浙江嘉兴，并扩大为预备干部训练团（简称"预干团"），由我兼任团长。并在重庆、汉中设立第二、第三总队。

2月底　李正文在上海宝山路段仲宇家召集段伯宇、刘农畯和我密商起义计划，决定于解放军渡江前夕在宁沪杭地区发动武装起义。

3月上旬　应蒋经国电邀，与彭位仁前往奉化溪口，会见蒋氏父子，接受"考察"，并同意立即率预干总队开赴福建。在此期间，曾动念要学荆轲刺秦王那样刺杀蒋介石，继以共产党不搞暗杀而止。

3月12日　在上海华懋饭店向李正文、段伯宇、张文藻汇报溪口之行情况，决定加速准备预干总队起义，并将吟瑞母子予以隐蔽安顿。

3月中旬　南京国防部下令撤销我预干局代局长、预干团团长、预干第一总队总队长职务，调为国防部部员，派往南京卫戍总司令部服务，以行监视。

3月下旬　嘉兴预干总队学员闻我被撤职，罢操罢课。我到嘉兴出席预干总队全体学员欢送大会，讲完《论预备干部制度》最后一课，以资安抚。

4月2日　李正文传达中共上海局策反委员会的指示，决定于4月15日由我率领预干总队在嘉兴就地起义，朝西天目山挺进，与苏浙皖边区游击队会合，策应解放军渡江。部队起义后可用"苏浙皖边区民主联军"的名义开展活动。毅然接受组织决定，并提出我若牺牲，请求追认为中共党员。

4月3日　秘密返回嘉兴，着手组织武装起义。

4月4日　深夜召开起义骨干秘密会议，布置任务。

4月5日　因起义消息泄露，与李正文在嘉兴南湖秘密会面，决定提前发动起义。

4月7日　凌晨在嘉兴西大营操场集合预干总队学员，以举行军事演习的名义，率部向西天目山进发。嘉兴起义爆发。

是日　南京国防部调兵遣将，以重兵对起义部队进行围追堵截，并派遣12架飞机侦察扫射和散发传单，悬赏5万银元捉拿我。

同日　下午5时，部队行抵桐乡乌镇，就地举行誓师大会，正式宣布起义。正拟乘船向西进发，被敌人四面包围，随即指挥部队进行反击，并分三路突围，发生激烈战斗，死伤甚众。

4月9日　我率领第一路起义军经两昼夜激战，转移至双林镇；李恺寅率领第三路起义军突破多道封锁线，亦赶到该地与我会合。

4月10日　我和李恺寅率部到达菱湖。刘异、冯一率领的第二路起义军奋战三昼夜，边打边撤，抵达莫干山。因受敌县长王正谊的伪装欺骗，被敌重兵包围缴械。

4月11日　率部化装成敌军，出其不意，由吴兴突破敌人京杭国道封锁线。

4月12日　下午4时，起义部队抵达妙西山良村，再度陷入敌军重围。血战多时，打退敌人十几次冲锋，官兵亦伤亡惨重。为迷惑敌人，令部下散布我已战死的假消息，国民党信以为真，立即以大标题刊登："贾亦斌在良村被击毙"。在老百姓指点下，率部连夜翻山突围。

4月13日　进入浙江安吉县境。为缩小目标，保存起义有生力量，决定化整为零，化装成老百姓，各自分散突围。

4月16日　只身被围困于深山之中达三日，下雨路滑，深夜跌下山崖，摔成脑震荡并断肋骨数根，饥寒伤病交迫，仅以生竹笋充饥。

4月19日　历尽艰辛到达安吉县梅溪小学，在校长杜培积和教师张道法的帮助下，找到当地游击队，终于脱险。随即抵达宁国县游击队根据地，会见苏浙皖边区工委书记钱敏。

4月26日　经芜湖抵达已获解放的南京，与李正文见面，得知中共地下党组织已批准我为中共党员，极为兴奋。

5月初　在丹阳受到陈毅司令员和刘晓、曾山等领导同志的亲切接见。

5月28日　随三野大军进入上海，与吟瑞母子相见，从此个人获得新生，家庭得以团聚。

6月　任上海市公安局社会处干部训练班副主任，市公安局副局长杨帆兼主任，处长王征明兼副主任。干训班的任务是培训保卫工作人员——"党的宝剑"，学员来自解放区青年干部、上海地下党组织骨干和预干团起义官兵。干训班共举办三期，培训学员500余人。

10月1日　中华人民共和国成立。

1950年 38岁

1月 在上海调任解放军第九兵团联络部台训团团长，参加解放台湾的准备工作。曾派胡梦英、田玉生、张习崇到舟山群岛，策反丁治磐、张家宝（国民党第二十六军军长）、李焕阁（二十六军副军长）。

4月 任解放军华东军区粤港工作组组员，偕妻儿前往广州、香港从事秘密对台工作，同去者还有助手郑重为（原国民党上海警备司令部稽查处处长）。

5月 偕妻儿抵达香港，在香港化名"王致中"，住九龙西洋菜街97号，每天晚出早归，与老部下和各种关系人会面，进行策反工作。

9月1日 次子贾浩（久久）生于香港九龙。

12月 蒋经国获悉我到香港，即悬赏10万美金，命军统香港站站长王新衡设法暗杀或活捉我，并派一艘小军舰到香港外海等候。组织上考虑到我的安全，于年底将我调回上海。

1951年 39岁

1月 朝鲜战争爆发后，美国第七舰队控制了台湾海峡，解放台湾的计划被迫推迟。由于我在香港的身份已经暴露，组织上遂将我调回上海，担任中共中央华东局台湾工作委员会敌工部副部长，部长张云增（后由万景光接任）。当时主要工作是向台湾派遣秘密工作人员，先后曾派张丽曼（台湾学者王晓波的母亲）、徐洪涛（蒋介石机要室副主任）赴台，做蒋坚忍（台湾国防部政治部主任）的工作。张、徐二人后来都被国民党逮捕杀害。

8月 妻子谭吟瑞调到上海市立托儿所，做儿童保健工作。

是年 我母亲在家乡湖北阳新的土改运动中被错划为"官僚地主"，受到管制，曾数次欲上吊自尽。我为此向组织上提出申诉，后改为小土地出租者，恢复人身自由。

1952年 40岁

6月—12月 在三反运动中接受审查，被戴上"思想老虎"的帽子，撤去华东局台委敌工部副部长职务，宣布我为混进党内的阶级异己分子，强迫退党，并从行政14级降为16级。此时原上海局的领导刘晓、沙文汉、张执一、李正文等都已先后调离上海，因而申诉无门。事后，有一个多月不安排我任何工作。为了瞒过家人，我每天假称上班，而实际上到虹口公园去阅读书报，以消磨时光，心情极为苦闷。

8月12日 女儿贾毅（贝贝）生于上海。

1953年 41岁

1月 中共中央华东局撤销后，我被下放到中国土产出口公司上海分公司劳动锻炼，先在传达室收发报纸信件，后到炊事房干杂务，挑担买菜、洗菜烧饭、倒痰盂等，样样都干。

是年 全家迁入淮海中路、重庆南路口的培恩公寓（即后来的上海妇女用品商店），在此一直住到1976年。

1954年 42岁

是年 在上海土产分公司工作。

12月7日 幼子贾维（回回）生于上海。

1955年 43岁

2月 任中国土产出口公司上海分公司私改办公室副主任，公司党总支书记兼经理为张廷禹同志。

5月 当选为上海市政协第一届特邀委员。

1956年 44岁

3月 任上海土产分公司行情研究科副科长，后任科长。

是年底　组织上经过长达五年的内查外调，没有发现我有什么问题，认为我历史清楚，起义有功，经受了运动的考验，决定撤销对我的审查，恢复党籍。并由上海市委第一书记柯庆施上报周恩来总理，总理亲自批示："恢复党籍，单线联系，不公开。"

12月　调任中国食品进出口公司上海分公司经理。

1957年　45岁

3月　当选为第二届全国政协增补特邀委员，出席全国政协二届三次会议，任小组召集人（与宋庆龄、熊十力、梁漱溟一组）。会议期间，应邀列席怀仁堂最高国务会议，聆听毛泽东主席《关于正确处理人民内部矛盾问题》的讲话。会后，受到了周总理的亲切接见，当时有人介绍说：贾亦斌是蒋经国的骨干，总理含笑点头说："那是过去的事了！"后来才得知，周总理很关心我的党籍问题，曾经指示："贾亦斌的问题要解决，党籍要恢复。"

4月　北京会议结束后，赴家乡湖北阳新探亲，并将母亲接到上海同住。是为第四次返乡。

春　妻子谭吟瑞调到上海市第一机关幼儿园，做儿童保健工作。

上半年　在上海参加整风运动。

7月　民革中央展开反右派斗争。

8月　经民革中央秘书长梅龚彬说服动员，参加民革，但党员身份不公开，与上海市委统战部保持单线联系。出任民革上海市委整风领导小组组员（赵祖康任组长，武和轩、徐国良任副组长，刘侠任、吴尊为、周旧邦和我为组员），并兼办公室主任（周旧邦副之），参加反右斗争。当时上海民革反右斗争的重点是批判"陈铭枢集团"在上海的代理人吴艺五（民革上海市委副主委、市民政局副局长）和陆晶清（鲁迅的学生，上海财经大学教授）。我赞成批判吴艺五，但对把陆晶清打成右派不以为然，当时被斥责为右倾。

是年　在上海民革主管对台宣传工作。《文汇报》记者著文，说我好好

活在人间，以澄清海外流传说我已死的误传。

1958年 46岁

8月 任上海民革第三届市委会副主任委员（赵祖康任主委，武和轩、刘侠任和我任副主委）。在市委统战部领导下，我和民革市委其他领导成员一起，致力于恢复反右以后几近瘫痪的上海民革组织和活动。按照分工，我广泛深入上海民革各基层组织，了解情况，听取意见，鼓励成员重新振作起来，并尽可能帮助解决一些实际困难。同时组织成员认真学习毛主席著作和党的方针政策，谈自己的学习心得体会，获得了一些好评。

10月 当选为第三届上海市政协委员。民革中央主席李济深到上海视察，我受到接见。

11月—12月 到北京参加民革第四次全国代表大会。四全大会的中心议题是，要求民革成员在为社会主义服务的同时，必须加速进行自我改造。在会上我当选为第四届民革中央委员。会后召开民革四届一中全会，再次选举李济深为民革中央主席。

是年 全国开展大跃进，到处大炼钢铁，大放卫星，搞高指标，浮夸风盛行。我当时对此并不怀疑，还批评别人不相信党报的新闻报道。积极参加大炼钢铁，以能早日进入共产主义社会为荣。

是年 到福建前线对去台的青年军将领，如驻金门的刘安祺将军、驻澎湖的郑果将军、海军陆战队罗又伦将军、宪兵司令王永树将军等人，发表广播讲话，号召其迅速反正归来。

1959年 47岁

夏 参加上海旅游团赴苏联参观，访问了莫斯科、列宁格勒、斯大林格勒和基辅等城市，参观了博物馆、学校、工厂和集体农庄。

是年 全国开展"反右倾运动"，批评彭德怀，对我震动很大。当时上海民革主要批判武和轩（副主委）、诸尚一、徐国懋（常委）。

1960年　48岁

10月　民革中央开动员会，号召全体成员认真学好《毛泽东选集》第四卷，作为当前重大的政治任务。

1961年　49岁

5月　任第四届民革上海市委会副主任委员（主委赵祖康，武和轩和我任副主委）。

11月　随上海市政协参观团赴浙江嵊泗列岛访问，赋诗二首。

1962年　50岁

5月—6月　与巴金、金仲华、赵祖康、赵超构等人，一起到奉贤县肖塘公社，参加开门学习，学习中共中央关于社会主义教育运动的文件《前十条》。

1964年　52岁

7月　随上海市政协代表团参观浙江新安江水电站。

9月　当选为第四届上海市政协委员。

12月　任第五届民革上海市委会副主任委员（主委赵祖康，武和轩和我任副主委），兼上海市各民主党派干部训练班副主任；并当选为第四届全国政协委员。

1965年　53岁

7月　前国民党政府的副总统李宗仁和夫人郭德洁及程思远回国，我到机场参加迎接，并聆听周恩来总理讲话。

1966年　54岁

1月—4月　到崇明县堡镇星火公社参加四清运动，同去的有著名记者陆诒等30余人。与贫下中农同吃、同住、同劳动，我能挑140余斤，受到贫下中农的称赞。当地农村的四清运动比较过火，对所谓"四不清"干部揪斗十分厉害。

7月 文化大革命开始后，民革中央成立了"文化大革命办公室"（由梅龚彬、陈此生任正副主任），进行推动和领导。民革上海市委成立了文革领导小组，我被市委统战部指定为组长，负责领导上海民革机关的文化大革命。

8月 北京红卫兵南下上海串联，冲击机关、学校，各民主党派被勒令停止活动。上海民革副主委武和轩等人惨遭毒打，我竭力予以劝阻；并将民革机关档案密藏起来，以防受到抢劫破坏，因而被冠以"保（中共）上海市委，顶撞毛主席的红卫兵"的罪名。

是年 文化大革命全面展开，上海各民主党派完全陷于瘫痪。

1967年 55岁

1月18日 母亲袁氏病故于上海，享年81岁。我深感悲痛，但想到她因此早离浩劫，不必经历此后的不幸，又为之感到庆幸。

冬 上海统战部造反派突然查抄了我在重庆南路2号33室的住所，将我历年的日记全部没收，企图寻找所谓的罪证。抄家给我的妻子和儿女造成很大的惊吓。事后，造反派又将我与市委统战部部长陈同生一起关押在南京西路722号原上海市政协所在地，进行隔离审查，为期2～3周。陈与我各关一室，陈居左室，我居右室，并禁止我们彼此交谈。在关押期间，陈同生不幸被迫害致死。

是年 在所谓"清理阶级队伍"中，多次受到造反派开会批斗，被说成是"假起义、真潜伏的反动高级军官"，硬按着我的头低头认罪，同时加以拳打脚踢。造反派还扬言要揪我到电视台批斗，我决心以自杀一死与之抗争，经妻子谭吟瑞反复劝导始打消自杀念头。当时，我的工资也全部停发，全家六口人仅依靠妻子每月80元的工资勉强维持生活（后来我给周总理写信反映情况，政协才恢复发放工资，以前停发的也如数补发）。我还被罚扫大街、打扫厕所。

1968年 56岁

春　知识青年上山下乡运动兴起。长子贾宁高中毕业分往崇明长征农场当农业工人,次子贾浩分往闵行上海汽轮机厂当工人。

是年　将所住房屋让出两间,两户同住一套寓所。

1969年 57岁

春　女儿贾毅初中毕业赴内蒙古乌兰察布盟土默特左旗农村插队落户。

是年　上海统战系统的造反派和工宣队为了清查我的历史问题,广泛进行内查外调,并勒令我写各种检查和交代。数年下来,所写交代积有几十万字之多。为了搜集我的材料,造反派跑遍了全国除台湾、西藏以外的各个省市,最终一无所获。有人向造反派提供线索,污蔑我为假党员,为混进党内的阶级异己分子,又说我是走资派党员,为了保守党的机密,我始终没有透露自己的党员身份。

1970年 58岁

11月　在周总理亲自过问下,各民主党派中央机关开始联合办公,并组织在北京的部分民主党派领导人和中央委员进行学习,各党派机关下放人员和家属陆续调回。

1971年 59岁

9月13日　林彪事件发生,我获悉后思想上震动极大,对文化大革命开始产生怀疑。

10月　幼子贾维初中毕业,到安徽宣城农村插队落户。

11月22日　适值60岁生日,赋《六十感言》:"一瞥人间六十春,沧桑往事费沉吟。矢志终身勤苦读,休遗俗虑困余身。"

年底　周总理亲自向在北京的部分民主党派和无党派爱国人士传达、解

释关于林彪事件的问题，并组织讨论。此后，各地民主党派包括上海民革
也进行了传达和讨论。

1972年 60岁

2月 美国总统尼克松访华，中美发表上海公报，我应邀参加招待晚
宴。

9月 日本首相田中角荣访华，日中两国正式建交，我到机场参加送
行。

10月 各民主党派中央和全国工商联成立临时领导小组，下设联合办事
机构，负责日常工作。全国政协成立学习领导小组，各民主党派正式恢复
学习。在上海，由市委统战小组组长吴若岩将各民主党派副秘书长以上人
员集中起来学习，我也参加了学习，后来还被指定为学习中心组负责人。

1973年 61岁

3月 妻子谭吟瑞从工作岗位退休。

1974年 62岁

10月 叶剑英、邓颖超受中共中央委托，邀集各民主党派和无党派爱国
人士，协商第四届全国人民代表大会代表名单，其中有民革等各民主党派
出席大会的代表。此前为筹备四届人大，中共中央统战部曾普遍了解受审
查的民主党派和无党派人士的结论情况，为安排代表进行准备。

1975年 63岁

1月 当选为第四届全国人大代表，赴北京参加第四届全国人民代表大
会。周总理在会上所作《政府工作报告》中提出了实现四个现代化的伟大
目标，并指出要进一步发展爱国革命统一战线。

是年 周总理病重住院，由邓小平主持中央工作，着手进行整顿。统一
战线工作进一步得到恢复，各民主党派的活动继续开展，落实政策工作进

展较快，民革中央和地方组织的不少领导人和成员陆续得到了平反。

1976年 64岁

1月8日 周恩来总理逝世，全国人民沉痛哀悼。

是月 迁居上海高安路62号408室。

9月9日 毛泽东主席逝世，全国各地举行大规模哀悼。

10月6日 中共中央一举粉碎王、张、江、姚"四人帮"，全国人民集会庆贺。

是月 随上海市政协代表团参观嘉定县城。

1977年 65岁

10月 全国八个民主党派分别宣布正式恢复活动。

12月 民革中央成立临时领导小组，由朱蕴山、王昆仑、陈此生为召集人，小组成员有屈武、刘斐、甘祠森等。次年8月，又增加朱学范、吴茂荪为成员。领导小组一成立即着手恢复民革的工作。朱学范提议要加强民革领导层的力量，调入熟悉民革业务的骨干力量，恢复民革中央机关工作机构，得到大家同意。

是月 参加上海市人民代表大会和政协会议，当选为第五届上海市政协常委，兼任市政协副秘书长。

是年 民革中央和各地民革，举行各种会议，揭批"四人帮"篡党夺权罪行。

是年 全国大学恢复高考，次子贾浩、幼子贾维分别考取上海师范学院历史系和安徽大学哲学系。

1978年 66岁

2月 赴京参加第五届全国政协会议，当选为全国政协常委。

4月 随上海市政协代表团参观南翔爱国卫生街。

7月 参加原上海市委统战部长陈同生骨灰安葬和昭雪大会，赋诗悼念。

8月 赴京参加民革中央常委座谈会扩大会议。在会上，裴昌会与我分别汇报了民革重庆市委和上海市委的工作情况以及对今后工作的意见。会后，朱学范与陈此生就调裴昌会、贾亦斌到民革中央工作的问题交换了意见。

11月—12月 朱学范率民革中央工作组到上海、南京考察民革工作。返京后，工作组向民革中央临时领导小组汇报，建议引进贾亦斌到中央工作。

12月 中共召开十一届三中全会，批判了"两个凡是"的错误方针，停止使用"以阶级斗争为纲"的口号，彻底纠正文革中和以前的"左"倾错误，决定把全党工作重点转移到社会主义现代化建设上来，具有划时代的意义。中共十一届三中全会对于统一战线和民主党派工作，也是一个历史性的伟大转折。

1979年 67岁

1月1日 全国人大常委会发表《告台湾同胞书》，祖国和平统一问题被提上了议事日程。

6月 随上海市政协代表团赴湖南韶山和江西井冈山参观访问（同行者有周谷城、陈言等人）。

7月31日—8月4日 到北京参加民革中央对台工作座谈会。会上就加强对台工作，促进祖国和平统一问题广泛地交换了意见，决定利用民革对台关系多的有利条件，大力开展对台工作，发挥积极作用。

10月 到北京参加民革第五次全国代表大会。大会提出为适应新的形势，要坚定不移地把民革工作的重点转移到为社会主义现代化建设服务这个中心上来，为完成祖国统一大业而努力。这次大会成为民革历史上的一个转折点和里程碑。在随后召开的民革五届一中全会上，选举朱蕴山为民革中央主席。我当选为民革中央第五届常委、副主席（新当选的副主席还有裴昌会、郑洞国）。在当选的13位副主席中间，我是年龄最轻的一个。

"五全大会以后，贾亦斌调到中央工作，兼任对台工作委员会（后改为祖国统一工作委员会）主任。贾在来京后两年时间内，奔波于祖国各地，走遍了所有民革省级组织和部分市级组织，举行座谈，调查研究，并多次作有关台湾当前形势和民革工作的报告，达到了增强信心，消除顾虑的目的，推动了对台工作的开展。后来贾调任执行局主任，张克明继任祖国统一工作委员会主任，林上元、张子伊、韦大卫任副主任，贾仍亲自领导祖统工作。"（朱学范《我与民革四十年》第194页）

1980年　68岁

2月　重游浙江奉化溪口，借宿蒋经国先生旧居，赋诗感怀："溪口暌违卅一年，迎春雪后景依然。喜看墨迹今犹在，传语家乡色更妍。借宿旧居怀旧雨，忙闻新曲谱新篇。妙高台望归帆至，晚节芬芳忠孝全。"

2月29日　民革中央机关报《团结报》复刊。

6月　民革中央派出三个工作组分赴京津、四川、广东，调查地方恢复组织和开展工作的情况。广东组由朱学范和我负责，8月初始返京。

7月　继民革五全大会后，民革25个省、直辖市、自治区一级组织，先后举行党员代表大会或党员大会，重建领导机构，已全部恢复活动。

8月　女儿贾毅由内蒙古呼和浩特市调到北京，进入中国大百科全书出版社工作。

10月10日　与郑洞国在民革中央机关宴请美籍人士、前国民党政府国防部第三厅厅长蔡文治夫妇。

10月22日　前往东北三省民革地方组织进行调查研究，11月11日返京。

12月　民革中央召开全国工作会议，探讨新时期民革的工作。会议由朱学范主持，由我协助，负责会议的具体领导工作。会议提出了以服务社会主义现代化为中心，以促进祖国统一为重点的民革工作方针。会议以后，民革各项工作进一步开展。各级组织面向社会，积极开拓新的工作领域；加强对台宣传，扩大同台属的联系，落实有关统战政策，努力吸收新成员。

是年　妻子谭吟瑞在《百科知识》杂志上发表《记祖父谭嗣同二三事》。她在文章中写道："（我）不时忆起童年时从祖母、母亲和老奶妈口中得知的关于祖父就义前后和其他一些故事。其中在我幼小心灵中印象最深的，是祖父就义前在狱中墙上所题的那首诗：'望门投止思张俭，忍死须臾待杜根。我自横刀向天笑，去留肝胆两昆仑。'每一诵读，我的脑际就涌现出祖父当时慷慨激昂，英勇就义的壮烈情景"。（见《百科知识》1980年第2期）

1981年　69岁

9月　由上海迁居北京，住西城区新外大街4号16楼6室。

9月30日　出席民革中央座谈会。会议一致拥护叶剑英关于实现祖国和平统一的重要谈话，愿意为促进国共谈判、实现第三次合作而努力。

10月28日－11月12日　应美中关系全国委员会的邀请，随全国政协代表团访问旧金山、明尼阿波利斯、华盛顿和纽约。代表团团长王首道、副团长平杰三、秘书长萨空了，团员有吴茂荪、贾亦斌、沈其震、黄家驷、王光英、吴大琨、白杨、朱启桢等14人。代表团会见了布什副总统、联邦最高法院首席法官伯格、民主党元老哈里曼、参众两院议员、斯托塞尔副国务卿以及明尼苏达州州长、几个城市的市长和各界知名人士、华侨、美籍华人代表等。在美期间，我会晤了老朋友徐思贤，看望了蔡文治、李默庵、龙绳文、陈学明、黄企之，还结识了陈治平等新朋友。是为我第一次访问美国。

12月　出席民革五届二中全会。会议由朱学范主持，选举王昆仑为民革中央主席。

是月　在《新观察》杂志发表题为《向蒋经国先生进一言》的文章。其中写道："现在我们伟大的祖国真正站起来了，'人为刀俎，我为鱼肉'的日子已经一去不复返了，……而经国先生现在台湾的处境也比当年大大不同了，可以自主了。国内外形势非常有利，和平谈判条件逐渐成熟，祖国统一、振兴中华，千秋伟业，系乎一转念一反掌之间。只要国共两党进行谈判，能实现第三次合作，经国先生就可以为国家、为民族尽大忠，还可以迁葬父亲灵柩和祭扫母亲庐墓，以尽大孝。这是千载难逢之良机，历史在等待着经国先生如何书写！"

1982年　70岁

4月1日　老友徐复观教授在台湾病逝，享年80岁。闻耗赋诗悼念："前闻康复祝馨香，去岁约归频扫床。捧读长书审厚爱，细览俪影费时光。日知斯疾心如捣，夜和此诗泪斗量。回首当年无数事，金陵握别最难忘！"

5月5日—12日　在厦门主持召开民革中央祖国统一工作会议，来自24个省、市民革组织的有关负责人参加会议。

7月6日—12日　民革中南五省区工作经验交流会在南宁召开，来自广西、广东、湖南、湖北及河南的70多名代表出席了会议。

7月24日　民革云南、四川、贵州三省组织在昆明举行为四化建设和祖国统一服务经验交流会，有80多人参加。据民革中央组织部统计，两年多来，各地民革单独举办的业余学校共33所，学员24000多人；由民革地方组织与其他单位合办的有29所，学员5000多人。

9月　中国共产党召开第十二次全国代表大会，提出了党在新的历史时期的总任务，并提出要继续坚持"长期共存，互相监督，肝胆相照，荣辱与共"的方针，加强同各民主党派的合作，进一步巩固和加强爱国统一战线。

秋　次子贾浩大学毕业，考入上海国际问题研究所，攻读硕士学位，研究美国政治与外交。

12月　出席民革中央五届三中全会，会议中心内容是学习和贯彻中共十二大精神，开创民革工作的新局面。

1983年　71岁

5月　惊悉老领导、中央统战部副部长张执一同志在京病逝，赋诗悼念："岑寂高原闻耗音，顿时头晕泣无声。苍茫海上春风引，坎坷途中大力承。一叶蔽天白变黑，十年浩劫假成真。未酬壮志竟西去，如此天公太不仁。"

6月　参加全国政协第六届会议，当选为全国政协常委。

9月6日—18日　与许宝骙、沈求我、黄启汉、方少逸、张克明、祝修林等七同志组成民革代表团，赴香港参加香港《文汇报》创办35周年纪念活动，住新华社。著名美籍华裔作家江南评论道："贾亦斌重返香港必有重任"。在港期间，曾与老上级彭位仁通越洋电话，问候经国先生。

9月下旬　偕妻子谭吟瑞赴湖南长沙参加谭嗣同殉难85周年学术讨论会，发表论文《关于谭嗣同的两个问题——兼与台湾学者倪怀三先生商榷》。会后赴浏阳瞻仰烈士祠堂和墓地，并赋诗纪念："就义而今八五年，丹心碧血照人间。舍身报国向天笑，变法为民曲肱眠。远足浪游趋万里，鸿文拜读近千篇。墓前一对南飞燕，孺慕情殷拜先贤。"

9月29日　全国政协成立祖国统一工作组，屈武任组长，副组长为侯镜如、王力、苏子蘅、贾亦斌、王匡。后来屈武提议，由我担任常务副组长。

12月　出席民革第六次全国代表大会。会议审议和通过了新的《中国国民党革命委员会章程》，王昆仑再次当选为民革中央主席。我在大会上作了关于修改民革章程的说明，并再次当选为民革中央副主席。会议选出了由七人组成的民革中央执行局，吴茂荪任主任，我任副主任。

1984年　72岁

2月　回故乡湖北阳新扫墓，感慨系之，赋诗抒怀："自惭父命未成龙，今日归来两手空。历尽沧桑惟一语，人民真正是英雄。"是为第五次返乡。

3月16日　民革中央举行六届中常会第二次会议，在会上报告对民革上海市委会和湖北省委会进行调查研究的情况。

4月　赴河北涿县参加孙中山国际学术讨论会。

5月26日　民革中央举行六届中常会第三次会议，在会上汇报关于近期工作的情况。

6月 全国政协举行中国国民党第一次全国代表大会和黄埔军校建校60周年纪念活动，黄埔军校同学会同时成立。

7月9日 为了加强对孙中山的研究，民革中央成立了孙中山研究学会，当选为理事。

是月 兼任中国国际文化交流中心理事会副理事长。

7月15日—9月15日 与徐国懋、张敬礼等赴香港、澳门参观访问，接触各方人士约300人次。

12月 民革中央在北京召开全国工作经验交流会，这在民革历史上还是第一次。到1985年底，民革成员人数比文革后恢复活动时期增加了将近一倍半。

是年 民革各地方组织先后召开代表大会，进行换届工作。在青海、内蒙、新疆正式成立民革省、自治区一级组织。这样，除台湾、西藏外，全国28个省、自治区、直辖市都建立了民革组织。

1985年 73岁

3月5日 民革中央祖国统一委员会召开扩大会议，总结1984年工作，提出1985年的工作设想，代表祖统会在会上作工作报告。

4月15日—19日 民革中央召开六届二中全会。会议选举贾亦斌为执行局主任，彭清源为副主任，通过了张克明为祖国统一工作委员会主任。

夏 次子贾浩到美国乔治·华盛顿大学做访问学者，研究美国政治与外交；后攻读博士学位。

夏 赴庐山休假，结识王禹时同志，赋诗留念。

秋 长子贾宁由上海基督教青年会派遣，赴英国基督教青年会国家学院学习一年。后到香港协同神学院攻读道学硕士学位。

8月29日—9月19日 我同全国政协委员胡有萼和正在美国探亲的全国政协委员徐国懋及政协工作人员赫军一行四人，组成全国政协文化经济考察组，应美国休斯敦美中文化协会、加拿大魁北克政府、温哥华狮子会、东京株式会社的邀请，访问美国、加拿大、日本三国，途经旧金山、洛杉矶、休斯敦、华盛顿、纽约、多伦多、温哥华、蒙特利尔、魁北克、东京、京都、奈良、横滨等13个城市，拜访了田长霖、李卓敏、陈平阶、彭硕熙、王鸿珠、赵曾钰、马晋三等知名人士。是为我第二次访问美国。

秋　幼子贾维考入中国社会科学院研究生院近代史系，攻读硕士学位。毕业后到中国社科院近代史研究所工作。

11月8日—14日　民革中央召开组织工作座谈会，讨论了进一步引进新人的问题。

11月23日　民革中央举行六届中常会第十二次会议，在会上作了关于组织工作座谈会情况的汇报。

12月下旬　赴湖北黄冈参加熊十力诞辰一百周年纪念学术讨论会。赋诗敬挽熊十力师："素仰吾师德望隆，山城趋教启朦胧。精忠报国愤投笔，刚正不阿宁固穷。深恶元凶如猛虎，睥睨竖子似沙虫。问天曷憝遗斯老，四害横行与地同。"

1986年　74岁

1月29日　出席民革中央六届中常会第十三次会议，作民革中央1985年工作情况的汇报。

3月3日—19日　民革中央在京举办第一期干部读书班。

4月5日　日本东京静安学舍创始人马晋三先生率团来华进行书画交流，出席欢迎仪式。

4月12日　出席民革中央六届中常会第十四次（扩大）会议，汇报关于召开民革全国代表会议一些问题的设想。

10月6日　出席民革中央六届中常会第十五次会议，汇报执行局五个月来的工作。

11月　孙中山先生诞辰120周年，首都各界隆重举行纪念大会。民革中央还举办了民革首届孙中山学术讨论会。

年底　赴广东中山县参加孙中山学术讨论会。

1987年　75岁

2月5日　民革中央举行六届三中全会，屈武当选为民革中央主席。在会上代表中央执行局作了关于全国代表会议筹备工作情况的报告。

2月8日—11日　民革中央召开全国代表会议，朱学范作工作报告。会议选举产生了中央监察委员会，为实现新老合作和交替创造了条件。

2月12日　出席民革六届四中全会。

3月　蒋经国先生为了准备与中共进行和平谈判，派使者沈诚来京，探询中共方面和平统一的诚意以及我是否愿意为之沟通，我一一作了肯定的答复，并将情况向上作了汇报。中共中央领导同志杨尚昆在接见沈诚时，请其转达致经国先生的一封信，信中表示希望"统一大业能在你我这一代人手中完成"。

4月5日　中国通和经济开发咨询服务中心正式成立，由孙越崎任董事长，吴京任总经理。这是民革将为四化建设服务工作与祖国统一相结合，为国家改革开放服务的一个重要尝试。

5月　陪同美籍华人学者陈学明博士再次访问奉化溪口，感怀赋诗："喜逢旧地又重游，浮想联翩夜不休。共赏京昆武岭校，同商调遣丰镐楼。后凋松柏干犹盛，洗血墓碑泪直流。但愿妙高台再会，私情公谊话从头。"此诗与照片后来都由陈博士转交经国先生，据说经国先生阅后表示甚为满意。

11月19日　出席全国政协第六届常委会第十六次会议。在会上就加强在共产党领导下的多党合作和政治协商制度提出五项建议：一、多党合作和政治协商要法律化，要从宪法上把它明确规定下来。二、政协章程中规定的政协基本职能应制度化；应协商于决策之前，监督于决策之后。三、要发挥各民主党派组织在政协中的作用，要体现民主党派作为政治组织和共产党合作的作用。四、各民主党派和政协要在议政方面进一步发挥作用。五、应加强政协自身的建设。次日香港《文汇报》在头版显著位置刊登了上述建议。

12月　民革中央举行六届五中全会，朱学范当选为民革中央主席。

12月30日　民革中央在首都京西宾馆举行民革成立40周年纪念大会。

1988年　76岁

1月14日　蒋经国先生在台北病逝。于次日致电蒋经国治丧委员会，表示深切哀悼。唁电如下："惊闻经国仁兄不幸逝世，悲痛莫名。回首当年，辱承吾兄知遇，屡委重任，是所难忘。抗战期间，吾兄深怀国恨家仇，毅然带头参加青年军，主持政治工作，竭尽心力。去台以后，吾兄坚持一个中国，反对台湾独立，近又作出开放台胞到大陆探亲之决策，此皆国人所称道者也。而今统一大业尚待海峡两岸共同努力完成之时，不意吾兄与世长辞。溪口一别，竟成永诀，于公于私，均甚痛惜。"并赋《哭经国兄》诗一首："萍水相逢知遇深，骤闻噩耗泪沾襟。难忘报国从军志，时念轸民建设心。开放探亲赢盛誉，严防台独最伤神。知兄此去留遗憾，尚有余篇惜未成！"

1月22日－3月5日　以个人探亲名义访问香港，以了解蒋经国先生逝世后台湾政局发展动向。访问期间，接触了台、港有关方面人士约500人次，多次与台湾老同事通电话，并见到了刚从美国返回香港的友人南怀瑾先生。

3月　当选为第七届全国政协常委。

7月14日　《群言》编辑部邀请各民主党派负责人共同探讨民主党派的地位和作用问题。在座谈中提出：民主党派是"为社会主义和祖国统一服务的政党"，"我国各民主党派的地位，既不是执政党，也不是在野党，而是参政党。"（见《群言》杂志1988年第10期）

9月　胡秋原先生发起组织"中国统一联盟"，并被推为名誉主席。此时，他毅然冲破台湾当局的禁令，前来大陆参观访问，成为台湾知名人士倡导两岸统一的第一人。在此期间，我陪同他参观访问，与之朝夕相处，促膝谈心，获益良多。分别时，赠诗一首："中华杂志著雄文，最佩高明寻国根。抗战笔锋长锐利，振兴壮志老深沉。功名粪土书生气，海峡精禽赤子心。喜看神州能超越，人民十亿更欢欣。"

10月12日　民革中央执行局主持的全国组织工作会议举行，讨论各省换届人选问题。

10月29日　妻子谭吟瑞七十寿辰，特赋诗志贺："光阴似箭古稀年，两袖清风代寿筵。患难频繁承内助，儿孙化育赖君贤。幼时失怙伶仃苦，求学无援卿我怜。祝愿白头永偕老，躬逢盛世更欢颜。"

11月12日—20日　民革第七次全国代表大会召开，受民革第六届中央委员会委托作工作报告。大会选举朱学范为民革中央主席，我当选为民革中央副主席。

1989年　77岁

2月　嘉兴起义四十周年，应浙江省和嘉兴市政协邀请，和部分起义战友重游故地。特赋诗纪念："起义嘉兴四十春，缅怀壮烈夜钟沉。莫干山上阴霾密，乌镇河边血水深。报国从来不惜命，索头何必费多金。恩仇一笑泯消尽，同补金瓯万象新。"

2月21日—3月6日　率中国经济考察团赴美国洛杉矶参加国际经济贸易探讨会，回国途中，在韩国汉城和日本东京进行了参观交流活动。此为我第三次访问美国。

3月　出席全国政协七届二次会议。会议期间，接受台湾记者采访时表示，愿意以民革组织或个人的名义同台湾国民党接触对话。

5月—6月　北京发生政治风波。

夏秋　民革中央下发各种文件，要求各级组织和全体党员从六四事件中吸取经验和教训，冷静地总结过去，思考未来，进行一次思想政治教育。

9月初　老友韩浚（仲锦）在武汉病逝，令我百感交集，赋诗悼念："噩耗传来泪涌流，不眠之夜想从头。每逢患难感知己，一叶凋零应识秋。先辈多行荆棘路，后人更须绍箕裘。黎园探视伤永诀，归燕梦绕黄鹤楼。"

秋　中共中央邀请各民主党派到中南海举行民主协商会，由江泽民同志主持。当时正值苏联解体，为世界所关注。我在会上提出，如果腐败问题不解决，中国也会变，引起会议的重视。

1990年 78岁

3月24日　出席全国政协会议，接见台湾《联合报》、《时报》等记者，批评李登辉"处理台独问题，心慈手软"。

是月　吟瑞大哥谭恒辉先生来京收集资料，寓居敝处，赠我小诗一首，我补续四句，以成完篇。诗云："一门三兄弟，都是博硕士。学术贯中西，更有凌云志。还有一个妹，自学成材贵。更喜第三代，个个都聪慧。"

5月16日　孙越崎和我会见台湾全民爱国会会长钟树楠一行，就祖国和平统一问题交换意见。

12月下旬至次年年初　和杨斯德同志赴港，通过南怀瑾的介绍，与李登辉代表苏志诚会谈。

是年　兼任中国和平统一促进会常务理事。

1991年 79岁

1月27日　民革中央副主席郑洞国在京病逝，写挽联志哀："忆当年浴血抗倭，协同防守长江有名将；惜今日奔走统一，相约偕游宝岛少老成。"

2月13日—19日　与杨斯德同志赴香港，与李登辉代表苏志诚、郑淑敏再次会谈。

3月17日—27日，与杨斯德同志再赴香港，从事对台工作。

7月6日　民革中央祖国和平统一促进委员会举行第一次会议。主持会议并发表讲话，指出：祖国和平统一促进委员会主要以民革对台工作的参政议政为中心。参政议政首先要落实在各项工作中，民革过去和现在都在大量做的"面向三胞、联系第三代、协助三引、促进三通"工作，就是做好参政议政的基础工作。

10月7日—9日　出席民革中央第二届孙中山学术讨论会。

10月　赴武汉参加纪念辛亥革命80周年国际学术讨论会，发表论文《试论孙中山中国和平统一的思想》。

是月　随全国政协长江三峡工程考察团赴四川、湖北、湖南三省考察。

11月26日—30日　出席民革中央思想政治工作经验交流会，并发表讲话。

1992年　80岁

2月—5月　妻子谭吟瑞赴香港探亲访问。

7月1日　以欧阳勋教授为团长的台湾两岸关系研究会访问团与民革中央举行会谈，应邀出席了座谈会。

7月16日　代表民革中央热烈欢迎以胡秋原为团长的台湾"中国统一联盟"大陆访问团来访，并举行座谈会。

9月24日　民革中央讨论十四大报告征求意见稿，提出应增加反对腐败和反对台独的内容。

11月17日　中共中央常委李瑞环约请各民主党派负责人座谈，应邀出席并发言。

12月14日—22日　出席民革第八次全国代表大会，并致开幕词。在会上提出辞去民革中央副主席职务，大会推举我为民革中央名誉副主席。

12月22日　民革中央举行八届一中全会，选举李沛瑶为民革中央主席，彭清源为民革中央常务副主席。

是年　年届八十，提出请辞民革中央副主席一职，并作《八十述怀》诗："人生八十今非稀，躬逢盛世心旷怡。历尽沧桑奉献少，老骥伏枥志三遗。"所谓"三遗"者，是指一为祖国统一工作不遗余力；二为撰写回忆录留给子孙一点精神遗产；三为静心读书，以弥补幼年失学之遗憾。

1993年　81岁

5月　我所主编的《论台独》一书由团结出版社在中国大陆出版发行，

民革中央名誉主席屈武题写书名，民革中央名誉主席朱学范作序。序言中写道："正是出于这样的历史责任感和民族正义感，由贾亦斌同志倡议并经民革中央决定由他主持，组织力量编写了这本《论台独》。贾亦斌同志长期从事促进祖国统一工作，对台湾问题素有研究，他主编的这本书以大量资料，比较详尽地叙述了'台独'产生的历史及其背景，阐明了反对'台独'、维护祖国统一的重大意义。我认为，编写这本书是及时的，有价值的。相信它的问世必将有助于人们全面、深刻地认识'台独'，了解'台独'的来龙去脉和主要谬论，认清'台独'的本质和严重危害性，从而团结起来同这股逆流进行坚决的斗争，促进祖国和平统一早日实现。"

9月22日—25日 民革中央对台工作座谈会在厦门举行，出席会议并发表讲话。

12月17日 出席民革中央八届二中全会。

是年 《论台独》一书由台湾统一联盟在台湾出版。胡秋原亲自为之作序，指出："（目前）台独之宣传甚多，批评台独之书迄今似以贾先生此著最有系统。""贾先生书中所说事实，我想有好多是此处本省人、外省人所不知的，知道以后必不容少数不肖之徒自甘堕落，出卖台湾以求个人荣利，贻祖宗和2000万人以万世之羞。"

1994年 82岁

1月21日 妻子谭吟瑞赴美国探亲。

5月12日—6月5日 与朱培康、楼志豪、郑建邦等同志一行，应美国旧金山中国和平统一协会会长张道行先生的邀请赴美，先后访问了旧金山、洛杉矶、华盛顿、纽约四个城市，与有关侨团和知名侨胞进行交谈，畅谈祖国和平统一大计。公事结束后，到弗吉尼亚探望次子贾浩一家，以叙天伦之乐。此次访美，感触良多，有《旅美杂咏》六首之作，用以抒怀。此为我第四次访问美国。

7月21日 偕妻子谭吟瑞由美返京。

8月22日 好友徐国懋在上海不幸病逝。特写挽联志哀："弟与兄，报国同心，民革同志，浩劫同患难，最痛永别无一语；你告我，好友有数，八五有录，后继有人，应能独自慰九泉。"

1995年　83岁

6月12日　各民主党派联合在中共中央统战部举行座谈会，严厉抨击李登辉在美国康奈尔大学的演讲。我在会上作了发言。

7月10日　主持接待来访的台湾中国文化大学大陆研究所暑期学术观摩团，并举行座谈。

是月　出席纪念抗日战争及世界反法西斯战争胜利50周年大会，并题词纪念："醒狮怒吼，谁敢鲸吞蚕食；散沙凝结，哪怕豆剖瓜分"。

同月　李敏生同志主编的《中华心——胡秋原政治文艺哲学文选》一书出版，我在序言中指出："我最钦佩的是秋原先生始终信守'人格、民族和学问三大尊严'，在他身上，不仅有博大精深的学问，而且继承和发扬了中国知识分子'天下兴亡，匹夫有责'和'先天下之忧而忧，后天下之乐而乐'的优良传统精神。相交多年，秋原先生给我印象最深的有三：第一，他是一个真正的爱国者；第二，他是台湾岛内首倡祖国统一的人；第三，他对中华民族文化有深邃的研究，而且提出深受国内外重视的'超越论'。"

1996年　84岁

1月7日　民革中央名誉主席朱学范因病逝世，享年91岁。闻噩耗深感悲痛，赋诗悼念："浮生何处觅知音，八十年来有几人？舌敝唇焦劳训诲，多方援引费精神。不才憨直枉清盼，世道崎岖感慨深。噩耗惊闻心似捣，遗容瞻仰泪沾巾。"

6月9日—10日　会见应邀来访的美国华侨界知名人士汪忠长一行。

7月12日　会见纽约中国和平统一促进会会长、纽约华人社团联合总会秘书长范俊雄。

9月下旬　赴湖南长沙参加嗣同公殉难98周年纪念活动。28日，湖南省谭嗣同研究会在湖南大学岳麓书院宣告成立。宋任穷、王首道、戴逸、贾亦斌、刘正任名誉会长。会长成文山，副会长田伏隆、艾天秩等。研究会的成立得到了湖南省党政领导的关心和大力支持，特别是湖南大学成文山院长、朱汉民教授负责具体事务，尤为辛劳，湖南学者王兴国、郭汉民等教授也付出了很大努力。台湾学者邬昆如等教授积极参加了谭嗣同研究的活动，在随后几年内，他们与大陆有关方面合作，接连在长沙、浏阳、北京、天津、上海召开了关于谭嗣同思想的学术讨论会，推动了谭嗣同研究的发展。

10月22日 出席辛亥革命研究会纪念孙中山诞辰130周年学术讨论会。

是月 《半生风雨录》一书由中国文史出版社出版发行，全国政协文史委员会主任杨拯民同志为之作序。序言曰："《半生风雨录》真实记录了贾亦斌与蒋经国从好友到决裂的彷徨苦闷、情感冲撞与痛切理智的思考，对蒋介石反共内战政策的厌恶与反击——'觉今是而咋非'的心路历程。贾亦斌自述资料翔实，文风朴素，其中不乏惊心动魄的传奇色彩。书中表现了在旧中国，在特殊的历史环境中，一个正直的中国人爱国、忧国、报国的情愫，这可以昭告后人，启迪来者。"他又写道："贾亦斌在新中国社会主义革命和建设中，长期参加民革地方和中央的领导及祖国统一工作，为两岸沟通，多方交往，数渡重洋，与蒋经国互为传话致意。为反对'台独'竭尽心力，他主编《论台独》一书，在大陆与台湾出版，这在其自述的下半部将有详细记述。"

1997年 85岁

2月20日 出席民革中央会议，沉痛哀悼邓小平同志逝世。

7月1日 出席国务院在人民大会堂举行的隆重庆祝香港回归招待会。

秋 幼子贾维考入中国人民大学清史研究所，师从戴逸先生，攻读博士学位，从事谭嗣同研究。

9月12日—18日 应邀出席中共十五大开幕式和闭幕式。

9月24日 蒋纬国将军在台北逝世，致电国民党中央评议委员会表示哀悼。电文称："惊悉纬国贤弟不幸逝世，回忆数十年交谊，于晚年特盼祖国统一老友团聚的深情，不胜悲痛，特电致唁，以示哀悼！"

11月24日—30日 出席民革成立50周年纪念大会暨民革第九次全国代表大会。被继续推举为民革中央名誉副主席。

1998年 86岁

8月28日 出席全国政协在北京举办的"纪念戊戌维新100周年座谈会"，陈俊生同志发表讲话。

9月23日 老友段伯宇在北京病逝，享年95岁。闻耗不胜悲痛，赋诗悼念："患难结交五五年，今朝诀别泪涟涟。八年抗战奔南北，一击反戈解倒悬。革命征途承指引，欣逢盛世换新天。知兄此去留遗憾，未见金瓯早补全。"

是月 戊戌维新爱国志士，近代伟大的启蒙思想家，为中国变法流血献身第一人谭嗣同殉难100周年。湖南省政协、长沙市人民政府、中共浏阳市委、湖南大学、湖南谭嗣同研究会等单位，联合在烈士故乡浏阳举行谭嗣同殉难暨戊戌维新运动100周年纪念大会。我和内人谭吟瑞、次子贾浩、幼子贾维应邀参加。这次纪念活动隆重热烈，丰富多彩，感人至深。28日上午，举行有各界人士1500人参加的纪念大会。老革命家、原中共中央顾问委员会副主任宋任穷，和著名历史学家、谭嗣同研究会名誉会长戴逸教授，分别发来贺信；湖南省政协主席刘夫生、长沙市人民政府常务副市长谭仲池、中共浏阳市委书记欧代明，分别发表讲话。一致表示要学习和弘扬先烈爱国和勇于冲决网罗、变法维新的精神，为振兴中华积极贡献力量。最后，由我代表谭氏亲属致谢词。下午，与会人士瞻仰"大夫第"谭嗣同故居和烈士祠，并祭扫烈士墓地。谭嗣同故居已被定为国家重点文物保护单位，由浏阳市文管所职工夜以继日进行修缮，整旧如新，并由著名书法家、全国政协副主席赵朴初题字。在故居内为新树立的谭嗣同铜像举行了隆重揭幕式，并同时举行纪念书画展。29日—30日，举行国际学术讨论会，到会有国内外专家学者120余人。与会学者就谭嗣同及维新运动方面的问题，进行了热烈的讨论和交流。学术气氛浓厚热烈，讨论问题广泛深入，获得了可喜的成果。为了适应读者的需要，湖南谭嗣同研究会同有关出版单位，敦请方行先生增订《谭嗣同全集》、《谭嗣同真迹》，并请李一飞教授编注《谭嗣同诗全编》，以及整理邓潭洲遗著《为改革而献身的谭嗣同》等四部著作，在纪念会前再版和出版，备受与会者和社会各界的欢迎。此外，湖南省浏阳市纪念谭嗣同殉难100周年筹委会还举办"嗣同杯"中华诗词大赛，参加者异常踊跃，除国内许多诗人参加外，还有美国、加拿大、西班牙等华侨华人参加，并编有《改革先驱——嗣同杯中华诗词大赛作品辑》。通过以上纪念活动，使与会者均深受教育。我作为谭氏亲属，感受更深，乃赋诗纪念，永志不忘。

2000年 88岁

1月 蔚江著《蒋介石总统府里的红色高参》一书由团结出版社出版。我在该书序言中写道："本书的主人公段伯宇同志，是我五六十年前，在重庆陆军大学的同窗好友，又是在解放战争期间，同在中共中央上海局的领导下，从事策反工作，同生死共患难的同志。他是我投向革命的引导者，是我参加中国共产党的介绍人。书中所载，许多事是我耳熟能详，有的是我亲身经历，是在伯宇同志领导下干的。当我读完这部书稿的时候，历史的风雨烟云，又重现在眼前，抚今追昔，顿生'惊呼热中肠'的无限感慨。"

2002年 90岁

2月 老战友李正文同志不幸逝世，深感悲痛，特赋诗悼念："结交海上不寻常，风雨同舟情谊长。革命征程赖指引，南湖教海永难忘。"

3月4日 出席全国政协九届五次会议。在会上提出："要尽快制定监督法，使互相监督落到实处。"此为我最后一次参加政协会议。

是年 胡锦涛、曾庆红同志视察民革中央，会见民革新老负责人，并举行座谈会。我在发言中再次提出：民主党派必须接受共产党领导，共产党必须接受民主党派监督。前者是集中，后者是民主；前者问题不大，后者问题很大。为了加强监督，应尽快制定监督法。

2003年 91岁

1月13日 出席民革中央郑洞国同志诞辰100周年纪念会，并在《团结报》发表《忆郑洞国同志二三事》。文末写道："郑老和我都是从旧中国过来的人。曾亲眼目睹旧中国四分五裂，任人宰割，给国家和人民带来的深重灾难。因此特别关注祖国统一大业。"郑老"直至最后病重期间，还在医院会见来自台湾及海外的故旧。他还与我相约在他身体好转和时机成熟时，一同去台湾看望孙立人、潘国华、罗又伦等老朋友。"

11月 幼子贾维所著《谭嗣同与晚清士人交往研究》一书，由湖南大学出版社出版。

2004年 92岁

5月 台湾中国统一联盟名誉主席胡秋原先生不幸病逝，与杨斯德同志发唁电哀悼："胡先生一生爱国，为祖国统一富强尽心竭力，首在台湾组建'中国统一联盟'，被推选为名誉主席，并力排险阻两度赴大陆，共商和平统一大计，为国效力，良堪钦佩。今竟因病逝世，对公对私均是一大损失！"并赋诗悼念："洞庭湖畔初识君，风雨之交情谊深。同参抗战流血汗，齐补金瓯献辛勤。身存正气堪敬佩，袖带清风不忧贫。永忆淑世报国志，一生坦荡见胸襟。"

2005年 93岁

9月 全国举行中国人民抗日战争暨世界反法西斯战争胜利60周年纪念活动，我作为十位抗战老战士、爱国人士和抗日将领代表之一，参加在人民大会堂举行的隆重仪式，由胡锦涛主席颁发抗日纪念章。

11月1日 台湾马鹤凌先生病逝，特致唁电哀悼："惊悉鹤凌贤弟仙逝，万分痛悼！我与鹤凌贤弟结识六十余年，相知甚深。他一生热爱祖国，青年时代曾投笔从戎，参加青年军对日作战，竭尽对国家民族之忠诚。尤其晚年积极弘扬中华传统文化，坚持反对台独，热心两岸和平统一。方今民众对两岸和平合作期待正殷，渠料鹤凌贤弟遽尔驾鹤西行，令我与在大陆旧友深为痛惜。特致电唁，并请鹤凌贤弟亲属节哀珍重。"不日即收到马英九先生复电，全文如下："贾名誉副主席亦斌先生尊鉴：张主任荣恭转来唁电，无任感荷！家父服膺中山思想，胸怀民族复兴与世界大同理想，英九将谨遵遗命，继续努力。马英九敬启"。

2006年 94岁

5月5日　参加纪念张执一同志诞辰95周年暨《张执一文集》首次发行座谈会。

6月16日　朱学老诞辰100周年纪念，撰文《铭记朱学老对我言传身教的三件事》。文末云："朱学老是我的良师益友，在和他相处的数十年中，他的教诲使我受益无穷。在此口占七绝一首，以表达我对朱老永恒的纪念和崇高的敬意，并向其家属致以亲切的慰问：有幸识公数十年，言传身教记难全。终生铭记三件事，公谊私情扣心弦。"

2007年 95岁

6月　前江苏省民革主委杭鸿志同志诞辰100周年，撰文《追忆杭鸿志老师二三事》，以示怀念。文末云："杭鸿志老师逝世已经19年，而我也已是96岁的垂垂老人了。杭老与我'平生风谊兼师友'，追思往事，更使我不胜感慨。现在国家建设欣欣向荣，祖国面貌日新月异，实现中华民族的伟大复兴已不再是遥远的理想。新的时代人才辈出，杭老的后人也努力上进，斐然成才。我相信，若杭老九泉有知，他也一定会感到无比欣慰的！"

10月　出席中国共产党第十七次全国代表大会的开幕式和闭幕式。

12月　出席民革第十一次全国代表大会暨民革成立六十周年纪念大会，并作为民革老同志代表，作了题为《弘扬孙中山精神，奋力振兴中华》的发言。大会选举周铁农同志为民革中央主席。

2008年　96岁

12月　《贾亦斌诗词集》由团结出版社出版。

2010年　96岁

7月　幼子贾维所著《谭嗣同研究著作述要》一书，被列入湖湘文库丛书，由湖南大学出版社出版。

嘉兴起义

嘉兴起义史料编写组整理

前　言

　　1949年4月7日，在嘉兴爆发的国民党国防预备干部训练团第一总队的起义（简称嘉兴起义），是在中共中央上海局领导下，由贾亦斌将军率领并组织的"从蒋家的心窝里反出来"的武装起义行动。由于贾亦斌是蒋介石父子亲自破格提拔、极为重用的将领，起义人员的绝大部分又是蒋介石从抗日战争后期"为同日寇作最后决战"，以"十万青年十万军，一寸河山一寸血"相号召而组建起来的知识青年远征军，并"视之如手足，爱之如子弟"，称之为"太子军"的成员，它的起义，就更引起各界瞩目和震撼，对蒋家父子及其集团的打击，就更为沉重。直接组织领导这次起义的中共中央上海局策反委员会书记张执一和委员李正文就曾分别指出：嘉兴起义是"在蒋的京沪心脏地区，来一次部队起义……已起到了震撼其京沪杭总后方的作用"，"贾亦斌是蒋介石的嫡系，他的起义政治影响极大，对蒋家王朝是致命的精神打击，使蒋介石本人感到再没有可以依靠的部队了，使蒋家将领认为嫡系之嫡系都造反了，我们又何必再为之卖命呢！"起义的当天凌晨，当溪口收到有关贾亦斌率部起义的"急电"时，整个溪口上下震惊，一片沮丧，恐慌万状。"蒋经国痛哭流泪地向乃父作检讨"（其亲信蔡省三语）。蒋介石更是暴跳如雷，斥其子"无能"、"用人失策"，不得不手令其国防部调兵遣将，不惜孤注一掷地调动其包括"防守长江天堑"的正规部队在内的几十倍于起义部队的兵力，将这次起义镇压下去。国民党的喉舌《东南日报》也在评论中哀叹："其（指这次起义）在政治意识上，给政府给人民以极大的刺激，因为这一批正是万人瞩目之'国之瑰宝'的知识青年军。"这次起义和其他许多起义有不少不同之处。其一，它不是兵临城下被形势所迫的被动起义，而是出于为反对蒋介石发动内战、反对美帝侵犯中国主权、反对四大家族腐败统治而自觉主动争取得到党领导的起义，且斗争坚决，起义部队多次突围，激战多日，伤亡惨重。被打散之后，一部分又自行重新集结起来，以苏浙皖边区民主联军的名义，在杭嘉湖一带展开游击战争；被俘人员也坚强不屈，在被改编为3847部队之后，于1949年10月，又在大队长胡岳宣率领下在厦门再度起义。其二，它不是在战场上两军对垒有解放军强有力支援的起义，而是在离解放军较远的蒋介石政权的政治、经济中心，且有敌军重兵把守并被吹嘘为固若金汤的京沪杭地区，而危险性非常巨大的起义。其三，它不是蒋军一般部队的起义，而是蒋介石父子长期苦心经营的"太子军"部队中的第一次起义。且其成员原来都是蒋准备用作建立30个新军的连排长以上官佐。其四，它是中共中央上海局为策应解放军百万雄师横渡长江，经过周密筹划组织的起义。因而这次起义虽遭到残酷镇压在军事上未能取胜，但却达到了原来起义确定要达到的三个目的。这就是：一、在政治上，给蒋政权心脏来个突如其来的大爆炸，震撼其神经中枢，并以此向国内外宣告：连蒋家父子最嫡系的"太子军"都起义了，其人心尽失，大势已去，从而促使其残存将领领悟再为之卖命只能同归于尽，要走上活路唯有弃暗投明，而蒋氏父子必然会因此担心引起连锁反应，加剧其与部属的彼此猜忌，进一步形成众叛亲离的局面；二、在军事上，给其京沪杭警备总司令部防区炸开一个大窟窿，打乱其部署，动摇其军心，打破其固若金汤的神话；三、在组织上，使其原来准备在长江以南建立30个新军，以守住长江天堑，形成与解放军隔江对峙局面的计划彻底破产。正因此，在嘉兴起义以后不久，第三野战军司令员陈毅和中共中央上海局正副书记刘晓、刘长胜等都亲切地接见了贾亦斌将军，给予慰勉鼓励。中共中央上海局其他领导张执一、李正文和地下党上海市委书记张承宗等也都在其撰文中给了嘉兴起义以很高的评价。

遵照党的"以史为鉴，以史育人"的指示，为纪念嘉兴起义四十周年，缅怀在起义斗争中牺牲的同志，勉励尚在各个革命工作岗位或已离退休的起义人员始终如一地秉着起义初衷为统一祖国、振兴中华奋斗到底，由起义领导人创议，在上海组成了一个嘉兴起义史料编写小组，经过两年多来的工作，阅读了张执一、李正文、段伯宇等同志的文章，参阅了全国和上海等地方文史资料选辑中有关资料，以及海外一些学者著述中有关此次起义的记载，广泛征集了起义参加者的起义亲历记，特别是中国人民解放军浙江军区政治部向我们小组提供了内容翔实的《嘉兴起义史料综述》，给了我们宝贵的帮助。现已整理出《嘉兴起义》一文。由于编写组人员水平有限，加上年代已久，资料收集难以全面，如有缺漏错误之处，敬请指正。

一、起义背景

嘉兴起义是国家民族的深重灾难所迫和共产党领导的人民民主革命运动召唤的必然产物。早在1945年抗日战争胜利之初，国民党内有识之士和爱国官兵，就对蒋宋孔陈四大家族为首的国民党政府置饱经战乱之苦的全国人民渴望和平休养生息、建设一个富强的新中国的强烈愿望于不顾，仗着有美帝国主义的支持，大搞反革命两面手法，表面上装着侈谈和平，暗地里准备发动全面内战，产生强烈不满。这次起义的领导人贾亦斌和参加者中多数人，就是其中一部分。贾亦斌是一贯反对内战、反对美帝干涉中国内政、反对四大家族的腐败统治的。贾氏又名贾思齐，湖北省阳新县人，曾任国民党军队连、营、团长和师参谋长，抗日战争中参加过淞沪、徐州、武汉、长沙、鄂西诸大战役，负伤两次，屡立战功。1943年10月，考入国民党陆军大学第七期特别班学习，后兼任教官，与同班学习的段伯宇、刘农畯、宋健人等常在一起，关心国事，议论时弊，抒发对一些国民党军队抗战不力和一批官僚在后方乘机大发国难财的不满，彼此思想感情相通，结成同窗挚友。由于贾来自农民家庭，长期戎马生涯，经历过八年的抗战，目睹战争给人民造成的深重灾难。血的事实教育了他，使他深刻懂得对帝国主义强加给我们的战争，要不怕牺牲，坚决抵抗；对中国人打中国人的内战，就应坚决反对，拒绝参加。正当他和全国人民一样在欢庆抗战胜利，和平生活来临之际，却由于蒋介石煽动打内战在陆军大学内部出现了主战与主和两派，经常展开辩论。贾是主和的，在激烈争论中，他严正指出主战派是"不顾百姓死活，一心想打起仗来可以升官发财。"段、刘、宋是同贾的观点一致的。尤其是段伯宇经常鲜明地支持贾在辩论中的发言。原来段伯宇是中共地下党员，早年由党组织搞军运工作的王兴纲指派打入国民党军队中工作的。他们于1946年3月在陆军大学毕业以后，段被任命为国民政府军务局少将高参；刘被任命为国民党伞兵第三团团长，驻守南京两路口飞机场，负责机场守卫任务；宋被任命为国民党六十四军参谋长；贾亦斌当时曾受到国民党七十三军军长韩浚邀请去担任该军参谋长赴山东打内战。贾回答说："抗战我义不容辞，内战我绝不干。"断然拒绝了。后来，贾经国民党青年军编练副监彭位仁推荐到国民党军事委员会青年军复员管理处任第一组少将组长，主管第一期青年军复员后的就学工作，直接接受实际主管青年军复员管理处的副处长蒋经国领导（处长由军政部长陈诚兼任，副处长除蒋经国外，还有彭位仁、邓文仪）。贾在工作中，与青年军复员人员接触较多，发现其中多数人，虽因蒋经国治赣南政绩和留学苏联的经历被说得神乎其神，对蒋有盲目崇拜思想，但有强烈的爱国热情，渴望国家和平富强。由于他们是在抗日战争最艰苦时期，为挽救国家危亡、抵御日寇侵略而投笔从戎的知识青年军，也目睹战争给人民和自己带来的灾难，不愿意以千百万人的生命换来的抗战胜利和好不容易才过上的和平生活为内战所破坏。同时，他们也反对贪官污吏。如杭州青年中学的学生就曾先后赶走犯有贪污劣迹的两任校长，校内还出现过"要和平，不要内战"、"此路不通，去向毛泽东"等标语。这方面与贾有着共同的思想言论，彼此易于建立感情。这就为贾后来发动起义提供了一个良好的条件。

国民党政府从重庆迁回南京后不久，于1946年9月，即在庐山召开青年军三个军九个师的军、师长和政治部主任共30余人出席的"青年军复员检讨会"。蒋介石在会上作了两个半小时的"训话"。其主旨就是作发动内战的思想动员。他竟然说："你们不要看到我下停战令，你们也不要看到马歇尔八上庐山，搞什么调停，你们只有一个任务——就是——打！""美国是支持我们的，凭国军的海陆空优势，只要六个月，中共就会被我们彻底消灭。"当时贾担任会议秘书组长，负责整个会议的筹备工作，也负责会议的记录，听到蒋这番话，猛地一愣，十分反感，气得钢笔也"啪"的一声掉了下来。贾当时想起《孙子兵法》讲过："兵者，国之大事，生死之地，存亡之道，不可不察也。"这个身为三军统帅的蒋介石竟把国家存亡、人民生死当儿戏，实是国家之不幸。而且他平时满口"忠孝仁爱信义和平"，实质却如此狡诈虚伪，暗藏杀机，耍弄两面手法，实为可耻。贾想到抗日战争刚刚胜利，人民正需要休养生息，国家正需要恢复元气，国弱招来外侮，一百多年来列强欺侮中国的教训还没有尝够吗？怎么可以再打内战呢！……越想越气，越气越忧虑。于是决定辞职。当即找彭位仁，以青年军复员任务已办完为由，提出辞职。彭对此大为惊讶，说："过去我可以介绍你来，但现在你要走，我决定不了。你自己去找蒋先生（经国）去。"贾随即找蒋经国。在贾表明来意之后，蒋满面疑惑地问道："为什么要辞职？辞职后准备去干什么？"贾回答："回陆军大学教书和研究国防新论去。"蒋呵呵一笑，恳切挽留，劝贾打消辞意说："亦斌兄！你哪能走哇，你是我这儿的台柱，你走了这里岂不是垮台了吗！"贾听了这些话，感到蒋经国同其父有所不同。他态度谦和，语言恳切，很有诚意，贾颇有知遇之感，感到盛情难却，口难再开，只得收回辞意，继续任职。

1947年，青年军复员管理处改为国防部预备干部局，由蒋经国出任局长。蒋以为在抗日战争后期建立起来的那三个军九个师的知识青年军及其第一期复员并曾授予少尉军衔的七万三千余名预备军官，可以用为取代老一代蒋军的基本力量。为将这支力量组织起来，牢牢控制，加以培植，他渴望求得一位懂得军事的得力助手，充当该局的副局长。由于他发现贾年富力强，精明干练，恰巧这时贾又发表了《论预备干部制度》一文，更合乎蒋的心意。因此，蒋经国撇开了许多觊觎此职的人，向其父蒋介石大力推荐，而由蒋介石手令破格提升贾任此职。后来，蒋经国还与贾多次推心置腹促膝长谈，又偕同贾到各地视察青年军和青年中学工作，两人经常在一起同吃同住，无话不谈，对贾可谓器重之至。但是这种对贾的器重，并未能动摇贾反对内战之意志。1947年9月，贾在南京列席中美军事联席会议。这次会议由美国军事顾问团参谋长柏宁克准将主持。由于美国人对苏联带有天然的敌视和偏见，对蒋经国（蒋经国曾留学苏联）及青年军无甚好感。在这个会议上，柏宁克与国民党内某些人密谋提出了一个议案。其内容为：一、将青年军待遇降低到同蒋军一般部队同等水平；二、取消青年军作为培训预备军官的打算，将其全部调往前线同解放军作战。对这种使内战进一步升级、干涉中国内政的所谓议案，出席会议的蒋军高级将领包括林蔚、余汉谋在内均表示同意。贾实在按捺不住，愤然起立表示坚决反对，并慷慨激昂地陈述了反对的理由。柏宁克见贾一人如此反对，大为恼火，竟打断贾的发言，声言贾系列席代表没有发言资格。贾对此毫不退让，针锋相对地高声反驳说："讨论中国的事，我作为中国人理所当然地就有发言权。我们中国人，对中国的事比美国人更了解，自然就更有发言权。我不能容忍外国人如此干涉中国内政！"彼此就大吵起来，结果会开不下去了。柏宁克只好悻悻宣布散会。贾也很气愤地说："这种干涉中国内政的会，本来就不应该召开，散会就散会。"走出会场后，贾碰到孙立人。孙紧紧拉着贾的手说："今天你总算为我们中国人出了一口气！"之后，贾即写了一封信给蒋经国，告诉蒋此会发生争执的情况和他反对美国人的所谓议案的理由，倾诉自己的满腹忧虑和不平之气。指出："八年抗战，我们受尽了日本人的气，牺牲了无数同胞。现在刚刚把日本人打垮，取得了抗战的胜利，却不料前门驱虎，后门进狼，又继续受美国人的控制……我的确无法忍受了！"蒋经国迅速给贾回了信，言词恳切，不但肯定贾反对美国人的议案是对的，而且勉励贾要忍辱负重，共图大业。特别在信中深情地说道："岁寒而后知松柏之后凋。今日岁已寒矣，吾人应效法松柏，傲霜雪，斗严寒，苍劲挺拔，毫不动摇，斗争到底！"

1948年初，驻台湾的青年军一名军长因犯走私畏罪潜逃，蒋经国因此辞去了预备干部局局长的职务，又向其父保荐任命贾接任代局长。然而从来反动腐败的统治者赐予高官厚禄，只能收买贪婪之徒，而动摇不了正直人的心。随着时间的推移，贾不但目睹四大家族为首的国民党政府在政治上派系林立，钩心斗角，尔虞我诈，腐败不堪；在经济上，横征暴敛，强取豪夺，贪污腐化，造成物价恶性暴涨，弄得民不聊生，怨声载道；在军事上，节节败退，军心士气丧失殆尽，而且从许多事实中看清了蒋经国并不能摆脱其父的控制和影响。尽管蒋经国在公开场合以"一次革命，两面作战"（意即既反对共产党，又反对国民党内的贪官污吏）相号召，标榜自己"为政清廉"、"有别于豪门权贵"，但经历了1948年秋蒋经国到上海搞所谓经济管制之后，贾对蒋经国也丧失了信心。其时，蒋到上海坐镇上海中央银行，亲自指挥上海的经济管制，大搞"八·一九"（8月19日）限价，发行金圆券，限期兑换。一时间口号叫得震天响。什么"打祸国的败类，救最苦的同胞"、"铲除奸商，安定民生"、"宁使一家哭，不让一路哭"等等叫个不停。行动上也惩处了一些贪官污吏和奸商。蒋经国因此被一些舆论捧为"蒋青天"、"蒋包公"；有的外国记者则称蒋为"中国的经济沙皇"。蒋经国对此自是得意，几次打电话给在南京忙于处理公务的贾亦斌，要贾到上海来看看他的"打虎"杰作。贾到上海后即被约在今淮海路逸园2号蒋经国家谈话。蒋贾一见面，蒋满面春风，像示人以得意之作似地问贾："你看怎么样？"贾却以惯常的冷静态度，笑了一笑，意味深长地说："开头还不错，就怕你后劲不足啊！"这句话已使蒋很感不快。但贾并不仰人脸色改变态度，继续问："CC怎么样？"蒋发怒大骂："他妈的！他们在上海控制了大小15家银行，我要同他们干到底！"贾又问："夫人（指宋美龄）呢？"蒋经国顿时呈现难言之隐，站了起来，紧锁眉头，嘴衔烟斗，踱来踱去，半个小时，却一言不发。贾看到这个情景，无法再谈，建议以后再谈。蒋即派车送贾回旅馆。这次谈话就此不欢而散。后来，当10月中旬，四大家族人员孔令侃（孔祥熙之子）的"扬子公司囤积案"被揭发之后，蒋经国"成了一只触了礁的船，不行了"，"不敢处理了"。贾认为对孔案能否法办，是对蒋经国的一块试金石。于是贾逼蒋经国表态，当面向蒋严正质询："你对孔令侃如果不办，那岂不真像报纸上讲的只拍苍蝇，不打老虎吗？！"因而引起激烈争执。蒋大发脾气说："孔令侃没犯法，叫我怎么办？"贾也拍着桌子说："孔令侃没有犯法，谁犯法？"尽管蒋终于平静下来，叹了一口气，又无可奈何地说："我是尽孝不能尽忠，忠孝不能两全呀！你哪里知道我的难处。"对此，贾没有被软化下来，又进一步说："你有对父亲尽孝的问题，而我却只有尽忠于国家的问题，如不处理孔案，何以服国人，又何能救国家？"说罢即拂袖而去。这场由是否处理孔案引起的贾蒋之间的争执和忠孝之争，清楚地表明蒋经国不可能也不会摆脱父子的血缘关系。这就决定了贾只能也必然同蒋经国决裂，乃决心组织武装起义，投向中国共产党所领导的人民民主革命运动。这是完全合乎事物发展规律的必然结局。

二、起义准备

1. 地下党员指引方向

贾亦斌为了组织武装起义，于1948年10月，曾从上海到镇江等地，接触过不少军政要人，其中不少故旧好友掏出真心话，认为在战场上国民党节节败退，而共产党则节节胜利，不但东北、华北、华东广大地区相继解放，而且大城市如济南、石家庄、长春、沈阳等也已先后到了人民手里。从中领悟了中国的希望在共产党一边。有的甚至表示渴望有机会投向共产党。贾在回到南京之后，即自行开吉普车将段伯宇接到中山陵，登上半山腰与段密谈。在谈了镇江见闻之后，贾问段："国民党已反动透顶，腐败不堪，正在准备向南方逃之夭夭了。你看我们该怎么办？"段回答："要自己抓住武装才有办法，光靠杂牌军不行。"段氏的话，真是指点迷津，一语千金。彼此想到一处了，于是商定了一个自行组建武装的初步计划。

2. 借组建预干总队为名组建起义武装部队

在段贾商定组建武装起义的初步计划不久，长期担任过蒋介石侍从室主任、当时任国防部中将参谋次长的林蔚，为贯彻蒋介石在长江以南建立30个新军，利用长江天堑固守江南，隔江而治的意图，将贾亦斌请去商量有关解决组建新军所需的干部问题。林对贾说："在江南建立30个新军，兵源尚好征集，就是没有干部。"进而问贾："预备干部局能召集多少干部？"贾自忖这是难得的机会，必须抓住不放，就将计就计回答："第一期复员的青年军共有七万三千余人。在嘉兴、杭州、重庆、汉中等地办了四所青年中学，学生都是第一期复员的青年军，皆取得少尉预备军官资格的，有一万多人；在南京、镇江等地还有一批为数不少的要求就业的预备干部。如果把分散于这些地方的预备干部召集起来，至少一万人不成问题。"并毛遂自荐地表示："如能解决编制和装备问题，我愿意负责动员召集和组织训练。"林听了大为高兴，并表示赞同贾的意见。当即说："你要什么，尽可能给你满足。"贾为了早日建立这支表面属于蒋家"勤王之师"而实际为起义作准备的武装部队，迅速以预备干部局名义草拟了一份计划，经国防部报到总统府军务局。在军务局任职的段伯宇当即加注意见送给局长俞济时转报蒋介石，顺利地获得了批准。决定于1948年11月初组建预备干部第一总队，作为第一步，以后逐步扩充。训练时间预定为三个月。训练期间享受准尉待遇，毕业以后分配到拟建的30个新军各部任排、连长和连指导员。贾亦斌被任命为兼第一总队总队长。贾在取得这一合法身份之后，组建武装的工作比较顺利，仅用十多天时间，于11月初预干第一总队就如期正式宣告成立了。其组织概况如下：

第一总队（前期驻南京孝陵卫原陆军大学旧址，后期驻嘉兴东西两个军营）：

总队长：贾亦斌（兼），副总队长黎天铎、林勉新、潘振球（后增），总队附：祁宗汉、文承山。下辖三个组和四个大队，每个大队辖四个中队，共16个中队。

——三个组：

军事教育组：组长李馥斋，其下又设教育、参谋、技术三个股。

辅导组：组长刘异，其下设宣传、康乐股，还配属一支文化宣传队。

总务组：组长周大公，其下设军需、财务、军械三个室。

——四个大队：

第一大队：大队长李恺寅，下辖第1、2、3、4中队。

第二大队：大队长邓道三，下辖第5、6、7、8中队。

第三大队：大队长兰弼，副大队长胡岳宣。下辖第9、10、11、12中队。

第四大队：大队长李士廉，副大队长陈国骅。下辖第13（交通）、14（通讯）、15（工兵）、16（政工）中队。

还设有一个直属文化区队，区队长由刘汝沧担任，有队员70余人。一个驻上海办事处，主任为李达祥。另设一个联络组，组长为张维（分别公开与国防部有关机关联络，秘密与地下党联络）。

全总队16个中队，每个中队有学员180人左右，加上在总队服务的学员，共有学员3500余名，多来自嘉兴、杭州两所青年中学，有一部分是青年军206师的伤病人员，连同各级官佐，全总队总共有4000余人，军事装备齐全。每个大队四个中队中，两个属步兵中队，一个迫击炮中队，一个重机枪中队。配备有美式步枪、冲锋枪、手榴弹、轻重机枪和60、82迫击炮，弹药配备也充足。

后来扩充为预备干部训练团，团长由贾亦斌兼任，辖三个总队。第二、第三总队于1949年2月先后建立。

——第二总队（驻重庆复兴关原重庆青年中学校址）：

总队长：徐云胜，副总队长杨锦枫系贾亦斌的亲信，由贾任命。其学员来自重庆青年中学和在四川要求就业的第一期复员的青年军预备干部，共约3000余人。（由于嘉兴起义被迫提前，无法及时联络同时起义，被蒋军包围缴械）

——第三总队（驻汉中原青年中学校址）：

总队长：蒋得，系蒋经国的亲信。其学员来自汉中青年中学，共约2000余人。

第二、第三总队的组织编制和装备，与第一总队大体相同。全预干团共一万人左右。（这两个总队未能参加起义，但在嘉兴起义影响下，引起蒋的猜忌，将第二总队包围缴械，第三总队也瓦解了。）

贾为了组织这支部队起义，与段伯宇商定，对干部作了慎重的选择。其来源有三：一是跟随贾多年的老部下；二是对时局不满而思想进步的原青年军军官；三是曾被解放军俘房教育释放后在国民党中央训练团受训的军官（对这批军官，国民党空军总司令周至柔曾主张全部杀掉。在一次参谋会议上，周公然说，对这些人如不杀掉，将来亡国就亡在这些人身上。因与会的其他人担心这样干会引起乱子而表示反对，才未执行）。凡担任要害部位官职的如总队部各组长，各大、中队长，辅导员等，贾氏均作了亲自审查，除个别是照顾关系外，尽可能选择最可靠者予以任命。其中有李恺寅、邓道三、文承山、胡岳宣、陈国骅、刘异、杨今、陈济光、彭少怀、张维、李达祥、吴文简、杨兴华、刘耀成、刘汝沧、冯一、王家骏、张若虚、边疆、杨步舟、寇雄、李德厚、王书山等均在起义斗争中起了重要作用，刘异、李德厚、陈全、曹景、吴苏义、胡树炳等许多人甚至献出了宝贵的生命。

3. 在南京酝酿发动第二次"西安事变"

第一总队成立之初驻守南京时，全总队学员仅千余人。当时贾获悉国民党政府准备南逃广州，在一次贾奉命参加的国防部参谋会议上，参谋次长李及兰公然提出将国防部秘密档案装上大轮船，沉入长江江底，贾当即表示反对。指出毁坏历史档案，将成为民族的千古罪人。而李非但不听，反而气急败坏地说："成则为王，败则为寇，不能管什么国家民族了。"贾感到必须打乱其南逃和毁坏档案的罪恶图谋，不让这些将国家弄到这步田地的民族败类轻易逃掉，因而紧急约同段伯宇、刘农畯等到其南京干河沿109号寓所密商对策。贾建议在南京举行反蒋起义，制造第二次"西安事变”，由他率领预干总队占领紫金山，刘农畯率伞兵占领两路口飞机场，把蒋介石等大战犯捉住送往解放区，使内战早日结束。但段伯宇认为当时南京有蒋军重兵把守，戒备森严，而自己能调动的兵力则很有限，且准备又不充分，不能贸然行事。经过反复讨论取得共识，段归纳为三条：一、搞革命不能感情用事，不能盲目行动，更不能快意于一逞；二、要反蒋得有充分准备，有组织、有计划、有领导地进行；三、要抓部队工作，积蓄实力，待机行动。并决定：团结一致，掌握军队，坚决反蒋。因此，将南京起义一事暂时搁置起来。会后，根据各自的条件，分头抓军队的策反工作，争取多掌握点武装力量，选择解放军渡江前的适当时机起义。

在淮海战役刚胜利结束，平津战役正在进行时，蒋介石就让其残部大部分退守长江以南，在国际势力支持下，以扼守长江天堑，同时又妄图利用和平谈判来赢得在长江以南扩充编练所谓新军的时间。毛主席及时地发表声明并提出了八项和平条件作为谈判基础，揭穿了蒋的骗局，使国民党政府内部矛盾加剧，反蒋行动接踵而来。贾从总统府侍从人员处获悉国民党华中“剿总”副司令兼河南省主席张轸，于1月1日宣布河南独立；国民党湖南省主席程潜已通电蒋介石，要蒋早日引退；桂系军阀国民党华中“剿总”总司令白崇禧暗地串通搞所谓“五省联盟”，并打电报逼蒋下野，扶李上台。限蒋于2月1日前提出辞职，否则将采取三项措施：一、把华中“国军”全部交李济深（当时任民革中央主席）指挥；二、2月1日起，华中地区停止使用金圆券；三、凡从重庆东运的武器弹药将予以截留。当蒋介石接到此电报时，气得发抖，竟当即拔出手枪把传送电报的机要人员打死。宋美龄为此吓得魂不附体，抱着她的洋狗跑到孔祥熙家，对宋霭龄说：“不好了，老头子发疯了！”这就是所谓“南京逼宫”。贾为此十分振奋，进一步坚定了在南京起义的决心，加速了策反工作的步伐。但由于形势发展很快，蒋介石于1月20日宣布“引退”，回老家溪口，由李宗仁代理总统，分别派往第二野战军（河南）和中共中央上海局（上海）联系的人员未能按时回归，南京起义计划未能付诸实施。

4. 南迁嘉兴后在党领导下确定起义目标积极进行准备

蒋介石回到溪口后，实际"隐"而未退，倒是以溪口代替南京，以国民党总裁身份继续操纵国民党军政大权。国民党国防部秉承蒋的旨意，将刘农畯的伞兵第三团调驻安亭，贾亦斌的预干总队调驻嘉兴。但形势仍朝着有利于贾继续组织起义的方向发展。蒋加速了组建30个新军的步伐，指令将嘉兴、杭州两所青年中学的学生编入第一预干总队，使这个总队扩充到了4000余人，在此基础上扩充为预备干部训练团，再委任贾亦斌兼任团长，并负责建立第二、第三总队。三个总队的学员合计已达万人。蒋家父子满以为在江南建立30个新军的干部训练工作已部署就绪，正在做着依靠新军坚守长江天堑与解放军隔江而治的美梦的时候，而在嘉兴，酝酿更大规模起义的准备工作，又继续开始进行了。

由于1948年冬，在南京期间，段伯宇就通过在上海复旦大学读书的表弟温尚煜（新入党的地下党员）与中共中央上海局策反委员会接上了联系。1949年元旦，在上海市中心一家饭店楼上，策反委员会书记张执一接见了段伯宇。段即将贾亦斌等要求率部起义并请党组织派员领导工作的愿望，以及起义已进行的各项准备工作包括策反其他部队起义等情况，向张执一作了全面汇报。经策反委员会分析研究，决定将策反委员会委员李正文介绍给段伯宇，并指派李负责联系预干总队的工作。从此嘉兴起义的准备工作就有了党组织的直接领导了。为了使起义的准备工作更顺利地展开，段伯宇选定上海港口司令部少将副司令、上海市政务委员会委员段仲宇（段伯宇之弟）坐落上海宝山路的公馆（有卫兵守卫比较安全）作为地下党与贾（亦斌）、刘（农畯）等经常秘密商议工作的联络站。开始议论的起义计划规模很大，拟在苏、浙、皖三省，特别是宁、沪、杭三角地带同时行动，策应解放军渡江，作为里应外合。准备同时行动的有：
1. 贾亦斌领导的预干总队；2. 刘农畯领导的伞兵第三团；3. 段仲宇领导的上海港口司令部及其附属汽车队三个团；4. 王海峤领导的工兵第四团；5. 驻守扬中县的41师；6. 驻守上海的青年军二〇九师；7. 驻守浦镇的九十六军；8. 驻守芜湖的一〇六军；9. 齐国楷旅长领导的江苏省保安第

一旅；10. 江苏省保安三个旅；11. 国民党装甲兵第×营。对此，上海局策反委员会既十分重视也很慎重。先由段伯宇陪同李正文亲自去各部队了解情况，后又派联络员到这些部队帮助工作。经张执一等领导人仔细分析研究，认为这样大规模的起义不适宜，还是各自利用有利时机，适时行动为妥。张执一特别指出贾亦斌的预干总队是蒋经国的嫡系部队，如它在蒋的心脏京沪杭地区反正起义，可以达到动摇蒋的总后方基地的作用，其政治影响极大；即使起义不能取得军事上的胜利，拖垮这支嫡系部队，也可以打破蒋介石建立30个新军的计划。李正文根据这个意见，召集贾、段、刘三人在宝山路联络站研究了预干团第一总队起义的具体问题。会上争论激烈。根据当时敌我形势分析，有的同志认为在嘉兴周围有国民党重兵驻守，起义很难冲出包围圈，与我游击队联系上。如孤军作战，起义较难成功。以等待解放军渡过长江，里应外合起义为好。而贾亦斌却认为在京沪杭地带起义，虽然危险性确实很大，但即使不能在军事上完全取胜，也可达到三个目的：一、嫡系部队起义对蒋政治上是个重大打击；二、在大后方起义，造成人心惶惶，动摇其军心；三、打破它建立30个新军的计划。因此表示："干革命不能不冒点风险，既然组织上叫干，就应当干。"最后商定抓紧做好起义准备，待机行动。会后，李正文将讨论情况向张执一作了汇报。

张执一肯定了贾亦斌的意见，并决定加紧预干总队起义的准备工作。对其他各部队，则根据张执一有关各自利用有利时机，适时行动的指示，仍与党保持联系，相机行动。刘农畯于1949年4月14日率领伞兵第三团（当时蒋只有三个伞兵团）在海上起义开到了连云港解放区。毛主席、朱总司令曾致电祝贺，"希望你们努力于政治上和技术上的学习，为建设中国的新伞兵而奋斗"；段仲宇除了将自己的公馆作为上海局策反委员会与起义部队将领的联络站之外，还为我地下党一些人员出入上海火车站免遭敌方军警宪特盘查，提供了特别通行证。而在解放上海战役中又把他所部三个特种汽车运输团及时交给了解放军作战使用；王海峤则根据党的指示故意把铁甲车弄坏，堵住浙赣铁路，使国民党军队无法顺利向台湾撤退，蒋介石为此大发雷霆，下令逮捕王海峤，王只得随同地下党联络员撤往香港后转解放区；齐国楷在解放军渡江后率领江苏省保安旅万余人在金坛、溧阳一带投向人民；有的部队虽未起义成功，但在解放军渡江后，均未进行什么抵抗而自行瓦解了。张执一说："这对我军作战，也是有利的。"

1949年初，中共上海局策反委员会为加紧预干总队各项起义准备工作，又将从香港执行任务回到上海的张文藻派到预干第一总队，担任贾亦斌的秘书，直接在贾身边工作，李正文也常到驻地指导。在嘉兴，还有时畅舟南湖听取贾的汇报，传达中共上海局的有关指示。这样，各项起义的组织准备工作和活动，都及时地得到了中共上海局的指示。贾亦斌从此得到了强有力的依靠，方向明确，干劲更大，一往无前。

接着根据中共上海局的指示，贾在宝山路联络点同段伯宇、李正文一起，首先研究制订了起义的行动方案，按地理环境和当时的条件，在京沪杭地区起义，只有海路或陆路可走，而以海路比较安全。因为部队上了船，只要能控制船的航向，在海上起义，突然调转船头开往解放区，敌人就是追也措手不及。贾本可以有机会在海上组织起义，因为蒋家父子曾要贾率部乘船开往福建。贾原拟趁此机会在船开出长江口后再向北开往解放区。但后来刘农畯也奉命率伞兵第三团乘船开往福建厦门鼓浪屿。经贾考虑决定放弃在海上起义的打算，并在制订起义行动方案时，提出在陆地上起义。当时段伯宇对贾不选择比较安全的海上起义，深为诧异。即问贾为何如此。贾回答："我的部队，自己有把握控制得住，而刘农畯是刚上任不久，掌握部队困难较大。如果我部先在海上起义，那必然会引起蒋介石父子的警惕。这样，刘部再要在海上起义，就可能不行了。为了让这两支部队都能起义成功，我宁冒危险在陆地上起义，而把在海上起义的机会让予刘部。"段、李赞同了贾的意见并作出了贾部在陆地上起义的决定。后来，贾又再同有关同志共同商量提出了在陆地上起义的两种方案。即：一、在嘉兴就地起义与上海浦东游击队会合；二、在嘉兴就地起义，向西天目山挺进。应当说不论执行这两种方案中哪一方案，都是十分危险的。因为从嘉兴到浦东或者上西天目山，都在蒋政权的心脏地区之内。从局部角度来看，这里它在军事、经济上占有绝对优势，驻守这一地区的，仅用美式武器装备的正规部队就有四五十万，加上交警、保安部队和宪特警，总数号称七八十万以上；其次，嘉兴地处杭嘉湖平原，水网纵横，湖沼满布。在这里起义，无可依之山，却有水网重重之阻，且敌人据有浙赣铁路、京杭国道等交通线，可以迅速调遣部队对起义部队围追堵截，而起义部队则只能靠两条腿走；第二、嘉兴起义的预干总队仅有4000人，又难以得到解放军和地方游击队的接应，处于孤立无援的境地。以区区的4000人去对抗成百倍以上的敌军，加上其他许多不利因素，要在军事上取胜，恐孙膑、吴起再世也难乎其难。然而经过仔细分析，全面权衡，确认在这个地区起义，即使在军事上不能取胜，但在政治上的影响是不可估量的，且还可以为解放军渡江做内应，对迅速摧毁蒋家王朝将产生巨大作用，肯定可以达到上面所讲的三个目的。因此，决定敢闯生死路，不怕做第二个丁锡山，按在陆地上起义的方案，作起义前的各项准备工作。

——在政治上加强宣传鼓动，揭露黑暗，指示光明。主要采取以下做法：

（1）召开各种大中小型讨论会、座谈会，了解思想动态，特别是带倾向性的问题，因势利导，取得共识。

（2）集中大家关心的"和"与"战"的问题，组织大型辩论会。2月初，在西大营操场举行一次全总队大会，辩论"和"与"战"的问题。以学员张若虚等为代表发表的"主和论"，博得了台下一阵阵掌声，而另一些人发表的"主战论"，却被台下不断响起的嘘声所打断，不得不灰溜溜地走下讲台。足见"主和"大得人心。在预干总队学员中同样如此，而戎马半生的总队长贾亦斌竟然是个主和派。最后，他以铿锵有力的声音表示赞同主和，无疑起了导向作用。

（3）举行各种报告会。贾亦斌在一次总队报告会上，很策略地、又毫不含糊地揭露国民党政府派系林立，争权夺利，贪污腐化，昏庸无能，盗窃国家财产，过着荒淫糜烂的生活，有的甚至把金银财宝运往美国，准备在美国做百万富翁；还滔滔不绝地叙述了在前方军事上节节失败，在后方却民不聊生的现实，而矛头所指为谁，却又不予以指名，以留有余地。这些报告感染力极强，进一步激发了学员对现实的强烈不满。

（4）总队出版《甦报》（以示自力更生之意）和各大中队出版《墙报》。组织官佐、学员自由发表文章，见解。由于其政治性强，又有趣味性，人人爱读，催人奋进，富于启迪。

（5）编唱《总队队歌》。歌词是："新的时代，新的觉醒，新的任务，新的行动。我们的后盾——人民；人民的前卫——我们。为主义，肯牺牲；为人民，争生存。新军到处，大众欢腾，把握时机，准备新生。像海燕穿过那暴风雨，像雄狮怒吼在山林中。要慷慷慨慨的死，要轰轰烈烈的生。划时代的史诗由我们写，光荣的凯旋属我们。"尽管由于当时条件的限制，歌词只能是含蓄的，但已强调点出要"把握时机，准备新生"，同样起到了导向的作用。

由于大张旗鼓地开展了上述一系列的宣传鼓动活动，整个总队的官佐、学员思想起了巨大的变化。多数人仍保持着抗日战争时期那种为挽救祖国危亡舍得献身的爱国热情，表示拥护贾的主张，要同腐败官僚斗争到底；极少数对国民党政府原来抱有幻想、持怀疑观望态度的人，也感到国民党政权腐败日甚，大势已去，暗中在考虑何去何从的问题；而个别坚持反动立场者，则极为恐慌。但又以为贾亦斌是蒋经国的得力助手和亲信，对贾这么干迷惑不解。有的以为贾是在执行蒋经国的"一次革命，两面作战"，"走第三条路线"。也有的极力想从贾最亲近的人中探听究竟。好在这样的人不多。整个总队思想发展变化，对起义是极为有利的。

——在组织上，除配备可靠者担任要害部位负责人外，为避开蒋经国派政工人员进入总队的一着，全总队不设专职政治指导员，而在区队以上设由学员自行选举产生的辅导员。为把全总队学员最广泛地发动和组织起来，采用了多种方式方法，公开的有时事座谈会、学术研究会、同学会、同乡会、读书会等；秘密的有同结金兰、依靠骨干发展"三·三"秘密小组等。通过这些方式方法，迅速地把骨干学员组织起来了，而且又通过骨干学员最广泛地团结了多数。如第12中队队长陈济光先发展了张健行等三人组成"三·三"秘密小组，并到曹王庙里举行一次歃血结盟：誓同生死共患难，永不背叛。又通过张健行等三人每人联系三个学员，层层发展联系，很快将全中队170余名学员的90％以上组织在联络网中。这样做的目的，就是准备在起义行动中有"进"与"退"两套方案，如遇到特殊情况需要"退"时，可以化整为零，分散作战。在运用这套组织办法前，曾先向中共上海局作了汇报。张执一、李正文等领导人均表示赞同，并指示要团结一切可以团结的人，最广泛地扩大统一战线。

　　——在军事上从实战出发，加强了军事操练、作战演习和掌握兵器的技术技能训练。由各级队长带领，每天坚持"三操二讲"，风雨无阻。总队长贾亦斌非外出时几乎每天坚持同学员一起出操，共同生活，还深入各大中队队部检查，及时肯定好的或指出问题，从而使学员的军事素质有了迅速的提高。

　　由于全总队的政治、组织、军事活动开展蓬勃和积极准备起义，蛛丝马迹，溪口方面略有所闻，加上国民党内早就有人认为贾亦斌对大局很悲观，而对办预干团却很积极，不能不加怀疑。于是派出特务设货摊于预干总队驻地西大营北门口附近，侦察贾的言行。后又派蒋经国的亲信、预备干部局第二处副处长江国栋携带大批银元到嘉兴，住在一家小旅馆里，秘密地在预干总队干部、学员中调查贾的言行，窃听学员的各种讨论会、辩论会，收集材料，向蒋经国直接汇报。2月底，国民党国防部曾电示军统局嘉兴特务站："贾亦斌言行偏激，应予慎防。"给起义的准备工作带来了不少困难。地下党掌握了这些情况之后，及时作了指点，采取了必要的防备措施，并加快了起义准备工作的步伐。

　　5. 贾遭怀疑被召到溪口

　　1949年3月，由于蒋经国得到嘉兴不少情报，对贾亦斌的言行开始怀疑，多次电召贾去溪口。贾估计这可能是"鸿门宴"，是去还是不去呢？

须请示汇报中共上海局领导。贾速即到上海宝山路联络点找到了段伯宇和李正文，共同商议对策。经过贾与组织分析研究，考虑到当时贾与地下党只有单线联系，在预干总队内没有发展组织，敌人不可能掌握什么实据，如果不去，更会增加蒋氏父子的怀疑，因此决定以去为好。经报请上海局同意后，贾即约同国民党国防部监察局长彭位仁到了溪口。当时已近傍晚，两人就住进了武岭学校的一个房间里。翌日清晨，楼锡源（原预干团主任秘书）见彭不在房内，即匆匆进房告诉贾："有人向蒋先生告密，说你思想有问题，准备带队投共。"还说："蒋先生今天8时找你，谈得好没有事，谈不好就别想回去。"于是贾在彭回到房内之后，即以满怀委屈的神态向彭诉说蒋竟相信告密，对他产生怀疑之事。彭听了之后，只责怪贾说："你这个人呀！遇到不满意就发牢骚，现在问题来了吧！"8时许，蒋经国果然约贾在丰镐房二楼会客室见面。见面时，态度严肃，他劈头就问："你在嘉兴待的时间很久啊！队伍怎么样？"贾以如常的神态回答说："时间不长，只两三个星期，部队思想问题很多，都很想念领袖（指蒋介石，当时青年军中多以此称呼），能否请领袖去训训话，以安军心。"蒋答："不可能。"贾又问："领袖没空，你能否去？"蒋答："我也没空。"说罢用眼盯着贾。接着蒋提出预干总队即开往福建建阳。贾毫不犹豫地回答："好！我回去就带队伍开到福建去。"并提请他通知顾祝同参谋总长。蒋答："可以，我可打电报给顾。"为了早些脱离虎口，贾乘机向蒋提出："我可否早点回去作准备？"蒋回答："不行，你可住几天，还有重要事情，领袖还要找你谈谈。"会谈就此结束。从此，蒋每天派机要秘书萧涛英表面陪同贾游山玩水，实际监视贾的活动。贾曾想跳出樊笼，投向四明山游击队，因监视森严未果。过三天后，蒋经国通知贾亦斌："今天晚上，领袖请来上海京剧团演《龙凤呈祥》，约你同他和我们家人一同看戏。"贾应邀按时到武岭学校礼堂看戏。蒋介石坐在第一排沙发上，他的长孙和孙女坐在两旁，贾同蒋经国、蒋方良坐在蒋身后第二排，余均为侍卫。在看戏过程中看到蒋的光头，贾曾动念学荆轲刺秦王，拔出手枪把蒋介石打死，再行自杀。这样以自己生命的代价以换取全国人民早日结束内战之苦。继而想到行前有领导同志告诫自己："共产党不主张搞暗杀"，而作罢了。3月11日，贾自雪窦寺妙高台下山，正遇上蒋经国陪同阎锡山上山，趁机向蒋提出了要回嘉兴把部队开往福建，蒋答应了。当天，贾即随同彭位仁离开了溪口。

3月12日，贾回到上海，即到华懋饭店向地下党领导人李正文、段伯宇、张文藻等作了汇报。党组织对贾在溪口善于应付各种事态，安然回来，作了很高的评价和慰勉。同时贾也再向党组织提出了加紧准备起义的设想和可能遇到的问题。经过党组织讨论研究，作出了几项决定：一、把住在花园饭店的贾夫人谭吟瑞及其儿子贾宁送到鸿福里17号楼下一朋友家隐蔽起来，对外则声言送到福建去了，以减少国民党对贾的注意。实际由谭继续担任秘密联络工作；二、加速对驻京沪地区的国民党军队几个军师和江苏省的几个保安旅进行策反工作，并分别派宋健人、李炳琳等到有关司令部联络，其他人也分头去做策反工作。第一项决定对免去贾的后顾之忧确实起了很大作用。贾夫人谭吟瑞由于受其祖父谭嗣同（清末戊戌维新运动的领袖和牺牲的六君子之一）的思想影响很深，具有强烈的爱国爱民之心。她也深知贾已下决心去干的事是不可能轻易改变的，既为丈夫选择走起义之路而自豪，但也因其子还只有两岁，不能不有所顾虑。在组织上作了安置之后，就更坦然支持贾一心投入起义斗争了。

当贾和李正文、段伯宇等为执行党组织决定，到上海一个蒋军部队进行策反取得了进展，又转到南京再做另一部队的策反工作时，上尉军需张维从上海匆忙赶来报告："国防部已将贾所任本兼三职都撤掉了，调为国防部部员，派往南京卫戍总司令部服务（实际将贾看管起来），并派黎天铎继任总队长。李、段对此事态和贾的安全深表关切，感到工作刚刚做好又被敌人破坏了。但贾却向党表示："只要我还能活着，就一定能在党的领导下，率领这支队伍起义，请组织放心。"并即告诉张维："为防止国民党强加我'拒不移交'或'交代不清'等莫须有的罪名而把我关押起来，请叫有关人员尽速办理好移交事宜。"随后贾即同李、段一起从南京赶到上海，向中共上海局有关领导汇报了上述事态。上海局对此立即作了研究，并决定由贾亦斌执行原拟定的第二种方案——在嘉兴就地起义向西天目山挺进。在到达西天目山之后，同中共苏浙皖边区游击队会合，并用"苏浙皖边区民主联军"的番号开展活动。起义时间定于4月15日，以便策应解放军渡江。贾毅然接受了党的这一决定，向党组织仅提出：这样的起义十分危险，万一自己牺牲了，请党组织批准我成为一名共产党员。经中共上海局审查，批准了贾亦斌为中国共产党党员，同时对其妻小也立即作了妥善安置，进一步免除了贾的后顾之忧。

当贾被国民党撤去本兼各职的命令传达到了总队之后，官佐、学员大哗。有的贴出标语："谁叫我们的贾总队长离开我们？""谁剥夺了我们的温暖？""谁打掉了我们的火车头？"等等；很多学员自动罢操、罢课；有的准备上南京请愿或表示要上山打游击。闹了几天，且越闹越激烈，弄得国民党，特别是黎天铎感到众怒难犯，无法收拾。黎不得不求助于贾亦斌，想借助于贾在全总队的崇高威望，去稳住学员的情绪。于是以欢送为名，邀请贾亦斌回到嘉兴去出席欢送贾总队长大会。为平息学员的愤怒情绪，还决定聘请贾为名誉总队长。当时地下党鉴于如果这样大闹起来不利于起义，也指示贾立即接受邀请赶赴嘉兴去稳定局势，同时相机指示骨干注意斗争策略，要等待时机，切勿乱动。当贾步入欢送大会主席台时，全场欢声雷动，掌声经久不息，许多人甚至热泪盈眶，出现了感人肺腑的场面。贾在这个大会上给全体学员上了"论预备干部制度"最后一课，并接受了"名誉总队长"的聘书。这既是对国民党"撤职"的否定，也为起义作了再一次的思想动员。

3月下旬，贾从嘉兴回到上海，住入吴宫饭店，发现有特务盯梢。贾机警地摆脱了盯梢，即赶到宝山路段仲宇住处，与段伯宇一起研究起义的具体事项。4月3日凌晨，贾偕同副官孙效武又秘密回到嘉兴，在北门钮家滩一家可靠又便于隐蔽的老百姓家中住下。按与段商定的办法，着手组织力量，分头做起义的具体准备工作：1. 派出总队直属文化区队队长刘汝沧等人，按照预定的起义部队经过路线绘制地图，并侦察沿途驻军状况；

2. 派出人员去与地下党指定的朱专员接上联系，以便部队起义后及时得到接应；3. 请张文藻将起义各项具体准备工作及进展情况向上海局领导请示汇报；4. 派人到上海催修并尽快取回无线电收发报机；5. 贾则在秘密地点，与亲信人员保持经常接触，掌握动态，处理问题。

6. 机密被泄提前举义

为了进一步深入对骨干作一次动员，以便更好地发挥骨干的作用，于4日深夜12时，贾在另一秘密地点——秀成桥畔一个槽坊里，召开有30多名骨干参加的会议。当贾讲了这次采取行动的意义时，有个湖南口音重的学员站了起来提出："何时行动？到何处去？与共产党有无联系？"三个问题。而这三个问题属于核心机密，恰恰正是地下党一再指示秘而不宣的问题。贾注意到这一点，就用制止的语气说："到时候会告诉你的。"原来这是一个伪装积极混入骨干队伍居心叵测之徒。由于警惕性还不够高，未对他采取果断的措施，后即出现秘密被泄露的种种迹象。尽管此人知道的情况不多，涉及不到核心机密，但已造成形势骤变，十分危急。这时犹豫不决，有可能招致起义夭折。因此贾果断决定提前起义。4月5日，李正文赶到嘉兴，在车站附近一家药店前面与贾会面，后又到南湖登上游艇听取贾的汇报。李正文根据当时预干总队内出现的情况和贾的建议，代表党组织同意了贾的行动计划。

好在这时候起义的准备工作已大体完成，只是无法将提前起义的信息及时传送给原来约定或已派人去约定同时起义部队。这样就无法相互声援和牵制敌人，从而给这次起义增添了许多困难。

三、起义过程

1. 借行军演习为名脱离嘉兴城

贾在秀成桥畔召开骨干会议的情况被泄露之后，黎天铎即到处寻找贾亦斌。6日清晨早操时，黎直接追问李恺寅："听说贾局长到了嘉兴，你不会不知道。"尽管李斩钉截铁地回答："不知道。"但黎还是纠缠不休。接着又假惺惺地说："我要去拜访贾局长，请你告诉我他的住处。"李不予答复，黎就缠住不放。直到下午四时，李才乘隙摆脱纠缠，奔到贾处告急。贾见事已败露，即当机立断决定：提前于4月7日凌晨起义。当时李焕阁旅长已派车来接贾去平望商讨协同起义问题，也只好婉辞了。

为了力争有一二天时间，免遭敌军围追堵截，贾机智地决定起义分两个步骤。第一步迫使新任总队长黎天铎签署命令：率部到莫干山去进行军事演习，以取得合法名义，瞒过国防部和京沪杭警备总司令部及当地驻军，以便于起义部队安全越过京杭国道；第二步在越过京杭国道之后，等到了我地方游击队经常出没的地区——天目山，再昭告天下：起义反蒋，并打出地下党给予的"苏浙皖边区民主联军"的番号与当地游击队会合，策应解放军渡江。为了走出第一步，采取了以下措施：一、向各大中队下达命令，迅速准备好武器弹药，饱餐一顿，率领所部到西大营操场集中待命出发行军演习；二、立即在东西两大军营实行戒严措施；三、将黎天铎等包围于总队部办公室，由贾亲自出面与黎谈判。垂暮时分，李恺寅、邓道三派了几十名全副武装的学员给贾当警卫，陪同贾到达总队部，与黎短兵相接开始谈判，以先礼后兵的办法，对黎晓以大义，劝导他识时务，立即签署到莫干山去进行军事演习的命令。如遭拒绝，则立即予以就地处决。在谈判过程中，黎迟迟不肯表态。快到午夜时分仍僵持不下。考虑到时间不容再拖，贾即向黎发出最后通牒："我是共产党派来的，你现在有两条路可走，一条是把我送到国防部去，可以升官发财；另一条是跟我们走，下令行军到莫干山演习，限你五分钟内回答。"这时总队部已被学员团团围住。沈正发、王正斌、万少甫等学员即以刺刀对准了黎的胸膛，另一些学员用手枪对准了黎的脑袋，吓得黎瑟缩发抖，满头冒汗，才对贾说："你是我的老长官，你带我走的路不会错，我听你的。"接着拿起笔来签发了到莫干山行军演习两天的命令，并立即对外作了宣布。

很快，驻西大营的第二、第三大队和驻东大营的第一大队全部均已集中到西大营操场。第四大队只来了第14、第15中队，而第13、第16中队未能按时到达。这两个中队同住一幢楼房。由于第13中队队长林荫（黎天铎的亲戚）乘学员还躺着睡觉之际，手持冲锋枪堵住大门，口里狂叫："不准动，谁敢动就打死谁！"然而林这么干，只能吓唬胆小的，第16中队不少学员见门被堵，就从二楼窗口跳楼，其中边疆、王国炳、杨步舟就是跳楼的带头人。接着东大营响起了少数枪声和手榴弹爆炸声。为了避免林荫带队捣乱造成恶果，贾亲自率领两个中队并押着黎天铎一起到东大营附近，责令黎命令林荫将队伍带到西大营集中，但林拒不从命，又僵持了近三个小时。这时已近黎明，形势迫使所有部队必须迅速离开嘉兴。鉴于林荫中队也有一些人自行投入了起义大部队，又不宜用武力解决林荫的问题，不能因小失大。贾当即回到西大营指挥所有部队迅速离开嘉兴，并指定值星中队长曹仲如率队为前卫，领先向天目山方向前进，自己带队断后。一场震惊中外的嘉兴起义，就于1949年4月7日凌晨爆发了。

2. 乌镇誓师分路突围

起义部队出了嘉兴城之后，林荫即到嘉兴国民党城防司令部作了报告。该部又立即分别急电国民党国防部、京沪杭警备总司令部和浙江省警备司令部。这对国民党政府自是一个心脏起爆，顿时慌乱一团。当天凌晨，住在溪口小洋房的蒋经国收到嘉兴、上海同时发出的寥寥数字的急电："贾亦斌昨晚叛变，总队长黎天铎下落不明"时，整个溪口一片惊恐沮丧。蒋经国犹如心头被剜了一刀，悔恨交织地"为此痛哭流泪向乃父检讨"（蒋经国亲信蔡省三语）。蒋介石气得暴跳如雷，痛斥其子"无能"，"用人失策"。他们都知道这场起义非同一般，对他们将是致命的，非镇压下去不可。蒋介石手令其国防部调兵遣将，迅速调集了蒋军二十五师、一○五师、一○八师、三十六师和八十七军一部分以及江浙皖三省的保安部队、交警部队，甚至不惜调动防守"长江天堑"的陆军和空军。以几十倍于起义部队的兵力，对这支起义部队设下重重包围和一道道堵截线。于是一场包围堵截与反包围堵截的恶战在乌镇及其附近地区打响了。

7日下午5时许，当起义部队抵达桐乡县茅盾（沈雁冰）的故乡——乌镇时，国民党的围追堵截部队已在乌镇及其附近的吴兴、武康等地布下包围圈和堵截线。起义部队面临的形势是十分严峻的。但贾亦斌临危不惧，冷静指挥，包括避免乌镇毁于战火，殃及茅盾故居和乡镇居民生命财产的事都考虑到了。命令起义部队绕过乌镇市区，从乡间道路，到乌镇附近一个空旷场地集中，然后举行庄严誓师。他以简短的语言，慷慨激昂地向全体起义人员揭露国民党的罪恶图谋，指出起义部队面临的严峻形势，将起义行动的第二步提前宣布："举行反蒋起义！快速越过京杭国道之后，就有中共苏浙皖边区游击队接应我们，胜利是属于我们的！"全体起义军官学员，报之以震耳的口号声："坚决反蒋起义！""拥护贾指挥！"接着贾按"轻"（卸掉笨重行李，只拿武器），"快"（快速冲过京杭国道），"散"（分散突围）三字方针，号召只拿武器，丢掉行李和书籍，轻装对敌；还强调宣布了几条纪律，其中有："我们的后盾——人民，我们为人民而起义，绝不能扰民、害民，绝不能拿群众一针一线。"同时派出人员就近征集船只近百艘，让一夜未眠，一天未进食，加上一天强行军而异常疲惫的学员乘上船，准备乘夜开航西进。这样好让学员在船上稍事休息，穿过水网，估计如果顺利，翌日天明，就可到莫干山和天目山麓。那时再同国民党追兵作战，会更有精神。但一入夜，国民党围追部队的枪声就从乌镇四周打响了。一发炮弹正在贾的坐船旁边爆炸了，有些船只被炸沉了，干部学员均有死伤，其中杨兴华（区队长，伤）、胡树炳（学员，死），就是最先死伤的人员。气愤填膺的干部学员纷纷登岸，用迫击炮、轻重机枪等各种武器坚决予以回击。贾亦斌为了将敌人压住，亲自率领一、三大队，在迫击炮、重机枪的炮火掩护下向敌人的炮兵阵地发起冲锋。敌人的炮火被暂时压住了。但疏忽了对黎天铎等人的看管，他们乘机逃跑了。

敌人的进攻虽被暂时压住了，但形势仍然极为严峻，贾利用间隙同几位大队长和其他一些主要骨干商量决定分三路突围：

第一路约800人，由贾亦斌亲自率领，边打边掩护撤退。经过二昼夜激战，转移到了双林镇，再前进到达菱湖。

　　第二路1000余人，由辅导组长刘异任指挥，冯一（原名冯廷耀）、王家骏任副指挥，率领朝莫干山进发，经过三昼夜冲破敌人的阻击，10日到达离莫干山15里的三桥埠。当夜再突破敌人的封锁线，冲上了莫干山。由于当天大雨滂沱，起义人员衣履尽湿，加上从7日起已有两三天未曾进食，枵腹行军，十分疲惫，有的学员甚至随地一躺就睡着了。这时国民党武康县长兼莫干山管理局局长王正谊见起义部队上了山，又显得疲惫，一方面假装表示同情，招待膳食，安排住宿，麻痹起义部队；同时暗地里派人下山向奉令围追的敌军赵荡辉部报告，很快赵部即冲上了莫干山，封锁了各个山口道路，将这路起义部队层层包围。11日凌晨，再向起义部队进逼，形成短兵相接，迫令缴械。由于寡不敌众，无力抵抗，这路起义人员均被俘虏。对此，国民党大做文章。浙江省主席周嵒还以王正谊"有功"，又是亲自接见，又是通令"嘉奖"。但是起义人员反蒋之志，是难以征服的。尽管被俘人员被押送回嘉兴关押，刘异惨遭杭州军法处长杨万昌秘密装进麻袋，沉尸于钱塘江底，但冯一、王家骏、沈正发等许多人则先后乘隙逃脱归队，继续奋勇作战。

　　第三路约700人，由第一大队大队长李恺寅率领，冲破了多道堵截线，到达德清、武康一带之后，追赶的敌军，曾派出特务武装青年救国团团长胡轨带领数十人来向起义部队喊话："你们不要受贾亦斌的骗，不要受共产党的骗，回来吧！""贾亦斌有野心的，别再上当啦！"他企图借他原来在青年军中的身份，花言巧语，来软化起义人员。但起义的学员分得清谁是骗人者，回答他的是仇恨的子弹！可惜没有命中。这些喊话者还是不知趣地不停地喊着："你们就是把我打死，我还是要告诉你们只有蒋局长才是关怀你们的，他不咎既往……"回答他的是更加密集的子弹。寇雄一声令下："打！"其中一名喊话最起劲的少校，就被学员张德选开枪打倒了。这路人马除极少数疲惫不堪掉了队的被抓回去外，绝大部分都采取边打边退的办法，摆脱了敌人。

　　在这几个昼夜交战中，陆地上，有数以万计的敌军围追堵击，哨卡盘查，挨户搜捕；空中，从8日起，白天一直有敌机侦察，机枪扫射，散发传单。出阵飞机，每天少则七八架次，最多的达12架次之多。这对仅有4000人的起义部队，实在不相称。从他们散发的传单，可以看出其用心之良苦。且看看其主要内容：1. 捕送或击毙贾亦斌归来者重赏；2. 胁从不问，希速归来；3. 国军已布下天罗地网，你们欲逃无路；4. 你们不要再为有野心的贾亦斌卖命了；5. 悬赏五万银元购缉贾亦斌。从这些内容不难看出，他们以为金钱可以买得一切。殊不知他们正是因为刮钱，刮穷了天下的老百姓，弄得民怨沸腾，人心丧尽，被人民称之为"刮民党"，最后落得个"失人心者，失天下"。也许是他们的本质决定他们不可能知道这支起义部队的成员正是不肯与之同流合污，摒弃了他们可能赐予高官厚禄的机会而投奔不重金钱而全心全意为人民服务深得民心的共产党的。用金钱收买怎不枉费心机呢！正如后来贾氏诗作所说："革命从来不惜命，买头杠自费精神。"这既概括了贾氏本人的品格，也歌颂了革命者不爱爵禄爱人民的精神。同他一同起义者绝不会贪财去出卖爱国爱民之士和自己的灵魂。尽管对起义者形势十分严峻，但没有任何人出卖贾亦斌，而是千方百计去寻找贾亦斌，与之共同战斗。贾还与部属互相接济。当贾看到一名学员因体力不支无法跟上部队时，他当即从口袋里掏出几枚银元给他作暂避民间的盘缠；在最危险的时候，副大队长陈国骅脱下手上的戒指交给贾亦斌，说也许你会用得着的。当贾率领的第一路突围部队到达双林镇之后，第三路突围部队由李恺寅率领前来会合了。这两路部队，由于遭到敌人的连续追赶和重重堵击，几乎每前进一步都要付出重大的代价，减员不少，检点人员合起来也只有300余人了。经过召开骨干会议，分析形势：我们只有突破京杭国道，才有可能与当地游击队会合。而京杭国道沿途有敌军三十六师用装甲车和汽车不停地巡逻，防备严密。我们要冲过去，只有在"出其不意"上下工夫。于是决定：一、我们利用夜行军，从敌人可能认为我们不敢去的地方突破；二、我们冒充敌军三十六师的部队由袁副团长（由贾冒充，并化装袁瑞）率领去追剿"叛军"。吴兴城内设有吴兴联防处，防守甚严，料敌人认为"叛军"不敢从此通过。我们决定偏偏要大摇大摆地从这里闯过去。当我们开抵吴兴南门外道场山时，山头已被浙江省的保安团占领。于是我们学着蒋军看不起保安团部队的神情，对他们大声喊叫："我们是三十六师前来追剿嘉兴'叛军'，捉拿贾亦斌的，你们还不赶快下来！否则老子毙了你们。"他们信以为真，即时派了总务科长颜修汉带领二名士兵下山来同我们联系。等他们一接近，我们突然命令："把枪放下！"并以手枪对准他们的脑袋，责令他们把山上的保安团队伍喊下来。他们出于无奈，只得向山上喊道："是自己的部队啊！你们快下来吧！"就此我们把他们缴了械，还要他们为我们筹集了一些粮食，搞来了一批船只。使我们从吴兴城南顺利地渡过了河，突破了京杭国道封锁线。

3. 良村血战后进一步化整为零摆脱险境

起义部队在越过京杭国道之后，并不像原来设想的那样很快就能与中共苏浙皖边区游击队接上联系，取得支援，处境仍然是极其困难的。因为在过去几天的战斗、奔驰中，昼夜行军，又没有给养。自7日以来，几乎没有正常进过食，饿极了，倦极了，走不动了，有的掉队了。他们有的躺在村里的稻草堆里，有的在田埂、水沟旁就睡着了；实在饿极了，也顾不得体面，只好向老百姓讨点吃的，甚至在路旁拔根竹笋，放在嘴里咬着嚼着充充饥，似乎这比平常吃鸡鱼肉还更有味儿呢！饥饿、日晒、雨淋，几天不能睡觉，敌人不停地追赶袭击，这对过惯了学生生活的学员来说，实在难熬。用他们自己的话来说，真是从娘肚皮里生下来之后没有吃过的苦啊！可是他们仍然只有一个信念：就是跟上贾亦斌的队伍，跟着贾走向光明。当他们充了一点饥或睡上一觉醒来，只要不被敌人捉住，总是朝西走，因而跟在贾亦斌周围的队伍人数少了又增加。当贾亦斌在行军中不幸碰伤了脚，趾甲外翻，步履艰难时，学员就抬着他继续向西挺进。

好不容易，队伍冲过京杭国道终于到达了妙西山良村，满以为比较安全了。上山以后，就自然地坐在一起，稍作休息，心里都很高兴。李恺寅风趣地说："现在请袁副团长（指贾）给我们讲话……"贾刚讲了两句："我们天天想上山打游击，现在我们终于到达山里了……"埋伏在附近的狡猾敌人，又围上来了。起义部队虽极疲惫，但不得不迅速应战。敌人居高临下向起义部队射击，一次又一次发起冲锋。这时，能压住敌人的火力点，就能掌握战场上的主动权。于是贾当即命令陈国骅带领30多名勇士，冒着弹雨冲向离起义部队集结点不到100米的敌人机枪阵地。敌人的机枪被打哑了。又发现远处有一骑马的指挥官在来往奔驰，指挥敌军冲锋。打蛇要打七寸，贾手一指，叫机枪狙击手："先打死他！"这个凶恶的敌人倒下去了。残敌被迫溃退。这一仗，敌人丢下的武器，仅轻重机枪就有七八挺，死伤了几百人。我方也伤亡了近百人。这是我们起义以来打得最艰苦最悲壮的一仗。也告诉了我们进山以后，并未脱离危险境地。很可能敌人已察觉贾亦斌的所在，会有更艰苦的战斗，需要认真对付。

贾亦斌看到战斗越来越艰苦，跟着自己的部属一个个牺牲，心里十分沉痛，但作为主要的指挥者又不能不强忍自己内心的悲痛，沉思着如何对付敌人，内心里发誓：只要自己能活着，定为牺牲的战友报仇！

4. 各方掩护贾氏脱险

良村一仗之后，跟随在贾周围的起义队伍仅剩下80多人，而敌人并没有因为良村一仗弃尸丢械而放松对起义部队的追击围困。为了摆脱困境，贾决定对敌人采取新的对策：一、在沿途散布贾亦斌已在良村被打死了，借以迷惑敌人，分散其注意力。果然这一着起了作用。国民党在得知这一消息以后，信以为真，喜出望外。很快在国民党报纸上以大幅标题登出："贾亦斌在良村被击毙"。香港报纸也转载了这一消息。从此穷追之敌稍有减弱；二、更加注意争取老百姓的支持和协助。由于起义部队纪律严明，即使挨饥受饿，一路上也未发生过任何扰民害民事件，与国民党军队形成鲜明的对照，博得了广大老百姓的好评和同情。这点连国民党的报纸也不得不承认，并对老百姓支持起义部队表示忧虑。在我方更加注意了争取工作之后，老百姓对我们的支持更多了。良村一仗之后，起义部队就在老百姓的支持和指点下，找到了抗日战争期间新四军开辟的一条隐蔽小道。他们并自愿给起义部队带路，使起义部队连夜翻越了几座山头；三、进一步化整为零，能乔装者乔装前进。在这一部分起义部队到达安吉之后，贾和李恺寅等在一家老百姓家里换上了便衣，走在前面，一方面带路，一方面侦察敌情，与部队保持一定的距离。在行军的路上，李对贾说："无论如何要保住你，有你在，我们总有一天能和共产党再接上关系。万一我们两人都被敌人捉住，我承认自己是贾亦斌，你想办法脱身去找共产党。"还说："我走在前面，可保护你。"这是多么崇高的感情，既体现了李为了起义不惜献身的精神，又表明贾率部起义是深得部属拥护的。就这样，他俩一前一后走出了村口。走了不到半里路，就遇上了隐蔽在山沟杂树丛中的敌人。当时贾身穿旧布长衫，声称自己是小学教师，被"叛军"拉来带路的。一个带队的保安中队长说："我们县长就在后面，马上就到，你们先等一等。"贾想这些人并不知道他是谁，但是他们的县长可能掌握着通缉他的照片，如果遇上了县长，可能就糟了。这伙保安部队强搜去了贾一只手表和一些钱，然后问道："要你们带路的叛军在哪里？"贾用手向相反方向一指，说："就在前面那个村里，我们刚从那里逃出来。你们需要，我们带你们去。"那个中队长说："只准去一个，一个留下（实际扣押作为人质）跟我们在这里等着。"李恺寅也担心那个县长赶来之后对贾更危险，就以目示意对贾说："你带他们去吧！我留在这里。"于是这个中队长派了一个班押着贾向那个村子走去进行侦察。刚走近村子时，突然四面枪炮声大作。原来是几部分分头来包围起义部队的敌军发生了误会，互相打起来了。贾趁机摆脱了敌人，跑回到了自己的部队。原来担心贾的安全的部属，见贾出现在自己的面前，自是十分高兴，还向贾毕恭毕敬地敬礼。贾将严重的敌情告诉了他们，并指示作好应战的准备，同敌人周旋，等待黑夜降临，进一步化整为零，各自为战，冲出困境。不一会，战斗果然又打响了，而且很激烈。

这一仗之后，贾的随行人员分散了。贾一人继续前进，走到了一家小铺店门外，向店内一位妇女问路。这位妇女打量了一下之后，指点他穿过她铺店的后门登山，循着陡峭的羊肠小道爬上去。并告诉贾只要过了山，再走一段路，就可以到达梅溪。贾沿着那小路往上爬，由于天越来越暗，又遇上大雨，苔青路滑，不幸滑下山崖，人昏了过去。等到苏醒过来，天已破晓。由于折裂了几根肋骨，走不动了。但只能忍着痛楚和饥饿，在这深山谷地辗转，三天中只摘点竹笋充饥，看不到人影，也听不到敌军的动静。到4月14日，贾的伤痛好了一点，继续朝着游击区方向前进。一天早上，贾发现一座守山人的草棚，走了进去，守山人打量着贾是个受了伤的人，又浑身湿透，面有饥色，知道贾为"落难者"，很表同情，叫坐下来休息，还烧饭给贾吃，又给贾烤干了衣裳。贾向他表示想到游击区去，请他指点。这位守山人关切地给贾指点了一条下山的道路，并说沿着这条路走不会有什么危险，准能遇上游击队。

贾辞别了这位守山人，沿着他指点的山路下山。傍晚到了梅溪。在梅溪小学见到了几位教员，并看到了《东南日报》对预干总队起义的报道。该校校长杜培积同情起义。他虽然不知道在他面前的就是贾亦斌，但他似乎估计得出此人是贾部的失散人员，就留贾住了一夜并主动地给了贾3块银元，还请了贫农张家谟给贾带路去找游击队。当时贾身体孱弱，脚很痛，连走路都不方便，张即搀扶着贾走。走了两天，抵达一个不知名的小镇。据告这是个游击队、国民党军、还有土匪经常来去无常的地带。由于天已晚，贾和张就在镇上一家小店住下。睡到半夜，有两名当地游击队员来盘查。这对贾亦斌是求之已久的。贾对这两名游击队员像对亲人一样诉说自己在嘉兴起义以后的遭遇和自己要去找游击队司令部的迫切愿望。他们听了既高兴又同情，旋即送了贾一双准备自己穿的新鞋。天明以后，游击队员打发张家谟回了家，同时领着贾朝游击队根据地前进。在困难地段还用滑竿抬着贾走。在通过了游击队几个交通站之后，终于到达了根据地，从此贾才脱险了。

贾在游击队根据地见到了游击区委负责人。这位负责人，再领贾到县委见到了县委陈书记。然后由陈书记陪同贾到了设在宁国县境的苏浙皖边区工委所在地。工委书记、游击队政委钱敏一见面就问："贾亦斌在哪里？"贾亦斌回答："我就是。"钱敏见这位站在自己面前的就是在嘉兴起义后历尽危险的贾亦斌，自是非常高兴。两人像一对久别重逢的战友，紧紧握手，互相凝视，传送着相互敬佩的感情。钱说："当敌人正在疯狂追击起义人员的时候，游击队已派人员去接应起义者，可惜没有联系上。"之后，给贾安排了最好的膳宿，并请来了医生给贾医伤治病。这时解放军已横渡长江，游击队从溃逃的敌军手中缴获了不少美式武器。贾向游击队介绍了这些武器的性能和使用方法。在休息了几天之后，钱政委将贾介绍到芜湖再转到南京市军管会接上了组织关系。

不久，在嘉兴起义后，撤退到香港的李正文回到了南京，见到香港报载已在"良村被击毙"的贾亦斌出现在他面前，彼此的高兴，自是用语言难以表达的。几天之后，李派车将贾接到丹阳。第三野战军司令员陈毅和中共中央上海局书记刘晓以及曾山等领导人在丹阳大旅馆亲切接见了这位嘉兴起义的领导人贾亦斌，并深致慰问和勉励之情。贾对几位首长说："我没有能将起义部队全部带到解放区，感到……"不等贾把话说完，陈毅司令员就说："不！你已经胜利地完成了起义的任务……你的英勇爱国行动值得称赞！"

几天后，为帮助贾逃脱而自己却遭敌人扣押然后乘隙脱险的李恺寅（他脱险后，在无锡得知国民党江阴要塞起义，到江阴找到解放军，向华东局有关部门作了汇报）也到了丹阳，与贾相见。这两位患难与共的战友重逢，喜泪纵横。他俩在回顾嘉兴起义斗争时，异口同声地说："我们的起义，军事上虽被镇压，但我们预定的起义三个目的，都已达到了。"

四、起义之火继续熊熊燃烧

嘉兴起义难以在军事上取胜，但能在政治上产生巨大的影响，都是策划起义时早就预料到的。李正文就曾指出："贾亦斌明知在嘉兴受蒋介石的军队重重包围，起义不可能成功也起义了……对蒋家王朝是致命的精神打击。"起义部队经过极其艰苦困难的斗争，虽因寡不敌众被打散了，但在嘉兴点燃的起义之火，是谁也扑灭不了的。后来，无论是流散的或者被俘的绝大多数人，都继续以各种不同的方式同敌人开展斗争。

1. 组织苏浙皖边区民主联军第五纵队继续战斗

尽管起义部队被打散之后，又遭到挨村挨户的搜捕，但仍有不少起义人员，在老百姓的掩护和帮助下，摆脱了敌人。他们有的三五成群结伴商量如何继续战斗，有的则昼伏夜行去寻找贾亦斌或者自行组织起义，开展游击活动。原大队辅导员张若虚和原文化区队队长刘汝沧及张民祥等则化装为杭州艺术专科学校的学生（刘汝沧原是艺专的学生），就一起商定继续坚持斗争，在斗争中寻找贾亦斌的去向。后因找不到贾亦斌的行踪，即自行以中共上海局给贾亦斌的"苏浙皖边区民主联军"番号，开展游击活动。在他们到达湖墅时，张民祥巧遇同乡杨光。杨光当时是国民党国防部青年救国团太湖义勇总队的负责人，原来他也一向尊敬贾亦斌，对贾率部起义深为同情，并表示愿意将自己所掌握的部队拉出来和刘等一起进山打游击，继续寻找贾亦斌并取得贾的领导。当时那个总队的总队长沈宗岳一心想逃往台湾，长期住在宁波不归，其实权掌握在参谋长余龙手里。余与杨光私交甚笃。由于余龙也不满国民党腐败，在杨的策动下，表示愿意早日弃暗投明，很快答应与刘、张合作。刘汝沧、张若虚等根据张民祥、杨光、余龙过去过从甚密的情况分析，肯定余龙的表示是真诚的。于是同余、杨等一起到余杭关帝庙再行全面协商。余问："贾亦斌起义是否与中共有联系？"刘回答："贾亦斌的起义是中共中央上海局领导的。"余又问："传闻贾亦斌已牺牲，不知是否属实？"刘再肯定地回答："这是谣言。据可靠消息，贾已进入天目山与当地游击队会合，只是一时难以与他联系上。"再经过一番详谈之后，余提出部队要有番号，干部要有派令。经商定用"苏浙皖边区民主联军第五纵队"的番号（因为起义部队已有四个大队，认为以第五纵队为好）。刘并叫艺专同学龚承先（原青年军复员军人）刻制了关防，又由杨光在湖墅某印刷厂印制了符号和派令。旋即正式成立纵队司令部（简称联军），仿效解放军的编制，设立纵队政治委员，由刘汝沧（化名邢真）担任，杨光、余龙任正副司令员，刘宪任参谋长，杨明负责军需，张民祥负责政工，孙继可为文工队长，王钰（王朝生）为武工队长，张若虚以总部联络员（也叫联络参谋）的身份，参与总部领导工作。司令部将沈部原有的两个团建制约1700余人，编为两个团，再以沈部警卫连为基础扩编为一个武工大队，又吸收由安徽宿县地区流亡来的学生50多名组成一个文工大队。

在编制完成以后，即开展游击活动。其中规模较大的有：一、在京杭国道附近进行多次突击，截获并收编了从长江沿线溃败下来的国民党军数百人，收缴武器四五百件和卡车两辆，补充了团队人员。二、4月下旬，浙江省警保处几名便衣人员到湖墅余龙家搜查，并在观音桥警官学校门前停放着两辆警车（俗名飞行堡垒），状似捕人。"联军"闻讯后，即派出武工队二个班的兵力，携带一挺重机枪和二挺轻机枪，布置在该警校门前河对岸一家居民楼上，等天一黑，即向警校突然袭击扫射，打了约20分钟，结果敌人不知虚实，惊恐万分。那两辆警车和警校人员，都一起逃走了。第二天，杭州《大华晚报》刊载：昨夜武林门外有"土共"活动。三、开展心理战。由文工队印刷、散发了大量传单，还在杭州市郊贴出大量欢迎解放军进城的标语，吓得敌人惊慌失措，惶惶不可终日。

到4月底，"联军"已发展到了2400余人，且装备齐全。这时总部联络员张若虚已与解放军苏浙皖赣指挥部皖浙支队驻杭特派员金凡平接上联系。"联军"负责人刘汝沧、杨光、张民祥均随同张若虚到金凡平住处（杭州市仙林桥附近）与金会见，商量相互配合开展活动。金说他对嘉兴起义已有所了解。当时支队已经接到上级通知，相机配合协助起义部队。与此同时，杨德生自金华来杭州向"联军"打听贾亦斌去向，并告知约有200余名嘉兴起义人员分散在金华地区乡间。"联军"当即委托杨德生迅速返回金华，将这批人员领到杭州来编入"联军"，再行寻找贾的去向。因为杭州于5月3日即告解放，而金华却尚未解放，这项计划未能实现。

杭州解放后，张若虚和金凡平同往进驻杭州的第二野战军二十一军联络部联系，该部指示"联军"驻原地湖墅至拱宸桥一带待命。后来杭州由三野谭震林接管，并建立杭州市军事管制委员会。二野二十一军奉命移防前通知"联军"将所部人枪和卡车等一并交给该军接收去了，而排连长以上人员则奉命住入杭州招待所，由杭州市军管会安置。至此，"联军"已完成了任务。

除此以外，还有一些摆脱敌人追捕的起义者，想方设法自行寻找共产党的领导，继续开展反蒋斗争。如第四大队副大队长陈国骅，在与贾失去联系之后，得到一位老僧的帮助，换上便衣，于4月13日转往湖南长沙，寻找志同道合者。在得知长沙"绥署"主任程潜将军在倡议和平后，即行往访该"绥署"参谋长杨敏先（贾亦斌的同学），向杨介绍了贾在嘉兴率部起义的情况，得到了杨的称赞，受到了优礼相待。4月17日晚，在杨寓所听到解放区电台播放一则消息："苏浙皖边区民主联军司令员贾亦斌脱险归来"，感到分外高兴。此后，也参加了一些促进湖南和平解放的活动。第15中队队长顾炳耀（嘉兴人）在失去联系以后，就利用乡土人情熟悉的关系，参加了中共领导的吴嘉湖独立团，并担任参谋长，继续与敌人开展斗争。第12中队学员郭雄（又名郭晓庄）、陈靖华、胡震环（后随四野南下贵州省，任民政厅干部，已离休）、张健行等与中共游击队金肖支队驻杭州联络站接上关系，参与了迎接杭州解放的斗争。

2. 被俘人员忍辱受编仍坚持反抗斗争

这4000余人的起义部队，面对几十倍的敌军围追堵击，处境是十分困难的。在经过多次大战小打之后，由于寡难敌众，只得分散突围，但要冲破敌人一个个包围圈和一道道封锁线，自然是很不容易的。加上起义部队多天得不到正常饮食，又遇上大雨滂沱，弄得疲惫不堪。在敌军像用木梳梳头发一样的挨村挨户搜捕下，有近2000人被俘而被送回嘉兴，并被改编为"3847"部队（意即于民国38年4月7日"叛变"过的部队），仍保持"预备干部训练团第一总队"的番号，并任命欧阳钦为新的总队长，下设三个大队。

第一大队：大队长陆祥麟。下辖第1、2、3、4中队。

第二大队：大队长谢子湘。下辖第5、6、7、8中队。

第三大队：大队长林荫（以破坏起义"有功"连升二级）。下辖9、

10、11、12中队。林还兼任总部警卫队长。

他们仍然保持着此番号和编制，其目的是要给人一个假象：第一总队并没有被搞垮，借以稳定军心。实际他们对这支重编的部队，大搞法西斯镇压。其一，解除武装。除林荫的警卫队掌握武器（共有步枪160支）外，其他各大中队都不准持有武器。其二，严密监视。新任大中队长均选派最反动的军官担任，对所属人员进行严密监视，剥夺其外出、通信等自由权利。其三，肆意镇压。将参加过起义的部分军官、学员关押看管，凡发现有对他们不满情绪者，即交警卫队，轻则毒打、关押审查，重则秘密处死，弄得人人自危，怨愤之心更加炽烈。自然压是压不服的，只能激起更加强烈的反抗。

当解放军百万雄师于4月21日横渡长江之后，欧阳钦于4月24日，押着这支队伍乘火车南逃。一路上，被俘人员以"逃"、"砸"、"闹饷"等各种方式同敌人作斗争。火车途经杭州、江山、上饶、株洲、曲江等地到达广州，各站都有逃脱者。当火车到达上饶站时，被俘人员借黑夜作掩护，如雨点般地用石块、砖瓦砸总队部用的车厢（内坐着总队长、大队长的家眷），砸得那些大官的娇妻头破血流；在火车到达广州时，大家闹着要发饷。由于参加闹饷者人数众多，取得了成功。因此，当时迁驻广州的国民党政府、国防部都很担心这支部队继续闹事，难以对付，决定只准在广州留宿一晚，命令于5月24日，即登轮船开往福建的厦门。

3. 再度起义配合解放军解放厦门

在这支部队到达厦门之后，旋又迁驻漳州。当时，欧阳钦、谢子湘、林荫等以为部队驻地已定，即凶相毕露地开始公开大搞审查、审讯、迫害了。全总队呈现了一片白色恐怖气氛。特别是起义骨干李德厚、陈全、曹景、吴苏义等被活埋的秘密败露之后，激起了被俘人员的无比愤怒。受地下党之命继续隐蔽在其内伺机组织打击敌人的胡岳宣即抓住机会组织骨干开展斗争。

胡岳宣又名胡亚力，早在1947年10月，就通过其叔父胡逸民与中共驻南京代表王炳南相认识。在王的影响教育下，提高了对共产党的认识，并由王炳南介绍与华东野战部队宋时轮部（后扩大为三野九兵团政工部）接上关系，担任该部联络员。由于他起义前担任第三大队副大队长，嘉兴起义后和原任总队附祁宗汉（在厦门又被软禁，下落不明）等一度被扣押。为软化、笼络被俘人员，不久经徐××（当时任预干局副局长）决定将胡、祁等释放，继续让祁担任总队附，胡改任军械室主任，但却是有职无权无所事事的。然而，这也说明敌人并不知道胡岳宣与共产党的关系。由于胡岳宣往日与蒋经国的关系表面比较密切，欧阳钦想利用这种关系，派胡前往杭州浙江省保安处接洽取回被各保安团收缴去的嘉兴起义部队的武器。胡利用这个机会，向杭州地下党组织汇报了被俘人员被改编为"3847"部队后的情况及其准备南逃的图谋。当时党组织认为胡既未暴露身份，决定留胡仍在该部任职，伺机组织力量与敌人斗争和再度发动起义。当该部南逃途经杭州时，胡登上了这列南逃的火车，向总队长欧阳钦等作了"汇报"，博得了"好评"。这对胡伺机组织力量进行斗争和再度起义都是有利的。胡吸取了嘉兴起义的教训，谨守秘密工作的原则，对非绝对可靠者，不予信用。依靠"三·三"起义秘密小组，开展活动，同欧阳钦等进行有理、有利、有节的斗争。上述沿途所出现的反抗斗争，实际就是胡暗地里组织发动的。

在活埋李德厚等的秘密败露之后，胡即召集"三·三"起义秘密小组骨干会议，决定趁机向欧阳钦发起攻势，结果有80%以上的人员参加了闹事，提出了"要自由、不要暗杀"，"不自由、毋宁死"的口号。在一次总队大会上，围住欧阳钦开展说理斗争，迫使他交代活埋李德厚的罪恶真相，弄得他理屈词穷，狼狈不堪，只得从后门溜走，去向李良荣（福建省警备司令）处"诉苦"。过了三天，李良荣如临大敌似地带领武装卫队来向全总队"官兵"进行所谓训话，公然叫嚷："杀他们几个算得了什么！""预干总队里肯定有不良分子，必须彻底改组。"旋即将这个总队改编为"国防部突击第五纵队"，委派李牧良为纵队长。将原编制打乱，混合编为三个大队（两个军事大队，一个政工大队）。原来的大中队长，除谢子湘（谢与李牧良是军校第七期同学）仍留任第二大队长外，其余几乎都调到了军官队集训。其他大中队长均由李重新指派，连欧阳钦也被撤换。他仅带了20多人逃往台湾。林荫则只带了10来个人跟随他到福州找黎天铎，后来也一起逃往台湾。由于谢子湘和新派来的副大队长余某（军校六期毕业，特务）闹矛盾，胡岳宣利用这种矛盾献策，博得谢的"好感"。谢说："我处境如此困难，老弟愿意帮助，十分感激！"尔后胡就被任命为第二大队副大队长了。在解放军逐步逼近漳州时，李牧良公然叫嚣："大家要守纪律，争取多装备点武器，万一不行，就上山打游击。"李要武器，是想做山大王。胡想正好利用这个机会，也争取多掌握点武器好起义。这样争武器倒成了彼此的共同目标。可是因为汤恩伯、李荣良、毛森等心怀鬼胎，始终未予武装。

1949年8月底，国民党厦门要塞司令胡海，为了固守厦门岛，认为突击第五纵队的第一、二大队原系青年军，有很多训练有素的机枪手、炮手和驾驶人员，如编入进来，对他固守厦门要塞有利。经胡海申请获准将这两个大队编入厦门要塞司令部。9月中旬，这两个大队被编为"厦门要塞炮兵教导总队第一、第二大队"。总队长由胡海兼任。第二大队正副大队长则仍由谢子湘、胡岳宣担任。这个大队所属四个中队，分别装备为双管炮、探照灯、重迫炮、通讯中队，归要塞司令部指挥。在厦门岛外围解放前一周，谢子湘只身乘小船逃往金门，大队长一职由胡岳宣继任。从而这个大队就由胡岳宣指挥掌握了。

1949年10月15日晚，解放军重炮轰击厦门要塞炮台，第二大队防守虎头山第二线。胡岳宣看到再度起义的时机已到，为配合解放军登陆作战，当夜即将所部全体官兵撤出虎头山，进入厦门市区第一线。经召开"三·三"起义秘密小组骨干会议决定：立即宣布起义，对敌人发动突然袭击。打得敌人措手不及。16日黎明，解放军乘退潮时，全面渡海进攻。当接近厦门岛时，敌特狗急跳墙，竟打开了秘密油管，部分海面顿时成为一片火海，加之敌机俯冲扫射，解放军的进攻受到了阻挠。胡岳宣正为此十分焦急，指挥全大队冒死接应时，解放军六一联队英雄20余人，从海底潜入，进了市区和胡岳宣取得了联系。他们代表解放军进攻部队向胡授予两项任务：一是带路配合袭击敌后；二是派出一部分队伍控制市区，维持秩序，防止敌人逃跑时放火和大屠杀。此时，另有一支部队也宣布起义了，敌军呈现大乱。鼓浪屿对岸顽敌已被解放军歼灭。接着，解放军登陆插入北山和虎头山，迫使敌军退居何厝一带海岸。胡的起义部队配合解放军作战，经16日一天战斗，俘获了大量敌军，其中将级军官就有20余名，得到了解放厦门的解放军首长的嘉奖。

胡岳宣率部再次起义后，贾亦斌从上海致电祝贺，对起义官兵鼓舞很大。第一大队的官兵也受到了影响，并在胡的发动争取下，也拒绝跟敌人一起撤退而全部向解放军投诚了。然后合并编入了胡的第二大队。接着由三野十兵团第十四野炮团接收，并委派胡岳宣和从解放军中派来的一位营教导员负责组织起义人员的学习和训练。地址先设在厦门原国民党海军学校，各级首长均曾前来讲话并予以慰勉。后奉命迁驻同安野炮十四团团本部，继续学习和训练。经过学习教育，起义官兵思想觉悟有了很大的提高。经过填表，有500多人自愿申请加入了解放军。1950年，他们被光荣批准加入中国人民志愿军，参加抗美援朝战争。其余的300人则因伤病等原因，接受资遣返回原籍。未被编入厦门要塞的第三大队300余人，则在漳州由解放军解放，其中也有一部分自愿报名加入了解放军。

1949年12月，胡岳宣奉命调回三野九兵团联络部工作。在胡到达联络部时，即同贾亦斌相会了。两位故旧，在患难中分散，在胜利之后重逢，感慨万千，一致表示要在各自新的革命工作岗位上做出积极的贡献。

后 语

贾亦斌在丹阳受到三野和中共中央上海局领导人接见后，奉命随同华东军区社会部副部长杨帆和王征明等同志进入上海，被任命为上海市公安局干部训练班副主任（主任为杨帆，王征明和贾亦斌副之）。同时由上海市军事管制委员会派李恺寅、张维等前往浙江杭州等地，将流散于这一地区的嘉兴起义人员接到上海。由于当时条件限制，接上联系的仅有20多人。有的由上海市公安局直接安排了工作，多数人进入了上海市公安局干部训练班学习。进入训练班学习的计有冯一、王家骏、杨德生、寇雄、郑心、李苏、张健行、刘宗宁、陈诗秀、张志超、万少甫、王鹤台、李广文、刘汝沧、李中生、杨步舟、张若虚、沈正发、王书山等人。

在训练班开学那天，第三野战军司令员、上海市市长陈毅，九兵团司令员宋时轮，中共中央上海局副书记刘长胜，还有副市长潘汉年等领导人均出席了开学典礼。陈毅同志发表了热情的讲话，亲切勉励嘉兴起义人员将来在各自新的工作岗位上刻苦学习，努力工作，多作贡献。贾亦斌代表起义人员致了答词。这是嘉兴起义人员最幸福的时刻。几十年来，他们一直把它铭刻在心，成为鞭策自己不断前进和经受起一切考验的动力。在以后风风雨雨的岁月中，始终不懈，不断战斗，永远前进。

1949年8月，训练班第一期结业，他们走上了新的革命工作岗位。在党组织谆谆教导和亲切关怀下，觉悟提高较快，即使拿供给制，物质待遇不高，但感到自己是在真正地为人民为国家服务，精神上十分充实、愉快，迸发无比的革命热情，奋力战斗在各自的工作岗位上，做出了可喜的成绩，普遍地受到了好评。不少人加入了青年团，有的还参加了光荣的共产党，深为自己已成为顶天立地的炎黄子孙而自豪。在厦门再度起义或其他各地参加革命工作的起义人员也同样如此。

由于众所周知的原因，从50年代后期特别是十年动乱期间，这些起义人员普遍受到审查，一度使他们不能像陈毅元帅所勉励的那样：刻苦学习，努力工作，多作贡献。然而这些起义者是重在"义"，仍然忍辱负重，尽力在允许的范围内，多做一点有益于人民的事。坚信历史是公正的。党的十一届三中全会以后，拨乱反正，清除"左"的影响，对这些起义人员落实了政策。只是人生有限，岁月难留，他们都已老了，想再为人民为国家多尽点力量，也是心有余而力不足了。但他们仍一本起义初衷，在有生之年矢志于统一祖国、振兴中华的事业。

　　祖国的统一富强，人民的幸福团聚，比个人的一切都更为重要，甚盼台湾海峡两岸的炎黄子孙，早日结束过去的恩恩怨怨，携起手来，共同为完成统一祖国、振兴中华的大业贡献一切。

　　今抄录起义领导人的诗词三首，以明心志：

嘉兴起义四十周年感赋

贾亦斌

嘉兴起义四十春，缅怀壮烈泪沾襟。

莫干山上阴霾密，乌镇河边血水深。

报国从来不惜命，索头何必费多金。

恩仇一笑泯消尽，同补金瓯万象新。

纪念嘉兴起义四十周年

李恺寅

采桑子

当年敢闯生死路，众友相从，枪炮声隆，战火纷飞记忆中。

楼台画舫烟雨里，故地重逢，酒洌情浓，春醉江南花正红。

嘉兴厦门义举感赋

胡岳宣

烟雨楼榭烟雨浓，东西大营响义钟。

"国之瑰宝"离叛去，击碎王朝金陵梦。

五万银元买贾首，英雄忠骨埋漳州。

谛听鸡鸣喜报晓，义火重燃厦门秋。

再版后记

　　家父所著《半生风雨录》一书，系1996年10月由中国文史出版社首次出版。当时，全国政协副秘书长杨拯民先生为之作了序言，潘志军同志担任责任编辑，张守义先生担任装帧设计，政协文史办公室的张文惠、王合忠同志对此也十分关心。可以说，这本书是在全国政协领导的关怀和大力支持下问世的。在出版后的第一时间内，家父就一一登门拜访，亲自将书送给张执一同志的夫人王曦，及李正文、段伯宇、杨拯民、杨斯德、张廷禹等同志，借此表达对老领导、老战友的由衷感谢。因为没有他们的指引和帮助，就不会有家父人生的转变，也就不会有该书的产生。

　　家父写作《半生风雨录》的本意，在于如实地"回顾自己的生平，认真总结经验教训，用以律己和教育子孙"。不料该书问世以后，竟然受到了海内外友好、故旧、亲戚乃至一般读者的热烈欢迎，一时间好评如潮，这是家父当时所万万没有想到的。在这里，我们根据一些当时的记载，稍微描述一下该书出版后所产生的反响。

　　《半生风雨录》出版后，平杰三部长就打电话来，称该书"不仅内容好，而且装帧也好，值得一看。"聂真同志对家父说："你的回忆录，我已看过，写得不错。"孙轶青同志说："我的老伴被你的书所吸引，边看边向我介绍。我准备等她看完后再看。"程浩同志的夫人说："这本书真感人，令人不忍释手。写到上海抗战撤退时，一个妇女带着四个孩子和怀一个孩子全被炸死的一幕，这说明日寇的凶残，令人发指。"近代史专家刘大年同志说，收到书后"夜里看到很晚，没有睡觉。嘉兴起义一章，更是紧张万分。"董竹君女士之女阅后几次对家父说：读到动情处"我也禁不住流泪了"；"你多次负伤而幸存，真是英雄，也算命大。"谢筱乃同志认为书中实事求是，"没有一句空话、假话"。王禹时同志则称该书"体现了真善美的写史要求"。秦皇岛民革刘志读同志来信说，该书反映了抗战实况，当地许多民革成员都争相传阅。该书在湖北阳新也受到了家乡人士的欢迎，有一位晚辈表示：读后终身受益，作者的人格和成就"将永远教育我做一个正直的人，做一个对社会有贡献的人"。

王征明、李恺寅、张健行、毛翼虎、方庆延、胡岳宣、杨公怀、冯亚东、余仲舒、张道法、赫军、齐康、周正、史式、木铁、蔡日新、张清德、商果、包利民、丁怀超等同志都写来长信，畅谈对《半生风雨录》的读后感。综合他们的意见，认为该书具有如下几个突出特点：第一，具有强烈的爱国主义精神。作者一生系念的是国家的安危兴亡和百姓的疾苦，反映了天下兴亡、匹夫有责，誓死不做亡国奴的坚定信念，其爱国之忧与毕生奋斗的精神，令人钦佩。这种精神为当前时代所迫切需要，对于现在和将来具有重要的教育意义。第二，具备实事求是的态度。作者对自己的思想转变和心路历程的叙述，符合实际，真实可信。使读者加深了对作者之所以作出如此历史抉择的理解。第三，该书是一部珍贵的现代史资料。它描写了抗战的真实面貌，反映了国民党爱国将士为抗日作出的重大牺牲；着重叙述了嘉兴起义的过程，这是许多爱国青年用生命与鲜血"谱写的响彻云霄的革命史诗，实属悲壮节烈，可歌可泣！"书中还披露了许多鲜为人知的史实，对一些重大事件的背景、原因、过程和结果，作了重要的说明，对历史研究很有帮助。第四，书中对有关人物爱憎分明，褒贬得当，评价恰如其分。如对蒋经国这样一个很有特性的人物的评价，既指出了他诸多的局限性，也肯定他爱国廉正的一面，这样的评价实事求是，合情合理，"如蒋氏地下有知，也当拱手接受之"。第五，全书文笔简练流畅，场面描写生动，读来朗朗上口，具有较强的可读性。许多上了年纪的读者，读后又仿佛回到了那个年代；同时也吸引了许多青年读者，引起他们对祖国近代历史的浓厚兴趣。第六，该书校对认真、印刷装帧都比较精美，为全书增色不少。正如有的来信所称："尊著事实真切，语言活泼优美简洁，行文气势磅礴，如倒悬江河一泻千里，初一入览即为巨磁吸引，全部身心不觉为之投入，抑且核对认真，编辑得体，图像优美，装潢贴切，可谓是美不胜收。"总之，大家都认为这是一部结构严谨、内容丰富、思想深刻的回忆录。通过作者的亲身经历，从一个侧面反映了时代的壮丽画卷，是一部值得流传的好书。

还有一些亲友读后，纷纷以诗歌抒发自己的感受。长沙艾天秩同志读《半生风雨录》后，"深为其爱国进步、走向革命精神所感动"，遂赋五绝一首："风雨波澜壮，沧桑话劫尘。长留青史鉴，策励后来人。"宁波毛翼虎先生用两天两夜的时间读完全书，随即赋七绝一首："半生风雨见真情，为国谋忠事有成。读罢雄文人不寐，一轮皓月照窗明。"上海吴若岩同志读毕，即在书上题诗两句志感："半生风雨堪回首，人间正道是沧桑。"见之者无不感动。

《半生风雨录》在港台与海外也产生了很大的反响。香港李以劻先生称赞其"史料翔实，内容真切，是一部剖析中国近代历史的生动教材。"友人彭乐三夫妇对此书甚为珍视，置于床头，百读不厌。台湾友人喻道之寄信云："拜读兄之《半生风雨录》，无任钦佩！你这部回忆录，表现你的远见、机智、勇气、果毅与超人一等智慧。"沈诚先生也称该书在台湾得到不少人的肯定，并购买100多本携往台湾，广赠故旧亲友诸人。美国汪忠长教授从洛杉矶打来电话谓："半夜读之，勾起对当年战场的回忆，不能成眠。"友人南怀瑾先生对《半生风雨录》评价颇高。当书送到香港时，正好有朋友、学生30余人在南宅聚会，南先生即命学生朗诵书中有关家父与之交往的段落，读罢全场欢然，带去的一包书也被大家一抢而空。南先生语人云："这本书写得好。作者与蒋经国先生很有感情。但发动嘉兴起义，在政治上是大是大非的问题，是不能含糊的。"学者陈定国博士阅后，专门写了《读贾亦斌自传笔记》和《贾亦斌年谱摘要》。南先生亲自将其寄于家父，并在附信中云："今寄上陈定国博士的阅读笔记一份，以博一灿。可见尊著为学者所注意，特为可喜。"使家父深为感动。

《半生风雨录》出版后，国内各种报刊杂志还多次转载了书中相关内容。1997年1月，《百年潮》杂志首先以《拍案一怒，各走各路——我与蒋经国的决裂》为题，转载了书中第五章的部分内容。接着全国《文史资料选辑》摘登了《我与蒋经国从好友到决裂》一文；《纵横》杂志也摘登了《我率领蒋经国"太子军"嘉兴起义》一文。此外《光明日报》、《团结报》、台湾《海峡评论》也分别摘登了书中有关内容。还有不少新闻记者以采访谈话的方式，发表了有关这方面的文章。如王乐乐发表了《一个爱国者的心路历程——贾亦斌访谈录》，江河撰写了《历经沧桑，壮心未已——访民革中央名誉副主席贾亦斌》，薛家柱撰写了《太子军枪声——原民革中央副主席贾亦斌起义纪实》，王凡发表了《贾亦斌与蒋家王朝分道扬镳的内幕》，李立撰写了《我与蒋经国——民革中央名誉副主席贾亦斌回忆蒋经国》，程绍昆、黄继阳撰写了《贾亦斌与蒋经国的交往》一文等。正如一位记者同志对家父所说："您的经历，是很值得记录下来告诉后人的；而历史的那一页，也是国人所不应忘记的。"

综上所述，自《半生风雨录》出版以来，受到了社会各界的热烈欢迎，各方面都给予了很高的评价。作为著者，家父自然有理由为之感到欣慰和自豪。但也应看到，有些评论出自亲朋好友之口，他们可能对家父和该书有所偏爱，不无溢美之词，这是可以理解的。家父始终认为，他是当年抗战和起义的幸存者之一。如果说到荣誉，首先应当归功于那些在抗战中英勇献身的爱国将士，归功于那些在起义中流血牺牲的烈士，希望后人永远记得他们，怀念他们！至于他个人，只是做了自己所应做的事情。他之所以能为国家民族尽一些力，应当感谢人民群众的哺育，感谢许多师友的厚爱与帮助，感谢党组织的教育和培养，这是他平时一再告诫我们的。此外还应当提到的是，该书出版以后，李恺寅、贾载黎、蒋术、陈过、陈重华、梁儒宗、严如平等先生曾对书中若干史实问题，提出了自己的看法。对他们这种认真负责的态度，家父曾一再嘱咐我们表示衷心的感谢！

时间过得多快啊！自《半生风雨录》初版到今天，已经有15年时间了。当年为之撰写序言的杨拯民同志和担任装帧设计的张守义先生已先后驾鹤远行。家父当时85岁,现在也已达百岁高龄,缠绵于病榻之间。中国文史出版社于此时建议再版《半生风雨录》一书,得到我们家属的欣然赞同,正可以此作为家父诞辰100周年的最好纪念。此次再版,本书主要内容未作变动,只是增加了自订年谱的下半生部分,调整了书前部分照片,书后附上了这篇后记,以说明本书初版、再版的经过。文史出版社韩淑芳总编辑、曾小丹编辑、责任编辑胡福星同志,为本书再版付出了很多努力,在此表示衷心的感谢!并借此机会,对所有关心《半生风雨录》的海内外亲戚好友及其读者,表示最诚挚的谢忱!

记得本书书稿杀青之际,家父曾夜不能寐,浮想联翩。当夜赋七律一首,题为《写〈半生风雨录〉有感》:

苦风凄雨竟终身,午夜沉思煞费神。
廉正持身常挫折,精忠报国益深沉。
自强独立求诸己,坦荡襟怀不尤人。
若问平生何所获?半生风雨示儿孙。

诗中反映了他的信念、追求、感慨和执著。家父出身贫寒,奋斗一生,爱国若命,廉洁奉公,平时常以"一生正气,两袖清风"而自豪。这部《半生风雨录》所记录的人生历程,以及其中所体现的爱国奋斗精神,就是他留给我们的无比宝贵的"精神遗产",值得我们去百倍珍惜,努力继承并发扬光大之!

最后,我们要借本书再版之机,向我们敬爱的父亲母亲致以深情的感谢!感谢他(她)们对我们含辛茹苦地教育和培养,使我们长大成人,走上各自的工作岗位,为国家社会贡献力量。在此衷心祝福他老人家百岁诞辰!

贾毅、贾维
2011年6月1日

图书在版编目（CIP）数据

半生风雨录·贾亦斌回忆录/贾毅，贾维记录整理.—北京：中国
文史出版社，2011.10

（文史资料百部经典文库）

ISBN 978 - 7 - 5034 - 3025 - 1

Ⅰ.①半…　Ⅱ.①贾…②贾…　Ⅲ.①贾亦斌—生平事迹

Ⅳ.①K825.2

中国版本图书馆 CIP 数据核字（2011）第 121275 号

责任编辑： 胡福星

出版发行：**中国文史出版社**

网　　址：www. wenshipress. com

社　　址：北京市西城区太平桥大街 23 号　　邮编：100811

电　　话：010 - 66173572　66168268　66192736（发行部）

传　　真：010 - 66192703

印　　装：北京温林源印刷有限公司　　邮编：102400

经　　销：全国新华书店

开　　本：16 开　　　　插页：12 页

印　　张：21.25　　　　字数：305 千字

印　　数：4200 册

版　　次：2011 年 11 月北京第 1 版

印　　次：2011 年 11 月第 1 次印刷

定　　价：39.80 元
